施工企业涉税经济事项全程深度分析

王 宁⊙编著

图书在版编目（CIP）数据

施工企业涉税经济事项全程深度分析/王宁编著. —北京：中国市场出版社，2012.12

ISBN 978-7-5092-0958-5

Ⅰ. ①施… Ⅱ. ①王… Ⅲ. ①施工企业-税收管理-研究-中国 Ⅳ. ①F812.423

中国版本图书馆 CIP 数据核字（2012）第 250985 号

书　　名：施工企业涉税经济事项全程深度分析
作　　者：王　宁　编著
责任编辑：胡超平
出版发行：中国市场出版社
地　　址：北京市西城区月坛北小街 2 号院 3 号楼（100837）
电　　话：编辑部（010）68037344　读者服务部（010）68022950
发行部（010）68021338　68020340　68053489
68024335　68033577　68033539
经　　销：新华书店
印　　刷：河北省高碑店市鑫宏源印刷包装有限责任公司
规　　格：787×1 092 毫米　1/16　18 张　295 千字
版　　本：2012 年 12 月第 1 版
印　　次：2012 年 12 月第 1 次印刷
书　　号：ISBN 978 - 7 - 5092 - 0958 - 5
定　　价：50.00 元

关键在于应用（代序）

《总会计师精解施工企业财会税收疑难问题》出版以来，我收到读者的大量来电来信，咨询书中介绍的相关知识。对于读者的信任，我总是感觉到诚惶诚恐，生怕因为自己的疏忽辜负了读者的信任。闲暇之余，我把这些来信进行了梳理，发现了其中的一个现象：读者更多关心的是关于税法的问题，尤其是税法在施工企业的实际应用问题。于是，我不由产生了一个想法，能不能把施工企业生产经营的各个环节涉及的税法知识进行梳理串联，从而让读者对施工企业的涉税事项有一个更清晰的认识呢？本书的写作初衷就这样产生了。

的确，在施工企业工作的财务人员大多都学过基本的税法知识，诸如学校的《税法》课，甚至有些人员还考过注册会计师的《税法》科目。但是，在以应试教育为背景的学习环境下，考试的重点未必是实际工作需要的知识点，而实际工作中需要的知识点更不一定是考试的重点。能不能将所知所学转化为能力，关键在于应用！

基于这样的思想，我们将施工企业的涉税经济事项划分为签订合同、收取工程款、征地拆迁、采购及销售、财产使用、劳务用工、收入与费用确认、资产损失和对外捐赠、所得税汇算清缴等九个环节，相应介绍了我国目前正在开征的印花税、营业税、城市维护建设税、教育费附加、耕地占用税、增值

税、资源税、车辆购置税、消费税、房产税、车船税、个人所得税、企业所得税等十几个税种，基本涵盖了施工企业的所能涉及的经济事项和我国目前开征的大部分税种。

为了让读者更直观地理解其中的税收政策，我们针对各类涉税经济事项，列举了很多现实的事例，这些事例基本上是根据真实的纳税事项改编的，让读者能在身临其境的体验中，轻松掌握税收知识。同时，我们分章节采编了国家税务总局及部分省市局网站上的“热点问题”解答，这些问题的提出具有一定的代表性，解答具有一定的权威性，能让读者对相应的税收知识具有更全面的理解和把握。

现实经济业务丰富多彩，税法知识博大精深，在写作的过程中，我越发感到自己的浅薄，也从中体验到了从未有过的快乐。真诚地感谢中国市场出版社的大力支持，没有他们的鼓励，自己很难有信心完成这次写作。诚挚地期待广大读者的批评指正，您的每次提问和交流都让我受宠若惊，我的交流邮箱还是：kuaijizhijia@163. com。

目　录

CONTENTS

施工企业涉税经济事项典型问题索引

第二章　签订合同环节

第三章　收取工程款环节

第五章　采购及销售环节

第六章　财产使用环节

第七章　劳务用工环节

第八章　收入与费用确认环节

第九章　资产损失和对外捐赠环节

第十章　所得税汇算清缴环节

CHAPTER

1 第一章 绪论

建筑业是国民经济的重要物质生产部门，与国民经济发展、人民生活改善有着密切关系。中国正处于由低收入国家向中等收入国家发展的过渡阶段，基础设施的建设以及城市化进程的加快，有力地推动了建筑业迅速发展，对国民经济增长的贡献度日益增强。1978 年以来，建筑市场规模不断扩大，国内建筑业产值增长了 20 多倍，建筑业增加值占国内生产总值的比重也从 1978 年的 3.8%增加到 2007 年的 7.0%，建筑业已成为解决就业、增加农民收入、拉动国民经济快速增长的重要力量。

第一节 建筑业的概念及特点

一、建筑业的概念

在国民经济核算体系、《全部经济活动的国际标准产业分类》和《中心产品分类》等体系和标准中，可以发现“狭义的建筑业”和“广义的建筑业”两种不同的分类方法，通过世界贸易组织（WTO）关于建筑服务贸易的分类，可以进一步了解建筑产品和建筑服务的联系与区别。按照传统的统计分类，建筑业主要包括建筑产品的生产（即施工）活动，因而是狭义的建筑业；广义的建筑业则涵盖了建筑产品的生产以及与建筑生产有关的所有的服务内容，包括规划、勘察、设计、建筑材料与成品及半成品的生产、施工及安装，建成环境的运营、维护及管理，以及相关的咨询及中介

服务等，这反映了建筑业真实的经济活动空间。

在我国的国民经济核算体系和标准产业分类法中，建筑业被划定在第二产业的范围之内。在1994年的《国民经济行业分类与代码》（GB/T4757—1994）中建筑业门类包括勘察设计业、建筑安装业和建筑工程管理、监督及咨询业三个大类。而2002年颁布的《国民经济行业分类》（GB/T4757—2002），按照国际通行的经济活动同质性原则，为了便于统计，对1994年的标准进行了调整，将建筑业的范围仅包括房屋和土木工程建筑业、建筑安装业、建筑装饰业和其他建筑业，而把工程管理服务、工程勘察设计、规划管理等相关服务列在"科学研究、技术服务和地质勘察业"门类的"专门技术服务业"大类中，显然这是"狭义的建筑业"。当前我国关于建筑业的经济统计数据按照"狭义的建筑业"实施，但是建筑企业的活动范围和发展空间不受"狭义建筑业"概念的限制，在"建筑业"行业管理中仍采用"广义建筑业"的概念，以涵盖建筑产品以及与建筑业生产活动有关的所有的服务活动。

从整体看，目前国内很多建筑施工企业的业务经营范围已经从过去长期以来比较单一的建筑施工类业务，逐步向上下游的经营业务扩展和延伸，很多企业事实上已发展成为从事包括勘探、设计、施工、安装等经营业务在内的综合型企业。

按照承包工程企业的业务性质和功能，建筑业可以分为以下三类企业：

（1）综合施工及总承包企业。是指可以为建筑工程项目提供设计和施工一体化、全过程服务的建筑企业。按照建设主管部门的等级标准从高到低分别是特级、一级、二级和三级。

（2）专业施工企业。是指专门从事某一项专门施工生产的企业，例如，桩基础工程公司、机械化施工公司、工业设备安装公司、给排水工程公司、专业钢机构公司、专业幕墙公司、专业核工程公司、专业水利水电、矿山、冶炼、石化工程公司、专业电力、电子、电信、通信工程公司、专业市政公用、公路、铁路、港口、航道、桥梁、隧道、机场工程公司、专业爆破拆除工程公司等。

（3）专业分包公司。是指从事工程施工专项分包活动的劳务型企业，一般不单独承包工程，只能为其他企业提供相关专业工种施工的劳务，这类企业规模小、但数量多。

二、建筑业的特点

（一）建筑业产品的特点

建筑业产品具有固定性、单件性和多样性、形体庞大和使用寿命长、产权不完整性等特点。

1. 固定性

建筑安装工程的生产位置是固定不变的，必须在建设单位指定的地点进行施工，并与土地连成一体，位置一经确定一般就不能移动。

2. 单件性和多样性

建筑业企业建造的建筑产品都有不同的功能、结构和用途，只能按照建设单位和单个图纸的要求组织单件生产，一般不能像工业企业那样批量生产。由于单件性的特点使得建筑产品在用途、性质、结构和标准上千差万别，多种多样，不仅满足社会生产和使用功能的需要，还满足人们对建筑产品的审美要求。

3. 形体庞大和使用寿命长

建筑产品一般体积庞大，占用空间大，消耗的资源和社会劳动量大，施工产值高，一般作为建设单位的固定资产管理，使用寿命长。

4. 产权不完整

建筑工程不是一般的商品，它体积庞大，价值高昂，其价值中含业主或用户直接投入的部分，所以承包企业不能对整个工程拥有所有权，而只能对其承包投入的部分拥有债权，以及为使业主或用户支付工程价款而暂时占有的留置权和解决债务纠纷而在该建筑产品上的优先受偿权。所以建筑企业对建筑工程，不像工业企业那样对库存产品拥有所有权。

（二）建筑业生产的特点

受建筑业产品特点的直接影响，建筑业生产具有流动性、长期性、综合协作型的特点。

1. 流动性

建筑工程的固定性决定了施工生产的流动性。施工企业在不同地区承包工程，工程结束后，施工机械、设备、材料、人员都要随施工对象坐落位置的变化而迁徙流动，由此发生临时设施、迁移搬运等建筑业独有的费用。流动性的特点使得建筑施工企业跨区域经济的特点非常明显，注册地

往往和施工所在地不一致，不少大型施工企业每年有几十乃至几百个项目分布在全国乃至全世界各地。不少公路、铁路、管线、水利施工项目由于施工距离长，一个项目经常跨越多个省市。另外，随着建筑施工企业“走出去”战略的实施，我国施工企业对外工程承包保持了高速的增长势头，2006年对外承包工程合同金额达到660亿美元，工程施工地点涉及世界各大洲，近200个国家和地区。

2. 长期性

建筑产品施工过程是一个规模大、消耗多、周期长的生产性消耗过程。一个大中型建设项目往往要花费几千万、上亿甚至几十亿以上的资金，从招投标开始到组织施工、项目验收、审计决算、维修回访，一个周期往往需要几年、十几年甚至更长的时间。

3. 综合协作性

随着专业化程度的不断提高，很多工程并不是由一个施工企业直接去完成的，而是由总承包企业和多个专业分包公司和劳务分包公司的综合体协作完成的。所以很多工程在施工中存在多种协作关系，有业主和总承包公司之间的关系，有总承包公司和各分包公司之间的关系以及各分包公司之间的关系。

随着国家对建设工程监管力度的不断加大，施工企业与设计、监理、审计等单位存在着协作关系，与建设主管、安全生产、环保、银行、税务、工商、劳动、保险等众多部门存在着被监管的关系。同时税费、基金、保证金众多也是建筑行业的重要特点。

（三）建筑业经营管理的特点

施工企业建筑产品和施工生产的特点，直接影响和决定了施工企业经营管理具有管理环境复杂多样、工程发包形式多样、劳动用工关系复杂、资金占用量大等特点。

1. 管理环境复杂多样

建筑物的固定性及施工生产的流动性决定了管理环境不可预见的因素特别多，如地质、气候、市场竞争、劳动力来源、物资供应、语言沟通、风俗习惯、法律法规等。任何对管理环境复杂性理解的偏差和疏忽都可能造成施工企业重大的经济损失，尤其是在国际市场。

2. 劳动用工关系复杂

施工企业既有固定的管理人员、技术人员和主要技术工人，又有大量的劳动雇佣工人；既有劳务公司整建制派遣的劳务工人，又有在劳动力市场临时招聘的人员；既有规范的劳务公司，又有不规范的劳务班组和个人。同时由于施工定额中人工单日取费严重偏低，所以以时间换工资的现象普遍存在。

3. 工程发包形式多样

发包方发包工程目前主要有设计施工一体化的交钥匙的总承包方式，有包工包料的施工总承包方式，有约定材料甲供的发包方式，有纯粹清包劳务的承包方式。

4. 资金占用量大

建筑产品价值高、周期长、监管部门多，建设单位如果没有充足的资金基建项目就开工建设，往往会导致一个项目周期会占用施工企业大量的资金，企业应收账款逐年增长。据不完全统计，建筑施工企业除在建设施工过程中垫付大量的建设资金外，还需要交纳数量众多的保证金和费用，如投标保证金、履约保证金、质量保证金、安全保证金、民工工资保障金、强制缴纳的众多的保险以及名目繁多的基金费用。

（四）建筑业会计核算的特点

总体上讲，由于建筑产品单件性的特点，建筑业企业会计核算没有工业企业分步、分批、分品种核算特点，但流动性、单件性、周期长的特点又使建筑业企业的核算有着鲜明的特点，即分级管理和核算、收入确认难、成本归集难、资产管理难。

1. 分级管理和核算

为适应施工企业生产所具有流动性大、施工生产分散等特点，施工企业需要采用分级管理、分级核算的办法，使核算工作和施工生产有机地结合起来，直接反映施工生产的经济效果。目前我国较小的施工企业一般采用“公司—项目部”的两级核算模式；较大的施工企业一般采用“总公司—分公司—项目部”或“母公司—子公司—项目部”的三级核算模式；更大的施工企业也有收入成本四级汇总的核算模式。

2. 收入确认难

一是目前我国建筑市场合同管理很不规范，部分备案与实际执行的合同不一致；由于招标法对降标幅度的限制，就有了招投标之前实际降标的承诺函；还由于施工过程中业主的不断变更、指定分包和建筑材料价格波动幅度大，往往使实际造价和合同造价相差很大，再加上不少业主对变更部分不及时签证，致使收入确认的难度加大。二是由于建设工程跨年度施工非常普遍，使得施工收入在各年度之间的划分比较困难，目前会计准则提供的完工百分比确认收入的方法，不论是收入百分比法还是成本百分比法还是专业测量法，都采用的是估计的方法，收入确认带有很大的不确定性。三是项目竣工决算久拖不决，重复审计情况比较突出，导致收入确认时间很长。四是业主拖欠决算款、不支付决算款、以房抵款、以物抵款等现象比较突出，增加了施工企业的坏账风险。

3. 成本归集难

一是由于建筑材料发票管理不够规范，不能完全取得合规的发票。同时，由于施工企业资金紧张，往往先收料后付款，难以及时取得发票，所以不易及时确认成本。二是材料价格波动大，同一材料不同时间、不同品牌、不同质量、不同地区、不同付款条件价格差异较大，加大核实真实性的难度，容易形成漏洞。三是人员流动性大，工资标准差距大，人工成本容易被操纵。同时，大多数施工企业发放工资采取平时预付、年底清算分配的办法，这种方法缓解了企业的资金压力，但同时也影响了人工成本核算的及时性。四是由于项目周期长，所以后续成本较多，比如预决算费用、应收账款清收费用、回访保修费用（一般此项费用预留的标准是5%）等，难以及时进行成本归集，容易造成项目的虚盈实亏。另外，由于建筑产品差异大，可比性差，不同建筑物之间的实际成本难以直接比较，从而使得建筑产品较难进行成本的事后分析和监控。

4. 资产管理难

施工企业施工生产大都是露天作业，环境恶劣，资产长期处于振动腐蚀的环境中，并且经常处于超负荷的工作状态，如果不加强管理或不及时更新，会造成重大的安全隐患。另外由于气候原因及施工人员的返乡，在项目结束后的搬运迁移，都会给资产的管理和维护带来很大的难度。

第二节　我国现行税法体系

税法内容丰富，涉及范围广泛，各单行税收法律法规结合起来，形成了完整配套的税法体系，共同规范和制约税收分配的全过程，是实现依法治税的前提和保证。从法律角度来讲，一个国家在一定时期内，一定体制下以法定形式规定的各种税收法律、法规的总和被称为税法体系。从税收工作的角度来讲，所谓“税法体系”，往往被称为“税收制度”。即，一个国家的税收制度是指在既定的管理体制下设置的税种以及与这些税种的征收、管理有关的，具有法律效力的各种成文法律、行政法规、部门规章等的总和。换句话说，税法体系就是通常所说的税收制度（简称税制）。

一、我国现行税收实体法体系

我国现行的税制就其实体法而言，是1949年新中国成立后经过几次较大的改革逐步演变而来的，按征税对象大致分为五类。

（一）流转税类

流转税又称流转课税、流通税，指以纳税人商品生产、流通环节的流转额或者数量以及非商品交易的营业额为征税对象的一类税收。流转税是商品生产和商品交换的产物，各种流转税（如增值税、消费税、营业税、关税等）是政府财政收入的重要来源。

流转税的主要特点是：第一，以商品生产、交换和提供商业性劳务为征税前提，征税范围较为广泛，既包括第一产业和第二产业的产品销售收入，也包括第三产业的营业收入；既对国内商品征税，也对进出口的商品征税，税源比较充足。第二，以商品、劳务的销售额和营业收入作为计税依据，一般不受生产、经营成本和费用变化的影响，可以保证国家能够及时、稳定、可靠地取得财政收入。第三，一般具有间接税的性质，特别是在从价征税的情况下，税收与价格密切相关，便于国家通过征税体现产业政策和消费政策。第四，同有些税类相比，流转税在计算征收上较为简便易行，也容易为纳税人所接受。

（二）所得税类

所得税又称所得课税、收益税，指国家对法人、自然人和其他经济组织在一定时期内的各种所得征收的一类税收，包括企业所得税、个人所得税，主要是在国民收入形成后，对生产经营者的利润和个人的纯收入发挥调节作用。

所得税的主要特点是：第一，通常以纯所得为征税对象。第二，通常以经过计算得出的应纳税所得额为计税依据。第三，纳税人和实际负担人通常是一致的，因而可以直接调节纳税人的收入。特别是在采用累进税率

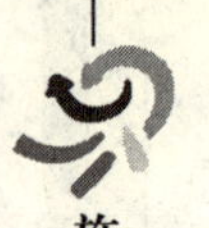

的情况下，所得税在调节个人收入差距方面具有较明显的作用。对企业征收所得税，还可以发挥贯彻国家特定政策，调节经济的杠杆作用。第四，应纳税额的计算涉及纳税人的成本、费用的各个方面，有利于加强税务监督，促使纳税人建立、健全财务会计制度和改善经营管理。

（三）财产和行为税类

财产税类是指以各种财产为征税对象的税收体系。财产税类税种的课税对象是财产的收益或财产所有人的收入，主要包括房产税、车船税等税种。对财产课税，对于促进纳税人加强财产管理、提高财产使用效果具有特殊的作用。

行为税类是以经济活动中某些特定行为为征收对象的税类的总称。这类税收名目较多，征税目的因不同税种而异。有的出于限制某些行为发展考虑，有的基于对某种经济活动或权益的认可，有的则在于开辟财源以资某一方面财政支出的需要。行为税大都针对某种特定行为课税，征收对象单一，税源不大，收入零星分散，且大多归入地方财政。目前我国开征的行为税类的税种主要有印花税和契税。

（四）资源税类

资源税类主要是对因开发和利用自然资源差异而形成的级差收入而征收的一种税类。我国目前开征的资源税类主要包括资源税、土地增值税和城镇土地使用税。

（五）特定目的税类

特定目的税类是国家为达到某种特定目的而设立的税种。我国的特定目的税，是在经济体制改革过程中，根据宏观经济调控的需要而陆续设立的。目前我国开征的特定目的税类的税种包括固定资产投资方向调节税（暂缓征收）、筵席税、城市维护建设税、车辆购置税、耕地占用税和烟叶税。

上述五类19个法律、法规，即增值税、消费税、营业税、关税、企业所得税、个人所得税、房产税、车船税、印花税、契税、资源税、土地增值税、城镇土地使用税、固定资产投资方向调节税、筵席税、城市维护建设税、车辆购置税、耕地占用税和烟叶税组成了我国的税收实体法体系。上述税种，除企业所得税、个人所得税、车船税是以国家法律的形式发布实施外，其他各税种都是经全国人民代表大会授权立法，由国务院以暂行条例的形式发布实施的。

需要说明的是，对于我国现行税制中的19个税种，其中的3个税种在经济生活中已经不产生影响或影响很小，或者征收的范围很窄。分别是：固定资产投资方向调节税，保留税种，暂缓征收；筵席税，由地方政府自主决定开征与否；烟叶税，以在中华人民共和国境内收购烟叶的单位为纳税人。

二、我国现行税收程序法体系

除税收实体法外，我国对税收征收管理适用的法律制度，是按照税收管理机关的不同而分别规定的。

（1）由税务机关负责征收的税种的征收管理，按照全国人大常委会发布实施的《税收征收管理法》执行。

（2）由海关机关负责征收的税种的征收管理，按照《海关法》及《进出口关税条例》等有关规定执行。

上述税收实体法和税收征收管理的程序法的法律制度构成了我国现行税法体系。

第三节　施工企业生产经营流程及涉税事项

一、施工企业生产经营流程

建筑业企业在承接各项工程作业时，基本都把项目部作为基本实施单位，生产经营的整个流程也都围绕项目部展开。较为规范的建筑企业主要生产流程为：

第一步，项目考察。企业组织人员对知悉的项目建设信息进行考察，确定是否参与建设项目的招投标。

第二步，公司投标。企业确定参与招投标后，组织技术人员制作标书，进行投标。

第三步，成立项目部。在收到建设单位发出的中标通知书后，决定成立项目部。确定项目负责人，从技术、工程、材料、财务等部门选派人员，参与项目部的生产经营管理，且根据项目建设需要确定招工事项。项目部在项目所在地开设银行临时账户，其印鉴章由总部编号，每个项目部按规

定使用各自的印鉴章。

第四步，编制计划成本。企业组织人员对施工项目的成本进行详细调查。根据调查情况，企业编制计划成本，项目在计划成本范围内不能亏损，并与项目部签订责任状，以此考核项目负责人的经营业绩。

第五步，项目实施。项目负责人指定施工方案，报总部同意后，代表企业完成施工全过程，具体组织项目的施工建设、财务核算等经营活动。

第六步，项目完工。项目部完成建设项目的施工作业后，由企业或项目部与建设单位结算工程价款，并接受有关部门的验收。

第七步，项目部解散。项目结束后，大部分人员解散，回到部门或到其他项目上去。项目部也就此解散，仅留少数人员负责项目的扫尾工作。

二、施工企业涉税事项

施工企业的涉税事项几乎贯穿施工企业的整个生产经营过程。施工企业是由若干施工项目组成的，一个施工项目的正式开始从与建设单位签订建设施工合同开始，此后在整个施工过程中涉及收取工程款、支付分包款、物资材料采购、劳务用工、机械设备租赁、财产使用、销售废旧物资、收入费用确认、资产损失、所得税汇算清缴等若干环节。每个环节都涉及一个或以上主要的税种。本书将施工企业的主要生产经营环节划分为如下9个环节，并针对每个环节的业务内容及涉税税种的主要内容进行详尽的分析。

表1—1　　　　施工企业生产环节及涉税税种表

序号	施工生产环节	环节描述	涉税税种
1	签订合同环节	与建设单位、分包商、供货商等签订各类合同	印花税
2	收取工程款环节	与建设单位结算工程款	营业税、城建税等
3	征地拆迁环节	红线内外征地，拆迁既有房屋等	营业税、耕地占用税
4	采购及销售环节	采购建材产品，销售废旧物资及已使用固定资产等	增值税、资源税等
5	财产使用环节	企业拥有的房产、土地使用权、车船等财产	房产税、车船税等
6	劳务用工环节	企业雇佣和聘任员工	个人所得税
7	收入与费用确认环节	企业按照会计准则的要求确认收入与费用	企业所得税

续表

序号	施工生产环节	环节描述	涉税税种
8	资产损失与捐赠环节	企业发生资产损失和对外捐赠等事项	企业所得税
9	所得税汇算清缴环节	企业年度终了后进行所得税汇算清缴	企业所得税

按照这样的思路描述我国建筑业涉及的内涵丰富而又不断变化的税收法规，固然对从事建筑业的实务工作者较为清晰迅捷地掌握我国的税法体系提供便利，但是否合适？能否如愿？还期待广大读者的检验。

CHAPTER

2 第二章 签订合同环节

第一节 概 述

施工企业的施工生产从与客户签订建设施工合同开始，除此之外，施工企业还会使用其他各种类型的经济合同。签订各类经济合同，涉及的税种是印花税。印花税是以经济活动和经济交往中，书立、领受应税凭证的行为为征税对象征收的一种税。印花税因其采用在应税凭证上粘贴印花税票的方法缴纳税款而得名。我国印花税的现行基本规范是1988年8月国务院公布的《中华人民共和国印花税暂行条例》(以下简称《印花税暂行条例》)。

印花税具有以下特点：

(1) 征税范围广。印花税的征税对象是经济活动和经济交往中书立、领受应税凭证的行为，其征税范围十分广泛，主要表现在两个方面：一是涉及的应税行为广泛，包括书立和领受应税凭证的行为，这些行为在经济生活中是经常发生的；二是涉及的应税凭证范围广泛，包括各类经济活动、营业账簿、权利许可证等，这些凭证在经济生活中被广泛地使用着。

(2) 税负从轻。印花税税负较轻，主要表现在其税率或税额明显低于其他税种，最低比例税率为应税凭证所载金额的万分之零点五，一般都为万分之几或千分之几，定额税率为每件凭证5元。

(3) 自行贴花纳税。印花税的纳税方法完全不同于其他税种，它采取纳税人自行计算应纳税额、自行购买印花税票、自行贴花、自行在每枚税票的骑缝处盖戳注销或画销的纳税方法。

（4）多缴不退不抵。《印花税暂行条例》规定，凡多贴印花税票者，不得申请退税或者抵用。这与其他税种多缴税款可以申请退税或抵缴的规定也不相同。

第二节 应纳税额的计算

一、税目

印花税的税目，指印花税法明确规定的应纳税的税目，它具体划分了印花税的征税范围。一般地说，列入税目的就要征税，未列入税目的就不征税。印花税共有13个税目，即：

（1）购销合同：包括供应、预购、采购、购销结合及协作、调剂、补偿、贸易等合同。

（2）加工承揽合同：包括加工、定做、修缮、修理、印刷、广告、测绘、测试等合同。

（3）建设工程勘察设计合同：包括勘察、设计合同。

（4）建筑安装工程承包合同：包括建筑、安装工程承包合同。承包合同，包括总承包合同、分包合同和转包合同。

（5）财产租赁合同：包括租赁房屋、船舶、飞机、机动车辆、机械、器具、设备等合同，还包括企业、个人出租门店、柜台等签订的合同。

（6）货物运输合同：包括民用航空、铁路运输、海上运输、公路运输和联运合同，以及作为合同使用的单据。

（7）仓储保管合同：包括仓储合同、保管合同，以及作为合同使用的仓单、栈单等。

（8）借款合同：银行及其他金融组织与借款人（不包括银行同业拆借）所签订的合同，以及只填开借据作为合同使用、取得银行借款的借据。银行及其他金融机构经营的融资租赁业务，是一种以融物方式达到融资目的的业务，实际上是分期偿还的固定资金借款，因此，融资租赁合同也属于借款合同。

（9）财产保险合同：包括财产、责任、保证、信用保险合同，以及作为合同使用的单据。财产保险合同，分为企业财产保险、机动车辆保险、

货物运输保险、家庭财产保险和农牧业保险五大类。

(10) 技术合同：包括技术开发、转让、咨询、服务等合同，以及作为合同使用的单据。技术转让合同，包括专利申请权转让、专利实施许可和非专利技术转让；技术咨询合同，是当事人就有关项目的分析、论证、预测和调查订立的技术合同，但一般的法律、会计、审计等方面的咨询不属于技术咨询，其所立合同不贴印花；技术服务合同，是当事人一方委托另一方就解决有关特定技术问题，如为改进产品结构、改良工艺流程、提高产品质量、降低产品成本、保护资源环境、实现安全操作、提高经济效益等提出实施方案，进行实施指导所订立的技术合同，包括技术服务合同、技术培训合同和技术中介合同，但不包括以常规手段或者为生产经营目的进行一般加工、修理、修缮、广告、印刷、测绘、标准化测试、以及勘察、设计等所订立的合同。

(11) 产权转移书据：包括财产所有权和版权、商标专用权、专利权、专有技术使用权等转移书据和土地使用权出让合同、土地使用权转让合同、商品房销售合同等权利转移合同。

(12) 营业账簿：指单位或者个人记载生产经济活动的财务会计核算账簿。营业账簿按其反映的内容不同，可分为记载资金的账簿和其他账簿。记载资金的账簿，是指反映生产经营单位资本金数额增减变化的账簿，其他账簿是指除上述账簿以外的有关其他生产经营活动的账簿，包括日记账簿和各明细分类账簿。

(13) 权利、许可证照：包括政府部门发给的房屋产权证、工商营业执照、商标注册证、专利证、土地使用证。

二、税率

印花税的税率设计，遵循税负从轻、共同负担的原则，所以，税率比较低。印花税的税率有两种形式，即比例税率和定额税率。

(一) 比例税率

在印花税的13个税目中，各类合同以及具有合同性质的凭证（含以电子形式签订的各类应税凭证）、产权转移书据、营业账簿中记载金额的账簿，适用比例税率。印花税的比例税率分为4个档次，分别是0.05‰、0.3‰、0.5‰、1‰。

（1）适用0.05‰税率的为“借款合同”；

（2）适用0.3‰税率的为“购销合同”、“建筑安装工程承包合同”、“技术合同”；

（3）适用0.5‰税率的为“加工承揽合同”、“建筑工程勘察设计合同”、“货物运输合同”、“产权转移书据”、“营业账簿”税目中记载金额的账簿；

（4）适用1‰税率的为“财产租赁合同”、“仓储保管合同”、“财产保险合同”、“股权转让书据”。

（二）定额税率

在印花税的13个税目中，“权利、许可证照”和“营业账簿”税目中的其他账簿，适用定额税率，均为按件贴花，税额为5元。

三、计税依据

（一）一般规定

印花税的计税依据为各种应税凭证上所记载的计税金额。具体规定为：

1. 购销合同的计税依据为合同记载的购销金额。

2. 加工承揽合同的计税依据是加工或承揽收入的金额。具体规定：

（1）对于由受托方提供原材料的加工、定做合同，凡在合同中分别记载加工费金额和原材料金额的，应分别按“加工承揽合同”、“购销合同”计税，两项税额相加数，即为合同应贴印花；若合同中未分别记载，则应就全部金额依照加工承揽合同计税贴花。

（2）对于由委托方提供主要材料或原材料，受托方只提供辅助材料的加工合同，无论加工费和辅助材料费金额是否分别记载，均以辅助材料和加工费的合计数，按照加工承揽合同计税贴花，对委托方提供的主要材料或原材料不计税贴花。

3. 建设工程勘察设计合同的计税依据为收取的费用。

4. 建筑安装工程承包合同的计税依据为承包金额。

5. 财产租赁合同的计税依据为租赁金额；经计算，税额不足1元的，按1元贴花。

6. 货物运输合同的计税依据为取得的运输费金额（即运费收入），不包括所运货物的金额、装卸费和保险费等。

7. 仓储保管合同的计税依据为收取的仓储保管费用。

8. 借款合同的计税依据为借款金额。针对实际借贷活动中不同的借款形式，税法规定了不同的计税方法：

(1) 凡是一项信贷业务既签订借款合同，又一次或分次填开借据的，只以借款合同所载金额为计税依据计税贴花；凡是只填开借据并作为合同使用的，应以借据所载金额为计税依据计税贴花。

(2) 借贷双方签订的流动资金周转性借款合同，一般按年（期）签订，规定最高限额，借款人在规定的期限和最高限额内随借随还。为避免加重借贷双方的负担，对这类合同只以其规定的最高限额为计税依据，在签订时贴花一次，在限额内随借随还不签订新合同的，不再另贴花。

(3) 在借款方以财产作抵押，从贷款方取得一定数量抵押贷款的合同，应按借款合同贴花；在借款方因无力偿还借款而将抵押财产转移给贷款方时，应再就双方书立的产权书据，按产权转移书据的有关规定计税贴花。

(4) 在基本建设贷款中，如果按年度用款计划分年度签订借款合同，在最后一年按总概算签订借款总合同，且总合同的借款金额包括各个分合同的借款金额的，对这类基建借款合同，应按分合同分别贴花，最后签订的总合同，只就借款总额扣除分合同借款金额后的余额计税贴花。

9. 财产保险合同的计税依据为支付（收取）的保险费，不包括所保财产的金额。

10. 技术合同的计税依据为合同所载的价款、报酬或使用费。为鼓励技术研究开发，对技术开发合同，只就合同所载的报酬金额计税，研究开发费不作为计税依据。单对合同约定按研究开发经费一定比例作为报酬的，应按一定比例的报酬金额贴花。

11. 产权转移书据的计税依据为所载金额。

12. 营业账簿税目中记载资金的账簿的计税依据为“实收资本”与“资本公积”两项的合计金额。其他账簿的计税依据为应税凭证件数。

13. 权利、许可证照的计税依据为应税凭证件数。

(二) 特殊规定

1. 同一凭证，载有两个或两个以上经济事项而适用不同税目税率，如分别记载金额的，应分别计算应纳税额，相加后按合计税额贴花；如未分别记载金额的，按税率高的计税贴花。

2. 有些合同，在签订时无法确定计税金额，如技术转让合同中的转让收入，是按销售收入的一定比例收入或按实现利润分成的；财产租赁合同，只是规定了月（天）租金标准而无租赁期限的。对这类合同，可在签订时先按定额 5 元贴花，以后结算时再按实际金额计税，补贴印花。

3. 应税合同在签订时纳税义务已经发生，应计算应纳税额并贴花。所以，不论合同是否兑现或是否按期兑现，均应贴花。

对已履行并贴花的合同，所载金额与合同履行后实际结算金额不一致的，只要双方未修改合同金额，一般不再办理完税手续。

4. 施工单位将自己承包的建设项目，分包或者转包给其他施工单位所签订的分包合同或者转包合同，应按新的分包合同或者转包合同所载金额计算应纳税额。这是因为印花税是一种具有行为税性质的凭证税，尽管总承包合同已依法计税贴花，但新的分包或转包合同是一种新的凭证，又产生了新的纳税义务。

四、计算方法

纳税人的应纳税额，根据应纳税凭证的性质，分别按照比例税率或者定额税率计算，其计算公式为：

$$应纳税额=\frac{应税凭证计税金额}{（或应税凭证件数）}\times适用税率$$

案例 2—1

建华建筑公司与宁江地铁公司就宁江市地铁三号线某标段签订了标的额为 2 亿元的建设工程施工合同，工程中标后，该施工项目将其中的土石方工程分包给了当地的一家建筑工程公司，并签署了分包合同，分包额为 3 000 万元，请问，建华建筑公司就上述业务应该如何缴纳印花税？

解析：

首先应该判断合同的类别，从而确定该合同适用的印花税税目。显然建华建筑公司与宁江市地铁公司签订的是建设工程施工合同，适用的是印花税中的“建筑安装工程承包合同”税目。

其次，再判断分转包合同是否应缴纳印花税。由于印花税是一种具有行为税性质的凭证税，尽管总承包合同已依法计税贴花，但新的分包或转包合同是一种新的凭证，又产生了新的纳税义务，所以分转包合同也应该缴纳印花税。

然后，再确定所适用的税率。根据《印花税暂行条例》，建筑安装工程承包合同适用的税率是0.3‰。

因此，本例中，建华建筑公司应该缴纳的印花税应该为：

(1) 与宁江市签订的建设工程承包合同应该缴纳的印花税：

20 000×0.3‰=6（万元）

(2) 与当地建筑工程公司签订的工程分包合同应该缴纳的印花税：

3 000×0.3‰=0.9（万元）

(3) 上述两笔业务总计应该缴纳印花税：

6+0.9=6.9（万元）

案例 2—2

建华建筑公司承建宁江地铁三号线任务后，需加工2 000吨钢模板。项目经招标程序，选择了长春某钢构公司进行现场加工，并签署了钢模板加工合同。合同约定，加工钢模板所需的钢材由建华建筑公司宁江地铁三号线项目部承担，长春某钢构公司承担辅助材料，预计现场所需要的辅助材料折合人民币10万元，包含辅助材料的钢模板每吨加工费为300元。请问：建华建筑公司签署的上述钢模板加工合同如何缴纳印花税？

解析：

首先，应判断该钢模板加工合同的类别，从而判断其所适用的印花税税率。显然，根据《印花税暂行条例》的规定，本合同应该适用加工承揽合同。同时，本合同属于加工承揽合同中的委托方提供主要材料，受托方提供辅助材料的情形。对于这种加工合同，无论加工费和辅助材料费金额是否分别记载，均以辅助材料和加工费的合计数，按照加工承揽合同计税贴花，对委托方提供的主要材料或原材料不计税贴花。

然后，确定适用税率。根据《印花税暂行条例》，加工承揽合同适用的税率是0.5‰。

因此，本例中钢模板加工合同应该缴纳的印花税为：

2 000×300×0.5‰=300（元）

第三节　征收管理

一、纳税方法

印花税根据税额大小、贴花次数以及税收征收管理的需要，分别采用以下三种纳税办法：

（一）自行贴花办法

这种办法，一般适用于应税凭证较少或者贴花次数较少的纳税人。纳税人书立、领受或者使用印花税法列举的应税凭证的同时，纳税义务即已产生，应当根据应纳税凭证的性质和适用的税目税率自行计算应纳税额，自行购买印花税税票，自行一次贴足印花税票并加以注销或画销，纳税义务才算全部履行完毕。这就是通常所说的“三自”纳税办法。

值得注意的是，纳税人购买了印花税票，支付了税款，国家就取得了财政收入。但就印花税来说，纳税人支付了税款并不等于已经履行了纳税义务，纳税人必须自行贴花并注销或画销，这样才算完整地完成了纳税义务。

（二）汇贴或汇缴办法

这种办法，一般适用于应纳税额较大或者贴花次数较频繁的纳税人。

一份凭证应纳税额超过 500 元的，应当向当地税务机关申请填写缴款书或者完税凭证，将其中一联粘贴在凭证上或者由税务机关在凭证上加注完税标记代替贴花。这就是通常所说的“汇贴”办法。

同一种类应纳税凭证，需频繁贴花的，纳税人可以根据实际情况自行决定是否采用按期汇总缴纳印花税的方式，汇总缴纳的期限为 1 个月。采用按期汇总缴纳方式的纳税人应事先告知主管税务机关。缴纳方式一经选定，1 年内不得改变。

（三）委托代征办法

这一办法主要是通过税务机关的委托，经由发放或者办理应纳税凭证的单位代为征收印花税税款。如按照印花税法规定，工商行政管理机关核发各类营业执照和商标注册证的同时，负责代售印花税票，征收印花税税

款，并监督领受单位或者个人负责贴花。

二、纳税环节

印花税应当在书立或者领受时贴花。具体是指在合同签订时、账簿启用时和证照领受时贴花。如果合同是在国外签订，并且不便在国外贴花的，应在将合同带入境时办理贴花纳税手续。

三、纳税地点

印花税一般实行就地纳税。

四、管理与处罚

（一）对印花税应税凭证的管理

各级地方税务机关应加强对印花税应税凭证的管理，要求纳税人统一设置印花税应税凭证登记簿，保证各类应税凭证及时、准确、完整地进行登记；应税凭证数量多或内部多个部门对外签订应税凭证的单位，要求其制定符合本单位实际的应税凭证登记管理办法。印花税应税凭证应按照《税收征收管理法实施细则》的规定保存10年。

（二）核定征收印花税

根据《税收征收管理法》第三十五条规定和印花税的税源特征，为加强印花税征收管理，纳税人有下列情形的，地方税务机关可以核定纳税人印花税计税依据：

1. 未按规定建立印花税应税凭证登记簿，或未如实登记和完整保存应税凭证的；

2. 拒不提供应税凭证，或不如实提供应税凭证致使计税依据明显偏低的；

3. 采用按期汇总缴纳办法的，未按地方税务机关规定的期限报送汇总缴纳印花税情况报告，经地方税务机关责令限期报告，逾期仍不报告的或者地方税务机关在检查中发现纳税人有未按规定汇总缴纳印花税情况的。

（三）违章处罚

纳税人有下列行为之一的，由税务机关根据情节轻重予以处罚：

1. 在应纳税凭证上未贴或者少贴印花税票的或者已粘贴在应税凭证上的印花税票未注销或者未画销的，由税务机关追缴其不缴或者少缴的税款、滞纳金，并处不缴或者少缴的税款50%以上5倍以下的罚款；构成犯罪的，依法追究刑事责任。

2. 已贴用的印花税票揭下重用造成未缴或者少缴印花税的，由税务机关追缴其不缴或者少缴的税款、滞纳金，并处不缴或者少缴的税款50%以上5倍以下的罚款；构成犯罪的，依法追究刑事责任。

3. 按期汇总缴纳印花税的纳税人，超过税务机关核定的纳税期限，未缴或者少缴印花税款的，由税务机关追缴其不缴或者少缴的税款、滞纳金，并处不缴或者少缴的税款50%以上5倍以下的罚款；情节严重的，同时撤销其汇缴许可证；构成犯罪的，依法追究刑事责任。

温馨提示

常见的不用贴花的合同

1. 既有订单又有购销合同的，订单不贴花

在购销活动中，有时供需双方只填制订单，不再签订购销合同，此时订单作为当事人之间建立供需关系、明确供需双方责任的业务凭证，根据国税函〔1997〕505号文件规定，该订单具有合同性质，需按照规定贴花。但在既有订单，又有购销合同情况下，只需就购销合同贴花，订单对外不再发生权利义务关系，仅用于企业内部备份存查，根据国税地字〔1988〕25号文件规定，无需贴花。

2. 非金融机构之间签订的借款合同

根据《印花税暂行条例》规定，银行与其他金融组织和借款人所签订的借款合同需要缴纳印花税，和非金融性质的企业或个人签订的借款合同不需要缴纳印花税。企业向股东贷款是企业进行融资的常见方式，和股东所签订的借款合同，如果双方都不属于金融机构，无需贴花。

3. 股权投资协议

股权投资协议是投资各方在投资前签订的协议，只是一种投资的约定，不属于印花税征税范围，无需贴花。

4. 继续使用已到期合同

企业所签订的已贴花合同到期，但因合同所载权利义务关系尚未履行完毕，需继续执行合同所载内容，即继续使用已到期合同，只要该合同所载内容和金额没有增加，无需再重新贴花。但如果合同所载内容和金额增加，或者就尚未履行完毕事项另签合同的，需要按照《印花税暂行条例》另行贴花。

5. 委托代理合同

代理单位和委托方签订的委托代理合同，凡仅明确代理事项、权限和责任的，根据国税发〔1991〕第155号文规定，不属于应税凭证，无需贴花。

6. 货运代理企业和委托方签订的合同和开出的货物运输代理业专用发票

在货运代理业务中，委托方和货运代理企业签订的委托代理合同，以及货运代理企业开给委托方的货物运输代理业专用发票，根据国税发〔1991〕155号、国税发〔1990〕173号文规定，不属于印花税应税凭证，无需贴花。

7. 承运快件行李、包裹开具的托运单据

在货物托运业务中，根据国税发〔1990〕173号文规定，承、托运双方需以运费结算凭证作为应税凭证，按照规定贴花。但对于托运快件行李、包裹业务，根据国税地字〔1988〕25号文规定，开具的托运单据暂免贴花。

8. 电网与用户之间签订的供用电合同

根据财税〔2006〕162号文规定，电网与用户之间签订的供用电合同不属于印花税列举征税的凭证，不征收印花税。广州市地方税务局规定：根据税三〔1988〕776号文规定，印花税暂行条例规定的购销合同不包括供水、供电、供气（汽）合同，这些合同不贴花。

9. 会计、审计合同

根据国税地字〔1989〕34号文规定，一般的法律、法规、会计、审计等方面的咨询不属于技术咨询，其所立合同不贴印花。

10. 工程监理合同

建设工程监理，是指具有相关资质的监理单位受建设单位（项目法人）的委托，依据国家批准的工程项目建设文件等相关规定，代替建设单位对承建单位的工程建设实施监控的一种专业化服务活动。技术咨询合同，是当事人就有关项目的分析、论证、评价、预测和调查订立的技术合同。因此，工程监理合同并不属于“技术合同”税目中的技术咨询合同，无需贴花。

11. 三方合同中的担保人、鉴定人等非合同当事人不需要缴纳印花税

作为购销合同、借款合同等的担保人、鉴定人、见证人而签订的三方合同，虽然购销合同、借款合同属于印花税应税凭证，但参与签订合同的担保人、鉴定人、见证人不是印花税纳税义务人，无需就所参与签订的合同贴花。根据《印花税暂行条例》第八条规定，同一凭证，由两方或者两方以上当事人签订并各执一份的，应当由各方就所执的一份各自全额贴花。根据《印花税暂行条例实施细则》第十五条规定，所说的当事人，是指对凭证有直接权利义务关系的单位和个人，不包括保人、证人、鉴定人。

12. 没有书面凭证的购销业务不需缴纳印花税

印花税的征税对象是合同，或者具有合同性质的凭证。在商品购销活动中，直接通过电话、计算机联网订货，不使用书面凭证的，根据国税函〔1997〕505 号文规定，不需缴纳印花税。例如通过网络订书、购物等。

13. 商业票据贴现

企业向银行办理商业承兑汇票等商业票据贴现，从银行取得资金，但贴现业务并非是向银行借款，在贴现过程中不涉及印花税。票据贴现业务是指持票人在票据尚未到期的情况下，为提前获得现金，将票据所有权转移给银行，银行将票据到期值扣除贴现利息后的余额支付给持票人的业务。

14. 企业集团内部使用的凭证

集团内部具有独立法人资格的各公司之间，总、分公司之间，以及内部物资、外贸等部门之间使用的调拨单（或卡、书、表等），若只是内部执行计划使用，不用于明确双方供需关系，据以供货和结算的，根据国税函〔2009〕9 号、国税发〔1991〕155 号、国税函〔1997〕505 号文规定，不属于印花税应税凭证，无需贴花。

至于什么情况才是“内部执行计划使用，不用于明确双方供需关系，据以供货和结算”，可参照国税函〔2006〕749 号文的解释：安利公司的生产基地（广州总部）向其各地专卖店铺调拨产品的供货环节，由于没有发生购销业务，不予征收印花税。

15. 实际结算金额超过合同金额不需补贴花

根据《印花税暂行条例》规定，印花税的征税对象是合同，征税依据是合同所载金额，而不是根据实际业务的交易金额。如果已按规定贴花的合同在履行后，实际结算金额和合同所载金额不一致，根据国税地字〔1988〕25号文规定，不再补贴花，也不退税

16. 培训合同

企业签订的各类培训合同，只有属于技术培训合同的，才需要按照“技术合同”贴花，其他的培训合同，不属于印花税征税范围，不需贴花。技术培训合同是当事人一方委托另一方对指定的专业技术人员进行特定项目的技术指导和专业训练所订立的技术合同。对各种职业培训、文化学习、职工业余教育等订立的合同，不属于技术培训合同，不贴印花。

17. 企业改制

根据财税〔2003〕183号文规定，企业因改制签订的产权转移书据免予贴花。企业改制之前签订但尚未履行完的各类印花税应税合同，若改制后只需变更执行主体，其余条款没有变动，则之前已贴花的不再重新贴花。

18. 资金账簿

(1) 合并、分立、联营、兼并企业的资金账簿

企业发生合并、分立、联营等变更，若不需要重新进行法人登记，企业原有的已贴花资金账簿，根据国税发〔1991〕155号文规定，贴花继续有效，无需重新贴花。企业发生兼并，根据(88)国税地字第025号文规定，并入单位的资产已按规定贴花的，接收单位无需对并入资产补贴花。

(2) 跨地区经营的总、分机构的资金账簿

跨地区经营的总、分支机构，根据国税地字〔1988〕25号文规定，如果由总机构拨付资金给分支机构，所拨付的资金属于分支机构的自有资金，分支机构需就记载所拨付资金的营业账簿按照资金总额贴花，其他营业账簿则按件贴花。总机构只需就扣除所拨付资金后的余额贴花。如果总机构不拨付资金给分支机构，分支机构只需就其他营业账簿按件贴花五元。

(3) 企业改制

企业实行公司制改造，重新办理法人登记成立新企业，或者以合并或分立方式成立新企业，其新启用资金账簿记载的资金，根据财税〔2003〕183号文规定，只需就未贴花的部分和以后新增加的资金按规定贴花，原已贴花的部分可不再贴花。

(4) 根据国税地字〔1988〕25号文规定，凡是记载资金的账簿，启用新账时，资金未增加的，不再按件定额贴花。

19. 土地租赁合同

在印花税税目表的“财产租赁合同”税目中并没有列举土地使用权租赁项目，因此土地租赁合同不属于应税凭证，无需贴花。

20. 承包经营合同

承包经营合同在印花税税目中并没有列举，不属于印花税应税凭证。

21. 修理单

修理合同属于“加工承揽合同”，但对于委托商店、门市部的零星修理而开具的修理单，根据国税地字〔1988〕25号文规定，无需贴花。

22. 旅游公司与游客签定的旅游服务合同

23. 常见的其他无需贴花的合同或凭证

下列合同或凭证，在印花税税目表中没有列举，不属于印花税应税凭证，企业无需缴纳印花税：单位和员工签订的劳务用工合同；供应商承诺书；保密协议；物业管理服务合同；保安服务合同；日常清洁绿化服务合同；杀虫服务合同；质量认证服务合同；翻译服务合同；出版合同。

第四节 典型问题分析

1. 以上市公司股权进行出资而发生的股权转让行为是否要缴纳印花税?

提问：

以持有的上市公司股权进行出资而发生的股权转让行为，是否要缴纳印花税?

解答精要：

根据《财政部、国家税务总局关于以上市公司股权出资有关证券（股票）交易印花税政策问题的通知》（财税〔2010〕7号）规定，投资人以其持有的上市公司股权进行出资而发生的股权转让行为，不属于证券（股票）交易印花税的征税范围，不征收证券（股票）交易印花税。上述行为的认定，由投资人按规定的要求提供相关资料，由证券登记结算公司所在地主管税务机关办理，并通知证券登记结算公司。

2. 土地租赁合同是否属于印花税应税凭证？

提问：

土地租赁合同是否属于印花税应税凭证，是否需要贴花？

解答精要：

土地租赁合同和房屋租赁合同等有区别，它不是印花税应税凭证。《印花税暂行条例》第一条规定，在中华人民共和国境内书立、领受本条例所列举凭证的单位和个人，都是印花税的纳税义务人，应当按照本条例规定缴纳印花税。《印花税暂行条例实施细则》第十条规定，印花税只对税目税率表中列举的凭证和经财政部确定征税的其他凭证征税。也就是说，印花税的征收范围采用列举的方式，没有列举的凭证，不需要贴花。由于在印花税税目表的财产租赁合同税目中没有列举土地租赁合同，因此签订的土地租赁合同不属于印花税应税凭证，不需要贴花。

3. 代理合同是否需要缴纳印花税？

提问：

代理单位与委托单位签订的代理合同，是否需要缴纳印花税？

解答精要：

根据《国家税务局关于印花税若干具体问题的解释和规定的通知》（国税发〔1991〕155 号）第十四条规定，在代理业务中，代理单位与委托单位之间签订的委托代理合同，凡仅明确代理事项、权限和责任的，不属于应税凭证，不必贴花。

4. 甲乙双方签订的买卖合同由哪方缴纳印花税？

提问：

甲乙双方签订的买卖合同，在缴纳印花税时，是否必须由甲乙各方缴纳，可否由第三方缴纳？

解答精要：

《印花税暂行条例施行细则》规定，对于同一凭证，如果由两方或者两方以上当事人签订并各执一份的，各方均为纳税人，应当由各方就所持凭证的各自金额贴花。当事人，是指对凭证有直接权利义务关系的单位和个人，不包括保人、证人、鉴定人。如果应税凭证是由当事人的代理人代为书立的，则由代理人代为承担纳税义务。

5. 仓储保管单据是否需要贴花？

提问：

仓储保管单据是否需要贴花？

解答精要：

《国家税务局关于印花税若干具体问题的规定》（国税地字〔1988〕25号）第五条关于对货物运输单、仓储保管单、财产保险单、银行借据等单据是否贴花规定，对货物运输、仓储保管、财产保险、银行借款等，办理一项业务既书立合同，又开立单据的，只就合同贴花。凡不书立合同，只开立单据，以单据作为合同使用的，应按照规定贴花。

《国家税务总局关于印花税若干具体问题的解释和规定的通知》（国税发〔1991〕155号）第四条关于仓储保管业务的应税凭证如何确定规定，仓储保管业务的应税凭证为仓储保管合同或作为合同使用的仓单、栈单（或称入库单等）。对有些凭证使用不规范，不便计税的，可就其结算单据作为计税贴花的凭证。因此，办理仓储保管业务，若既书立合同，又开立单据的，只就合同贴花。凡不书立合同，只开立单据，以单据作为合同使用的，应按照规定贴花。仓储保管合同按仓储保管费用千分之一贴花。

6. 银团与企业签订的借款合同如何缴纳印花税？

提问：

多家银行与同一借款人签订的一份借款合同，应如何缴纳印花税？

解答精要：

《国家税务局关于对借款合同贴花问题的具体规定》（国税地字〔1988〕30号）规定，关于对借款方与银团“多头”签订借款合同的，贷方是由若干银行组成的银团，银团各方均承担一定的贷款数额，借款合同由借款方与银团各方共同书立，各执一份合同正本。对这类借款合同，借款方与贷款银团各方应分别在所执合同正本上按各自的借贷金额计税贴花。

7. 劳务输出合同是否缴纳印花税？

提问：

某公司与其他劳务输出单位签订用工合同，请问该合同是否缴纳印花税？

解答精要：

《印花税暂行条例》第二条规定，下列凭证为应纳税凭证：1. 购销、加工承揽、建设工程承包、财产租赁、货物运输、仓储保管、借款、财产保险、技术合同或者具有合同性质的凭证；2. 产权转移书据；3. 营业账簿；4. 权利、许可证照；5. 经财政部确定征税的其他凭证。《印花税暂行条例施行细则》第十条规定，印花税只对税目、税率表中列举的凭证和经财政部确定征税的其他凭证征税。因此，对于上述公司所签订的劳务输出合同应属于服务性合同，在税目、税率表中并未列举该类合同，因此不用缴纳印花税。

8. 一次签订多年的房租合同如何缴纳印花税？

提问：

一次性签订多年的房屋租赁合同，如何缴纳印花税？

解答精要：

根据《印花税暂行条例》规定，财产租赁合同应当在合同签订时按租赁金额千分之一贴花。因此，一次性签订多年的租赁合同，应按租金一次性缴纳印花税。比如，一次性签订三年的房屋租赁合同，应当按照三年租金一次性缴纳印花税。

9. 用外汇注册资本如何折算成人民币申报缴纳印花税？

提问：

我公司注册资本是以美元计，分三次汇入，每次的汇率都不一样，请问我们应按照哪个汇率折算成人民币申报缴纳印花税？

解答精要：

根据《印花税暂行条例》的规定，记载资金的账簿，应按实收资本和资本公积合计金额的万分之五贴花。根据《印花税暂行条例施行细则》第十九条规定，应纳税凭证所载金额为外国货币的，纳税人应按照凭证书立当日国家外汇管理局公布的外汇牌价折合人民币，计算应纳税额。

10. 无租赁期限使用房产合同如何贴花？

提问：

无租赁期限使用房产合同如何贴花？

解答精要：

依据《国家税务局关于印花税若干具体问题的规定》(国税地字〔1988〕25号）第四条规定，有些合同在签订时无法确定计税金额，如技术转让合同中的转让收入，按销售收入的一定比例收取或是按实现利润分成，财产租赁合同，只是规定了月（天）租金标准却无租赁期限的。对这类合同，可在签订时先按定额5元贴花，以后结算时再按实际金额计税，补贴印花。因此，无租使用房产合同可在签订时按定额5元贴花，以后结算时再按实际金额计税，补贴印花。

11. 企业签订的应税合同如果没有履行是否可免缴印花税？

提问：

企业签订的应税合同如果没有履行是否可免缴印花税？如果合同所载金额与实际结算金额不同又该如何处理？

解答精要：

《印花税暂行条例》、《印花税暂行条例施行细则》及国家税务局《关于印花税若干具体问题的规定》(国税地字〔1988〕25号）规定，应纳税凭证应当于合同签订时、书据书立时、账簿启用时和证照领受时贴花。因此，不论合同是否兑现或能否按期兑现，都一律按规定贴花。对已履行并贴花的合同，发现实际结算金额与合同所载金额不一致的，一般不再补贴印花。凡修改合同后增加金额的，应就增加部分补贴印花。

12. 没有签订合同是否要缴纳印花税？

提问：

买卖货物时双方并没有签订合同，但税务人员还是要以主营业务收入去折算印花税，这样是否合理？

解答精要：

印花税是针对具有合同性质的凭证征税，即便双方没有签订正式的合同，但只要有合同性质的凭证即应征税。按现行印花税政策规定，对符合一定条件的纳税人可采取按主营业务收入一定比例征收印花税的方式。

13. 贴息贷款合同是否需要缴纳印花税？

提问：

我公司向银行借了1 500万元的贴息贷款，请问，签订的贴息贷款合同

是否需要缴纳印花税？

解答精要：

根据《印花税暂行条例》及其实施细则的规定，下列凭证免缴印花税：(1) 已缴纳印花税的凭证的副本或者抄本；(2) 财产所有人将财产赠给政府、社会福利单位、学校所立的书据；(3) 国家指定的收购部门与村民委员会、农民个人书立的农副产品收购合同；(4) 无息、贴息贷款合同；(5) 外国政府或者国际金融组织向我国政府及国家金融机构提供优惠贷款所书立的合同。你公司向银行借的是贴息贷款，符合免税规定，因此不用缴纳印花税。

14. 跨省市的建筑安装项目，其印花税纳税地点如何确定？

提问：

跨省市的建筑安装项目，其印花税纳税地点如何确定？

解答精要：

《印花税暂行条例》第七条只是规定了应纳税凭证应当于书立或者领受时贴花。《印花税暂行条例施行细则》第十四条第一项规定，条例第七条所说的书立或者领受时贴花，是指在合同签订时、书据立据时、账簿启用时和证照领受时贴花。因为印花税是以粘贴印花税票的形式来完税，而印花税票是全国统一的，所以印花税无需也无法规定纳税地点，只要在凭证书立或领受时完税即可。

15. 装修装潢业务如何贴花？

解答精要：

凡建筑安装工程承包合同包含装璜装修内容的，按建筑安装工程承包合同贴花；其他装璜装修合同，按加工承揽合同贴花。

16. 小微企业与银行签订的借款合同是否需要缴纳印花税？

提问：

年营业收入在100万元以下的施工企业与银行签订的借款合同，是否需要缴纳印花税？

解答精要：

根据《财政部、国家税务总局关于金融机构与小型微型企业签订借款合同免征印花税的通知》（财税〔2011〕105号）规定，2011年11月1

日—2014 年 10 月 31 日，对金融机构与小型、微型企业签订的借款合同免征印花税。上述小型、微型企业的认定，按照《工业和信息化部、国家统计局、国家发展和改革委员会、财政部关于印发中小企业划型标准规定的通知》(工信部联企业〔2011〕300 号）的有关规定执行。建筑业营业收入 80 000 万元以下或资产总额 80 000 万元以下的为中小微型企业。其中，营业收入 6 000 万元及以上，且资产总额 5 000 万元及以上的为中型企业；营业收入 300 万元及以上，且资产总额 300 万元及以上的为小型企业；营业收入 300 万元以下或资产总额 300 万元以下的为微型企业。因此，该施工企业如果符合小型、微型企业的认定标准，则不用缴纳印花税。

17. 管理费是否也要合并到租金中一起缴印花税？

提问：

企业将一套房屋出租，签订的租赁合同上明确记载租金金额和管理费金额，并注明管理费是代物业管理公司收取。请问，管理费是否也要合并到租金中一起缴印花税？

解答精要：

根据《印花税暂行条例施行细则》第十七条规定，同一凭证，因载有两个或者两个以上经济事项而适用不同税目税率，如分别记载金额的，应分别计算应纳税额，相加后按合计税额贴花。如未分别记载金额的，按税率高的计税贴花。另根据《印花税暂行条例施行细则》第十条规定，印花税只对税目税率表中列举的凭证和经财政部确定征税的其他凭证征税。而在税目税率表中，没有列举物业费相关的服务项目，因而物业费不属于印花税征税范围。据此，上述企业所签合同在分别列示两种经济事项的基础上，应分别计算，只对房屋租金部分，按财产租赁合同记载的租赁金额千分之一贴花。

18. 货物运输合同印花税计税依据是否包括装卸费？

解答精要：

《国家税务总局、铁道部关于铁路货运凭证印花税若干问题的通知》(国税发〔2006〕101 号）第二条规定，铁路货运运费结算凭证为印花税应税凭证，包括：1. 货票（发站发送货物时使用)。2. 运费杂费收据（到站收取货物运费时使用)。3. 合资、地方铁路货运运费结算凭证（合资铁路公司、地方铁路单独计算核收本单位管内运费时使用)。上述凭证中所列运费为印花税的计税依据，包括统一运价运费、特价或加价运费、合资和地方铁路运费、新路均摊费、电力附加费。对分段计费一次核收运费的，以结算凭证所记载的全程运费为计税依据；对分段计费分别核收运费的，以分别核收运费的结算凭证所记载的运费为计税依据。因此，货物运输合同印花税的计税依据为取得的运费金额，不包括装卸费金额。

19. 管理费是否也要合并到租金中一起缴印花税?

提问:

企业将一套房屋出租，签订的租赁合同上明确记载租金金额和管理费金额，并注明管理费是代物业管理公司收取。请问，管理费是否也要合并到租金中一起缴印花税?

解答精要:

《中华人民共和国印花税暂行条例施行细则》第十一条、第十七条规定，印花税只对税目税率表中列举的凭证和经财政部确定征税的其他凭证征税。同一凭证，因载有两个或者两个以上经济事项而适用不同税目税率，如分别记载金额的，应分别计算应纳税额，相加后按合计税额贴花。如未分别记载金额的，按税率高的计税贴花。由于在税目税率表中，没有列举物业费相关的服务项目，因此物业费不属于印花税征税范围。上述企业所签合同在分别列示两种经济事项的基础上，应分别计算，只对房屋租金部分，按财产租赁合同记载的租赁金额千分之一贴花。

20. 工程监理合同是否需要贴花?

解答精要:

《中华人民共和国印花税暂行条例》第二条规定，下列凭证为应纳税凭证：(1)购销、加工承揽、建设工程承包、财产租赁、货物运输、仓储保管、借款、财产保险、技术合同或者具有合同性质的凭证。(2)产权转移书据。(3)营业账簿。(4)权利、许可证照。(5)经财政部确定征税的其他凭证。《中华人民共和国印花税暂行条例施行细则》第十条规定，印花税只对税目税率表中列举的凭证和经财政部确定征税的其他凭证征税。因此，企业与监理公司签订的工程监理合同，不属于上述列举的印花税征税范围，不缴纳印花税。

CHAPTER

3 第三章 收取工程款环节

第一节 概 述

收取工程款环节设计的主要税种是营业税。营业税是以在我国境内提供应税劳务、转让无形资产或销售不动产所取得的营业额为课税对象而征收的一种商品劳务税。

营业税属传统商品劳务税，实行普遍征收，计税依据为营业额全额，税额不受成本、费用高低影响，对于保证财政收入的稳定增长具有十分重要的意义。现行我国营业税的基本规范，是 2008 年 11 月 5 日国务院第 34 次常务会议修订通过的《中华人民共和国营业税暂行条例》（以下简称《营业税暂行条例》）和 2008 年 12 月 15 日财政部、国家税务总局第 52 号令发布的《中华人民共和国营业税暂行条例实施细则》（以下简称《营业税暂行条例实施细则》）。

一、纳税义务人

《营业税暂行条例》第一条规定，在中华人民共和国境内提供本条例规定的劳务、转让无形资产或者销售不动产的单位和个人，为营业税的纳税人，应当依照本条例缴纳营业税。《营业税暂行条例实施细则》规定，条例第一条所称在中华人民共和国境内（以下简称境内）提供条例规定的劳务是指提供或者接受条例规定劳务的单位或者个人在境内。

根据上述规定，境内企业在境外提供的建筑业劳务由于其提供劳务单位是中国境内注册企业，因此，应确定为营业税的纳税义务人。但是，根

据《关于个人金融商品买卖等营业税若干免税政策的通知》(财税〔2009〕111号)第三条之规定，对中华人民共和国境内单位或者个人在中华人民共和国境外提供建筑业、文化体育业(除播映)劳务暂免征收营业税。

表3—1是境内外企业在境内外提供应税劳务是否征收营业税的简要梳理。

表3—1　　境内外企业提供应税劳务征收营业税情况

	在境内提供应税劳务	在境外提供应税劳务	
		建筑业、除播映外的文化体育业	交通运输业、金融保险业、邮电通信业、文化体育业的播映业、娱乐业、服务业
境内企业	征收	暂免征收	征收
境外企业	征收	不征收	不征收

温馨提示

不征税收入以及免税收入如何划分?

不征税收入从根源和性质上不属于营利活动带来的收入，不负有纳税义务，主要是财政拨款、纳入预算管理的收入。企业的不征税收入用于支出所形成的费用或者财产，不得扣除或者计算对应的折旧、摊销扣除。因此，对企业的一部分收入不征税并不是一种税收优惠政策。

免税收入属于企业营利活动带来的收入，负有纳税义务，但税法予以免除，根据《实施条例》第二十七条、第二十八条的规定，企业取得的各项免税收入所对应的各项成本费用，除另有规定者外，可以在计算企业应纳税所得额时扣除。因此，免税收入属于一种税收优惠。

二、扣缴义务人

扣缴义务人依照法律、行政法规的规定履行代扣、代收税款的义务。对法律、行政法规没有规定负有代扣、代收税款义务的单位和个人，税务机关不得要求其履行代扣、代收税款义务。扣缴义务人依法履行代扣、代收税款义务时，纳税人不得拒绝。纳税人拒绝的，扣缴义务人应当及时报告税务机关处理。税务机关按照规定付给扣缴义务人代扣、代收手续费。《营业税暂行条例》规定了以下两类营业税扣缴义务人：

1. 中华人民共和国境外的单位或者个人在境内提供应税劳务、转让无形资产或者销售不动产，在境内未设有经营机构的，以其境内代理人为扣缴义务人；在境内没有代理人的，以受让方或者购买方为扣缴义务人。

2. 国务院财政、税务主管部门规定的其他扣缴义务人。

对于建筑安装业务而言，《营业税暂行条例》取消了过去的“建筑安装业务实行分包或者转包的，以总承包人为扣缴义务人”的规定。

营业税扣缴义务发生时间为纳税人营业税纳税义务发生的当天。

三、税目与税率

(一) 税目

营业税的税目按照行业、类别的不同分别设置，现行营业税设置了9个税目。建筑业是其中之一。建筑业，是指建筑安装工程作业。该税目的征收范围包括：建筑、安装、修缮、装饰、其他工程作业。

建筑，是指新建、改建、扩建各种建筑物、构筑物的工程作业，包括与建筑物相连的各种设备或支柱、操作平台的安装或装设工程作业，以及各种窑炉和金属结构工程作业在内。

安装，是指生产设备、动力设备、起重设备、运输设备、传动设备、医疗实验设备及其他各种设备的装配、安置工程作业，包括与设备相连的工作台、梯子、栏杆的装设工程作业和被安装设备的绝缘、防腐、保温、油漆等工程作业在内。

修缮，是指对建筑物、构筑物进行修补、加固、养护、改善，使之恢复原来的使用价值或延长其使用期限的工程作业。

装饰，是指对建筑物、构筑物进行修饰，使之美观或具有特定用途的工程作业。

其他工程作业，是指上列工程作业以外的各种工程作业，如代办电信工程、水利工程、道路修建、疏浚、钻井（打井）、拆除建筑物或构筑物、平整土地、搭脚手架、爆破等工程作业。

温馨提示

容易混淆的建筑业收入

有线电视台为用户安装有线电视接收装置，一次性向用户收取的安装

费收入属于建筑业收入。

不从事电梯生产、销售，只从事电梯保养和维修的专业公司对安装运行后的电梯进行的保养、维修取得的收入属于建筑业收入。

纳税人为钻井作业提供泥浆和工程技术服务的行为取得的全部收入（泥浆工程劳务收入）属于建筑业收入。

钻井勘探、爆破勘探工程作业收入属于建筑业收入，地质勘探除航空和爆破勘探外，都属于其他服务业的征收范围。

（二）税率

营业税按照行业、类别的不同分别采用不同的比例税率，建筑业的税率是3%。

四、应纳税额的计算

纳税人提供应税劳务、转让无形资产或者销售不动产，按照营业额和规定的税率计算应纳税额。应纳税额计算公式：

应纳税额＝营业额×税率

纳税人的营业额为纳税人提供应税劳务、转让无形资产或者销售不动产收取的全部价款和价外费用。所称价外费用，包括收取的手续费、补贴、基金、集资费、返还利润、奖励费、违约金、滞纳金、延期付款利息、赔偿金、代收款项、代垫款项、罚息及其他各种性质的价外收费，但不包括同时符合以下条件代为收取的政府性基金或者行政事业性收费：

（1）由国务院或者财政部批准设立的政府性基金，由国务院或者省级人民政府及其财政、价格主管部门批准设立的行政事业性收费；

（2）收取时开具省级以上财政部门印制的财政票据；

（3）所收款项全额上缴财政。

纳税人的营业额计算缴纳营业税后因发生退款减除营业额的，应当退还已缴纳营业税税款或者从纳税人以后的应缴纳营业税税额中减除。

纳税人发生应税行为，如果将价款与折扣额在同一张发票上注明的，以折扣后的价款为营业额；如果将折扣额另开发票的，不论其在财务上如何处理，均不得从营业额中扣除。

纳税人兼有不同税目的应税劳务、转让无形资产或者销售不动产，应当分别核算不同税目的营业额、转让额、销售额（以下统称营业额）；未分别核算营业额的，从高适用税率。

纳税人兼营免税、减税项目的，应当分别核算免税、减税项目的营业额；未分别核算营业额的，不得免税、减税。

纳税人提供应税劳务、转让无形资产或销售不动产价格明显偏低并无正当理由或者视同发生应税行为而无营业额的，按下列顺序确定其营业额：

（1）按纳税人最近时期发生同类应税行为的平均价格核定；

（2）按其他纳税人最近时期发生同类应税行为的平均价格核定；

（3）按下列公式核定：

$$营业额=营业成本或者工程成本\times\frac{1+成本利润率}{1-营业税税率}$$

公式中的成本利润率，由各市地方税务局结合本地实际，区分不同税目（行业），在5%至30%的幅度内确定，并报省局备案。

案例 3—1

建华建筑公司 2011 年 3 月与建业房地产公司签订建筑施工合同，承建某小区的写字楼，合同价款 1 000 万元。按照合同约定，建业房地产公司分别于 2011 年 3 月、8 月支付给建华建筑公司工程款 500 万元、500 万元。2011 年 9 月合同完工后，双方对实际完成的工程量进行结算，实际结算价款 950 万元，为此，建华建筑公司退回多收的建业房地产公司的工程款 50 万元。

请问：建华建筑公司就上述业务分别如何缴纳印花税和营业税？

分析：

本例的关键知识点在于营业税和印花税在合同签订后营业额发生变化如何纳税问题。

印花税应税合同在签订时纳税义务已经发生，应计算应纳税额并贴花。所以，不论合同是否兑现或是否按期兑现，均应贴花。对已履行并贴花的合同，所载金额与合同履行后实际结算金额不一致的，只要双方未修改合同金额，一般不再办理完税手续。所以本例中，印花税纳税义务应于合同签订时发生，以后实际结算价款与合同价款不一致，不退所谓多交的印花税。应纳印花税额为：1 000×0.3‰=0.3（万元）

营业税纳税人的营业额计算缴纳营业税后因发生退款减除营业额的，

应当退还已缴纳营业税税款或者从纳税人以后的应缴纳营业税税额中减除。所以，本例中，建华建筑公司的营业额应为 950 万元，应缴纳的营业税为：950×3%=28.5（万元）

案例 3—2

建华建筑公司同时具有试验检测资质，承接试验检测业务。2011 年实现营业收入 500 万元，其中工程施工业务实现营业收入 400 万元，试验检测业务实现营业收入 100 万元。建华建筑公司未对上述业务分开进行核算。请问：应如何缴纳营业税？

分析：

纳税人兼有不同税目的应税劳务，应当分别核算不同税目的营业额，未分别核算营业额的，从高适用税率。工程施工业务收入的对应税率是 3%，试验检测业务收入的对应税率是 5%。由于该公司未分别核算，从高适用税率。所以，该公司 2011 年应缴纳的营业税是：500×5%=25（万元）

第二节　特殊情形下的税收政策

一、提供建筑业劳务同时销售自产货物的情形

《营业税暂行条例实施细则》第七条规定，提供建筑业劳务的同时销售自产货物的行为；应当分别核算应税劳务的营业额和货物的销售额，其应税劳务的营业额缴纳营业税，货物销售额不缴纳营业税；未分别核算的，由主管税务机关核定其应税劳务的营业额。

根据《国家税务总局关于纳税人销售自产货物并同时提供建筑业劳务有关税收问题的公告》（国税发〔2011〕23 号）规定，自 2011 年 5 月 1 日起，纳税人销售自产货物同时提供建筑业劳务，须向建筑业劳务发生地主管地方税务机关提供其机构所在地主管国家税务机关出具的本纳税人属于从事货物生产的单位或个人的证明。建筑业劳务发生地主管地方税务机关根据纳税人持有的证明，按本公告有关规定计算征收营业税。这意味着，只有纳税人是属于从事货物生产的单位或个人，涉及销售自产货物并同时提供建筑业劳务时，才需要分别缴纳增值税和营业税，其他单位或个人视

为提供应税劳务，缴纳营业税。

此项行为原来的纳税依据是《国家税务总局关于纳税人销售自产货物提供增值税劳务并同时提供建筑业劳务征收流转税问题的通知》（国税发〔2002〕117号，已废止）。两者的区别是：

第一，取消了必须同时符合两个条件的规定。

国税发〔2002〕117号文件第一条规定，纳税人以签订建设工程施工总包或分包合同（包括建筑、安装、装饰、修缮等工程总包和分包合同，下同）方式开展经营活动时，销售自产货物、提供增值税应税劳务并同时提供建筑业劳务（包括建筑、安装、修缮、装饰、其他工程作业，下同），同时符合以下条件的，对销售自产货物和提供增值税应税劳务取得的收入征收增值税，提供建筑业劳务收入（不包括按规定应征收增值税的自产货物和增值税应税劳务收入）征收营业税：（一）必须具备建设行政部门批准的建筑业施工（安装）资质；（二）签订建设工程施工总包或分包合同中单独注明建筑业劳务价款。凡不同时符合以上条件的，对纳税人取得的全部收入征收增值税，不征收营业税。

取消后，不论是否符合两个条件都要分别缴纳营业税和增值税。

第二，取消了自产货物的范围问题。

国税发〔2002〕117号文件第三条规定，本通知所称自产货物是指：（一）金属结构件：包括活动板房、钢结构房、钢结构产品、金属网架等产品；（二）铝合金门窗；（三）玻璃幕墙；（四）机器设备、电子通讯设备；（五）国家税务总局规定的其他自产货物。

第三，强调了只有从事货物生产的单位和个人才能适用这条规定。如是从事货物批发或零售的单位或个人，则应全额缴纳增值税，如是其他单位或个人，则视为提供应税劳务，缴纳营业税。

国税发〔2002〕117号文件第四条表述与国税发〔2011〕23号文件相关内容的表述基本一致。国税发〔2002〕117号文件第四条的表述是：本通知中所称纳税人是指从事货物生产的单位或个人。纳税人销售自产货物、提供增值税应税劳务并同时提供建筑业劳务，应向营业税应税劳务发生地地方税务局提供其机构所在地主管国家税务局出具的纳税人属于从事货物生产的单位或个人的证明，营业税应税劳务发生地地方税务局根据纳税人持有的证明按本通知的有关规定征收营业税。

案例 3—3

建华建筑公司承建位于某市江北区的地铁 2 号线 3 标的施工任务，总价款 3.5 亿元，其中，盾构管片的价款为 2 亿元（含管片的预制、安装）。建华建筑公司与尖晶建材有限公司签订了盾构管片采购合同，约定盾构管片采购价款 1.8 亿元。建华建筑公司采购管片后自行采用盾构机进行管片安装。

尖晶建材有限公司是该市江南区一家增值税一般纳税人，主营铁路、公路、房屋建筑、水利水电、市政公用工程，生产水泥混凝土预制构件。江南区国税局为尖晶建材有限公司出具了该公司属于从事货物生产的单位和个人的证明。

请问：

(1) 建华建筑公司采购尖晶建材有限公司的盾构管片价款能否从建华建筑公司应纳营业税款中扣除？

(2) 尖晶建材有限公司销售管片的价款应该如何纳税？

分析：

(1) 判断能否扣除的要件是看这项采购行为是分包还是采购。本例中，盾构管片属于货物，显然不属于建筑工程中的分包，所以应判断属于采购行为，应就全部工程价款缴纳营业税。实践中，有的公司将采购管片的合同改为盾构管片加工分包合同，是不正确的。

(2) 尖晶建材有限公司销售管片，应按销售货物行为缴纳增值税。如果本例中管片不是由尖晶建材有限公司生产，而是由建华建筑公司自行生产，而且建华建筑公司属于从事货物生产的单位和个人，那么建华建筑公司则应就销售管片的价款缴纳增值税，其余价款缴纳营业税。

二、营业额包括材料设备价款情形

《营业税暂行条例实施细则》规定，除符合条件的提供建筑业劳务同时并销售自产货物情形外，纳税人提供建筑业劳务（不含装饰劳务）的，其营业额应当包括工程所用原材料、设备及其他物资和动力价款在内，但不包括建设方提供的设备的价款。这条规定包括以下几层含义：

第一，装饰劳务营业额不包括工程所用原材料、设备及其他物资和动力价款，只包括向客户实际收取的人工费、管理费和辅助材料费等收入。也就是说，无论是客户自行采购的材料和设备价款，还是代客户采购的材料和设备价款，装饰劳务营业额都不含材料和设备价款。而之前《财政部国家税务总局关于纳税人以清包工形式提供装饰劳务征收营业税问题的通知》(财税〔2006〕114号，已废止）规定，纳税人采用清包工形式提供的装饰劳务，按照其向客户实际收取的人工费、管理费和辅助材料费等收入（不含客户自行采购的材料价款和设备价款）确认计税营业额。

第二，建设方提供的设备不包括在营业额中，不是建设方提供的设备则应包括在营业额中。

之前的政策依据是《财政部国家税务总局关于营业税若干政策问题的通知》(财税〔2003〕16号，已废止)，根据该文的规定，建筑安装工程的计税营业额均不应包括设备价值。设备无论是建设方提供的还是施工方提供的，都不征收营业税。因此，在新条例实施前，特别是对于施工方提供的设备，实务中是由施工方按含设备价款的金额开具发票，按扣除设备价款后的金额差额缴纳营业税，即设备价值不征收营业税，设备的价值按施工方购买设备的增值税发票中注明的含增值税的价款确定。

关于设备和材料的划分标准及范围，笔者目前尚未见到国家层面统一的规定。在实务中，可以参考各地的文件，以下引用的是河北省地税局的《营业税营业额管理规范》。

设备和材料的划分标准及范围

一、设备是指凡是经过加工制造，由多种材料和部件按各自用途组成的具有生产加工、检测、医疗、储运及能量传递或转换等功能的机器、容器和其他机械。设备分为标准设备和非标准设备。标准设备（包括通用设备和专用设备）是指按国家规定的产品标准批量生产的，已进入设备系列的设备；非标准设备是指国家未定型，非批量生产的，由设计单位提供制造图纸，委托承制单位制作的设备。具体包括以下各项：

（一）各种设备的本体及随设备到货的配件、备件和附属于设备本体制作成型的梯子、平台、栏杆及管道等。

（二）各种计量器、仪表及自动化控制装置、实验室内的仪器及属于设备本体部分的仪器仪表等，附属于设备本体的油类、化学药品等视为设备的组成部分。

（三）用于生产、生活或附属于建筑物的水泵、锅炉及水处理设备、电气、通风设备等。

二、材料是指为完成建筑、安装工程所需的原料和经过工业加工的设备本体以外的零配件、附件、成品、半成品等。包括以下各项：

（一）设备本体以外的不属于设备配套供货，需由施工企业自行加工制作或委托加工制作的平台、梯子、栏杆及其他金属构件等，以及以成品、半成品形式供货的管道、管件、阀门、法兰等。

（二）防腐、绝热及建筑、安装工程所需的其他材料。

三、为进一步明确设备与材料的划分界限，现将常用设备与材料的区分列举如下：

（一）通用机械

1. 各种金属切削机床、锻压机械、铸造机械、各种起重机、输送机，各种电梯、风机、泵、压缩机、煤气发生炉等及其全套附属零部件，均为设备。

2. 设备本体以外的各种行车轨道、滑触线、电梯的滑轨等为材料。

（二）专业设备

1. 制造厂制作成型的各种容器、反应器、热交换器、塔器、电解槽等均为设备。

各种工艺设备的一次性填充物料，如各种瓷环、钢环、塑料环、钢球等；各种化学药品（如树脂、珠光砂、触媒、干燥剂、催化剂等）均视为设备的组成部分。

2. 制造厂以散件或分段分片供货的塔、器、罐等，在现场拼接、组装、焊接、安装内件或改制时所消耗的物件均为材料。

（三）热力设备

1. 成套或散装到货的锅炉及其附属设备、汽轮发电机及其附属设备等均为设备；热力系统的除氧器水箱和疏水箱，工业水系统的工业水箱，油冷却系统的油箱；酸碱系统的酸碱储存槽等为设备。

2. 循环水系统的旋转滤网视为设备，钢板闸门及拦污栅为材料；启闭装置的启闭机视为设备，启闭架为材料；随锅炉炉墙砌筑时埋置的铸铁块、看火孔、窥视孔、人孔等各种成品预埋件、挂钩等均为材料。

（四）控置装置及仪表

1. 成套供应的盘、箱、柜、屏（包括保温箱和已经安装就位的仪表、元件等）及随主机配套供应的仪表均为设备。

计算机、空调机、工业电视、检测控制装置、机械量分析显示仪表、基地式仪表、单元组合仪表、变送器、传送器及调节阀、压力、温度、流量、差压、物位仪表等均为设备。

2. 随管、线同时组合安装的一次部件、元件、配件等均为材料。

（五）通信

市内、长途电话交换机、程控电话交换机，微波、载波通信设备，电报和传真设备，中、短波通信设备及中短波电视大馈线装置，移动通信设备，卫星地球站设备，通讯电源设备，光纤通信数字设备，邮政机械设备等各种生产及配套设备和随机附件均为设备。

（六）电气

1. 各种电力生器变压器、互感器、调压器、感应移相器、电抗器、高压断路器、高压熔断器、稳压器、电源调整器、高压隔离开关、装置式空气开关、电力电容器、蓄电池；磁力启动器、交直流报警器、成套供应的箱、盘、柜、屏及其随设备带来的母线和支持瓷瓶均为设备。

2. 各种电缆、电线、母线、管材、型钢、桥架、梯架、槽盒、立柱、托臂、灯具及其开关，插座、按钮等均为材料。

P型开关、保险器、杆上避雷器、各种避雷针、各种电扇、铁壳开关、电铃、照明配电箱等小型电器，各种绝缘子、金具、电线杆、铁塔、各种支架等金属构件均为材料。

（七）通风

1. 空气加热器、冷却器、各类风机、除尘设备、各种空调机、风盆管、过滤器、净化工作台、风淋室等均为设备。

2. 各种风管及其附件和各种调节阀，风口、风帽、消声器、过滤器及其他部件、构件等均为材料。

（八）管道

1. 各种管道、阀门、管件、配件及金属结构等均为材料。

2. 各种栓类，低压器具，卫生器具，供暖器具、燃气管道和附件等均为材料。

（九）炉窑和砌筑

1. 各种安置在炉窑中的成品炉管、电机、鼓风机和炉容传动、提升装置等均为设备；属于炉窑本体的金属铸件、锻件、加工件及测温装置、计

器仪表、消烟、回收、降尘装置等，均为设备；随炉供应已安装就位的金具、耐火材里、炉体金属埋件等均为设备。

2. 现场砌筑用的耐火、耐酸、捣打料、绝热纤维、天然白泡石、玄武岩、金具、炉门及窥视孔、预埋件、填料等均为材料。

第三，无论合同如何约定，甲供材都应包括在营业额中。在实践中，有的工程采取清包工的形式，材料由甲方提供，施工企业只负责工程的施工，在这种情况下，施工企业的应税营业额也要包括甲方提供的材料价款。

案例 3—4

建华建筑公司与某房地产公司签订了一份建筑施工合同，合同约定，建华建筑公司负责为该房地产公司建造 2 栋居民楼，建筑面积 2 万平方米，每平方米单价 1 500 元，工程所需原材料都由该房地产公司提供，价款 5 000 万元。请问：建华建筑公司应如何缴纳营业税？

分析：

营业税暂行条例实施细则规定，除符合条件的提供建筑业劳务同时销售自产货物情形外，纳税人提供建筑业劳务（不含装饰劳务）的，其营业额应当包括工程所用原材料、设备及其他物资和动力价款在内，但不包括建设方提供的设备的价款。因此，本例中，建华建筑公司应缴纳的营业税为：(1 500×2＋5 000)×3%＝240（万元）

需要提示的是，建华建筑公司给该房地产公司开具建安发票的金额仍为 3 000 万元，该房地产公司入账的开发成本分别是 5 000 万元的原材料成本（依据原材料采购发票）和 3 000 万元的建安成本（依据建筑业发票）。

三、分转包情形

纳税人将建筑工程分包给其他单位的，以其取得的全部价款和价外费用扣除其支付给其他单位的分包款后的余额为营业额。

纳税人按照《营业税暂行条例》第五条规定扣除有关项目，取得的凭证不符合法律、行政法规或者国务院税务主管部门有关规定的，该项目金额不得扣除。

所称符合国务院税务主管部门有关规定的凭证（以下统称合法有效凭证），是指：

（1）支付给境内单位或者个人的款项，且该单位或者个人发生的行为属于营业税或者增值税征收范围的，以该单位或者个人开具的发票为合法有效凭证；

（2）支付的行政事业性收费或者政府性基金，以开具的财政票据为合法有效凭证；

（3）支付给境外单位或者个人的款项，以该单位或者个人的签收单据为合法有效凭证，税务机关对签收单据有疑义的，可以要求其提供境外公证机构的确认证明；

（4）国家税务总局规定的其他合法有效凭证。

与过去政策相比，现行政策取消了对转包实行差额缴纳营业税的规定，同时对分包给个人的情况也取消了实行差额缴纳营业税的规定。

需要强调的是，只有总包方发生分包业务可以差额纳税，其他企业的再分包业务应按取得的收入全额缴纳营业税。因为根据《中华人民共和国建筑法》的规定，只有建筑工程总承包人才可以将工程承包给其他具有相应资质条件的分包单位，而不能分包给个人，同时禁止分包单位将其承包的工程再分包。因此，只有总承包人才有可能差额纳税，而分包单位不能再分包，所以也不能差额纳税，如果再分包不仅违法，而且要全额纳税。

假设总包工程款为200万元，其中分包为50万元，如何开具发票更合理？现在的处理模式应为：总承包人向建设方开具200万元的发票进行工程结算，分包方向总承包方开具50万元的发票进行分包工程结算，然后总承包方将分包方开来的发票进行营业额抵减并申报纳税。例如，《广西自治区建筑业营业税管理办法（试行）》规定，纳税人从营业额中扣除分包款，应同时符合以下条件：

（1）向劳务发生地主管地税机关进行建筑工程项目登记，申报纳税；

（2）提供分包人开具的建筑业发票和税收缴款书复印件；

（3）用于抵扣的发票属于劳务发生地主管地税机关开具或者管理的税控机打发票。按规定应在机构所在地补征建筑业营业税的，用于抵扣的发票属于机构所在地主管地税机关开具或者管理的税控机打发票。

四、BT模式

近年来，各级政府广泛采取BT项目（Build Transfer，即建设—移交，专属于政府的基础设施项目建设领域中采用的一种投资建设模式）投融资

方式建设基础设施工程，解决工程建设过程中资金不足的问题。国家税务总局目前尚未对这一模式的税收政策进行统一规范，各地执行模式不一。

（一）按何种税目征税？

目前各地在确定BT模式适用的税目时，大部分省份采用直接确定按“建筑业”税目征收营业税，只有湖南、江西等省份根据立项的主体不同，将以投融资人的名义立项建设的BT项目，工程完工交付业主的，对投融资人按照“销售不动产”税目征收营业税；对以项目业主的名义立项建设，对投融资人无论其是否具备建筑总承包资质，均应认定为建筑工程的总承包人，按“建筑业”税目的现行规定征收营业税。

（二）确定建筑业后是按全额征税还是差额征税？

一般的省份，在确定按建筑业税目征税后，都是采取余额征税的方式征收建筑业营业税，即对投资方将工程承包给其他施工企业的，按取得的回购价款减除支付给施工企业的工程款后的余额征收建筑业营业税。也有个别省份采取全额征税的方式。需要注意的是，江西省的政策是“项目业主委托投融资人建设的行为属于委托代建行为，对投融资人应按照‘服务业——代理业’税目征收营业税，其计税营业额为取得的全部回购价款（包括工程建设费用、融资费用、管理费用和合理回报等收入）扣除代建工程成本后的余额”。

五、EPC或PC模式

EPC或PC模式是项目总承包方式的简称，是指工程总承包商受业主委托，按照合同约定对工程的勘察、设计、采购、施工、试运行实行全过程的承包。具体分为EPC（设计＋设备和材料采购＋施工）总承包方式和PC（设备和材料采购＋施工）总承包方式。根据现行营业税的纳税原理，这种模式的税收政策应遵循兼营业务分别核算，分别确定营业税适用税目、税率的政策。例如，新疆维吾尔自治区地方税务局《关于项目总承包建筑安装工程征收营业税问题的通知》（新地税发〔2008〕296号）对此种模式的税收政策是：

（1）项目总承包人在进行工程承包时又兼营设计、代理土地征迁等其他业务的，应就其工程承包收入、设计收入、代理土地征迁等收入分别核算，对项目总承包人所取得的各项收入应分别确定适用税目和税率征收营业税。即对工程承包收入按照“建筑业”税目征收营业税；对设计费收入按照“服务业—其他服务业”税目征收营业税；对代办土地征迁收入按照“服务业—代理业”税目征收营业税。

（2）对项目总承包人进行工程总承包，按照总承包收入减去其支付给分包人工程结算价款的差额征收营业税；对项目总承包人将设计工作分包给其他设计单位的，按设计总收入减去分包支出的差额征收营业税；对项目总承包人代理土地征迁业务，按其取得的土地征迁费收入减去土地征迁实际支出的差额征收营业税。

（3）对项目总承包人采购并提供给分包人的设备，视同建设单位提供的设备，准予分包人在缴纳营业税时从营业额中减除。

第三节　征收管理

一、纳税义务发生时间

营业税纳税义务发生时间为纳税人提供应税劳务、转让无形资产或者销售不动产并收讫营业收入款项或者取得索取营业收入款项凭据的当天。国务院财政、税务主管部门另有规定的，从其规定。所称收讫营业收入款项，是指纳税人应税行为发生过程中或者完成后收取的款项。所称取得索取营业收入款项凭据的当天，为书面合同确定的付款日期的当天；未签订书面合同或者书面合同未确定付款日期的，为应税行为完成的当天。纳税人提供建筑业或者租赁业劳务，采取预收款方式的，其纳税义务发生时间为收到预收款的当天。

二、纳税期限

营业税的纳税期限分别为 5 日、10 日、15 日、1 个月或者 1 个季度。纳税人的具体纳税期限，由主管税务机关根据纳税人应纳税额的大小分别核定；不能按照固定期限纳税的，可以按次纳税。

纳税人以 1 个月或者 1 个季度为一个纳税期的，自期满之日起 15 日内申报纳税；以 5 日、10 日或者 15 日为一个纳税期的，自期满之日起 5 日内预缴税款，于次月 1 日起 15 日内申报纳税并结清上月应纳税款。

温馨提示

纳税义务发生时间、纳税期限和申报纳税时间三者之间的关系

首先，根据税法确定不同税种的纳税期限，按年纳税、按期纳税还是按次纳税；其次，确定每一笔业务的纳税义务发生时间是否属于该纳税期限；最后，根据纳税义务发生时间属于该纳税期限的业务计算应纳税款，在纳税期满后的纳税申报时间内申报并缴纳税款。

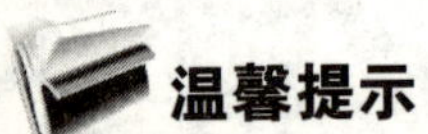

温馨提示

未申报税款追缴期限问题

根据《国家税务总局关于未申报税款追缴期限问题的批复》（国税函〔2009〕326号），《税收征管法》第五十二条规定：对偷税、抗税、骗税的，税务机关可以无限期追征其未缴或者少缴的税款、滞纳金或者所骗取的税款。《税收征管法》第六十四条第二款规定的纳税人不进行纳税申报造成不缴或少缴应纳税款的情形不属于偷税、抗税、骗税，其追征期按照《税收征管法》第五十二条规定的精神，一般为三年，特殊情况可以延长至五年。

此文件的意义在于，如果确定纳税人不进行纳税申报造成不缴或少缴应纳税款的情形属于偷税、抗税、骗税，则税务机关追征其未缴或者少缴的税款、滞纳金或者所骗取的税款，不受规定期限的限制。

即未申报税款的后果有三：第一，追征期限一般为三年，特殊情况下可以延长至五年，不属于偷税、抗税、骗税；第二，由税务机关追缴其不缴或少缴的税款和滞纳金；第三，处不缴或少缴税款百分之五十以上五倍以下的罚款。

三、纳税地点

纳税人提供建筑业应税劳务，应当向应税劳务的发生地的主管税务机关申报纳税。

纳税人应当向应税劳务发生地申报纳税而自应当申报纳税之月起超过6

个月没有申报纳税的，由其机构所在地或者居住地的主管税务机关补征税款。

第四节 涉及的城建税和教育费附加

一、城市维护建设税

城市维护建设税（简称城建税），是我国为了加强城市的维护建设，扩大和稳定城市维护建设资金的来源，对有经营收入的单位和个人征收的一个税种。城市维护建设税具有以下特点：

（一）税款专款专用，具有受益税性质

按照财政的一般性要求，税收及其他政府收入应当纳入国家预算，根据需要统一安排其用途，并不规定各个税种收入的具体使用范围和方向，否则也就无所谓国家预算。但是作为例外，也有个别税种事先明确规定使用范围与方向，税款的缴纳与受益更直接地联系起来，我们通常称其为受益税。城市维护建设税专款专用，用来保证城市的公共事业和公共设施的维护和建设，就是一种具有受益税性质的税种。

（二）属于一种附加税

城市维护建设税与其他税种不同，没有独立的征税对象或税基，而是以增值税、消费税、营业税“三税”实际缴纳的税额之和为计税依据，随“三税”同时附征，本质上属于一种附加税。

（三）根据城建规模设计税率

一般来说，城镇规模越大，所需要的建设与维护资金越多。与此相适应，城市维护建设税规定，纳税人所在地为城市市区的，税率为7%；纳税人所在地为县城、建制镇的，税率为5%；纳税人所在地不在城市市区、县城或建制镇的，税率为1%。这种根据城镇规模不同差别设置税率的办法，较好地照顾了城市建设的不同需要。

（四）征收范围较广

鉴于增值税、消费税、营业税在我国现行税制中属于主体税种，而城市维护建设税又是其附加税，原则上讲，只要缴纳增值税、消费税、营业

税中任一税种的纳税人都要缴纳城市维护建设税。这也就等于说，除了减免税等特殊情况以外，任何从事生产经营活动的企业单位和个人都要缴纳城市维护建设税，这个征税范围当然是比较广的。

二、教育费附加

教育费附加是国家为扶持教育事业发展，计征用于教育的政府性基金。1986年，国务院颁布《征收教育费附加的暂行规定》（国发〔1986〕50号），从1986年7月起，以各单位和个人实际缴纳的增值税、营业税、消费税总额的2%计征。2005年，国务院《关于修改〈征收教育费附加的暂行规定〉的决定》规定从2005年10月起，教育费附加率提高为3%，分别与增值税、营业税、消费税同时缴纳。教育附加费作为专项收入，由教育部门统筹安排使用。此外，一些地方政府为发展地方教育事业，还根据教育法的规定，开征了“地方教育附加费”。

凡缴纳增值税、消费税、营业税的单位和个人，均为教育费附加的纳费义务人（简称纳费人）。凡代征增值税、消费税、营业税的单位和个人，亦为代征教育费附加的义务人。农业、乡镇企业，由乡镇人民政府征收农村教育事业费附加，不再征收教育费附加。2010年10月18日，国务院发布《国务院关于统一内外资企业和个人城市维护建设税和教育费附加制度的通知》，规定自2010年12月1日起，外商投资企业和外国在华企业均需缴纳该税。

第五节　典型问题分析

1. 施工企业能否给自己企业开建筑业发票？

提问：

我单位属建筑单位，单位工程部为房产部建了座办公楼，属自建自用，该如何缴纳营业税？如何开具发票？单位可以自己给自己开建筑业发票吗？

解答精要：

根据《营业税暂行条例实施细则》第五条二款规定，单位或者个人自己新建建筑物后销售所发生的自建行为，视同发生应税行为。

可见自建建筑物只有在销售时才需要在征收销售不动产营业税同时再征收一笔建筑业营业税，单纯的自建自用并不属于营业税征税范畴，不需要开具发票。

2. 地质勘探业务的营业税应在何地缴纳?

提问:

地质勘探取得收入，营业税应在何地缴纳?

解答精要:

地质勘探除航空和爆破勘探外，都属于其他服务业的征收范围，根据《营业税暂行条例》第十四条第一项“纳税人提供应税劳务，应当向其机构所在地或者居住地的主管税务机关申报纳税。但纳税人提供的建筑业劳务，以及国务院财政、税务主管部门另有规定的，从其规定”的要求，地质勘探取得收入应按其他服务业税目在其机构所在地缴纳营业税。

3. 绿化养护工程应当如何申报缴纳营业税?

提问:

A市某绿化工程企业在B市承接了一项绿化养护工程，根据合同约定，该企业将在B市为客户栽种1.5万株水杉树苗，并在工程完工后1年内提供树苗日常养护，保证成活率在85%以上。合同明确约定了绿化工程价款和养护费收费标准。该企业应当如何申报缴纳营业税?

解答精要:

根据《国家税务总局关于印发营业税问题解答（之一)》(国税函〔1995〕156号）的规定，对绿化工程按照“建筑业——其他工程作业”项目征收营业税。而纳税人提供的苗木养护劳务属于服务业范畴，应按照“服务业——其他服务业”项目征收营业税。因此，纳税人应分别核算绿化工程与养护劳务的营业额，分别缴纳营业税。其中，绿化工程劳务应在应税劳务发生地B市缴纳营业税，苗木养护劳务应在机构所在地A市缴纳营业税。

4. 从事建筑物的清洗及修补作业，缴纳营业税的税率是多少?

解答精要:

我们公司主要从事建筑物的清洗及修补作业，请问我公司应按照3%还

是5%的税率缴纳营业税？

解答精要：

对建筑物、构筑物进行清洗、洗刷使之美观、洁净的业务，应按“服务业”税目缴纳营业税，适用税率为5%。对建筑物、构筑物进行修补修缮等工程作业，所取得的收入应按“建筑业”税目缴纳营业税，适用税率为3%。上述公司如果是兼营营业税不同应税项目，应当分别核算，如果不能分别核算的，则从高适用营业税税率。

5. 施工方收到工程款延期利息款后，应按照哪种税目开具营业税发票？

提问：

建筑安装工程的发包方，因故延期支付工程款给施工方，现法院裁定发包方违约，应支付工程款和相应的延期支付利息。请问施工方收到利息款后，应按照哪种税目开具营业税发票？

解答精要：

根据《营业税暂行条例实施细则》第十三条有关价外费用的规定，施工方收取的延期支付利息属于营业税的价外费用，应按照《营业税暂行条例》第五条“纳税人的营业额为纳税人提供应税劳务、转让无形资产或者销售不动产收取的全部价款和价外费用”的规定，按“建筑业”税目开具发票。

6. 装饰装潢公司为客户代购辅助材料应如何缴纳营业税？

提问：

某装饰装潢公司为客户代购辅助材料，主要原材料则由客户自购。请问，该装饰装潢公司应如何缴纳营业税？

解答精要：

根据《营业税暂行条例》第五条规定，纳税人的营业额为纳税人提供应税劳务、转让无形资产或者销售不动产向对方收取的全部价款和价外费用。据此，该装饰装潢公司应以向客户收取的全部价款和价外费用确认计税营业额，并计算缴纳营业税。

7. 分包单位如何开具发票？

提问：

施工单位的营业税额是在建设单位给施工单位的验工中包括，营业税的缴纳由建设单位代缴代扣或施工单位缴纳，在施工活动中经常出现分包(非大包，如劳务分包、消防分包等)，由于建设单位给施工单位的验工中营业税已统一缴纳，所以在给分包单位结算时不包含营业税，施工单位要求分包单位开具发票时，分包单位以分包单位结算时不包含营业税为由不开发票，那么，对这个问题有没有统一的规定?

解答精要：

根据《营业税暂行条例》第一条规定："在中华人民共和国境内提供本条例规定的劳务、转让无形资产或者销售不动产的单位和个人，为营业税纳税人，应当依照本条例缴纳营业税。"第五条第三款规定："纳税人将建筑工程分包给其他单位的，以其取得的全部价款和价外费用扣除其支付给其他单位的分包款后的余额为营业额。"条例第十一条中取消了原"建筑安装业务实行分包或者转包的，以总承包人为扣缴义务人"的规定。新营业税条例下，建筑安装业务总承包人对分包收入不再负有法定扣缴营业税的义务，而应该由分包方以其取得的分包收入全额自行申报缴纳营业税，不管总包方与分包方间关于税金负担问题如何约定，均改变不了分包方营业税纳税义务人的性质，故分包单位应当向总包单位开具建筑业发票。

8. 分包方应给总包方提供发票吗?

提问：

举例说明：如果甲企业总承包建设单位 100 万元的工程，分包给乙企业 30 万元。甲应该给建设方开具 100 万元发票，但按 100－30＝70 万元计税。我公司现在相当于上边举例的甲公司，我单位也和一个劳务队签订合同，他们提供劳务，我公司已按甲方计价如数缴纳营业税，现在的问题是：会计核算时那个劳务队还需要给我单位提供发票吗?

解答精要：

根据《中华人民共和国营业税暂行条例》规定：

"第五条　纳税人的营业额为纳税人提供应税劳务、转让无形资产或者销售不动产收取的全部价款和价外费用。但是，下列情形除外：

……

（三）纳税人将建筑工程分包给其他单位的，以其取得的全部价款和价外费用扣除其支付给其他单位的分包款后的余额为营业额；

第六条　纳税人按照条例第五条规定扣除有关项目，取得的凭证不符合法律、行政法规或者国务院税务主管部门有关规定的，该项目金额不得扣除。”

根据《中华人民共和国营业税暂行条例实施细则》规定：

“第十九条　条例第六条所称符合国务院税务主管部门有关规定的凭证（以下统称合法有效凭证），是指：

（一）支付给境内单位或者个人的款项，且该单位或者个人发生的行为属于营业税或者增值税征收范围的，以该单位或者个人开具的发票为合法有效凭证；”

根据上述规定，提供建安劳务属于营业税征收范围，以收款方开具的发票为合法有效凭证，因此贵公司作为建筑安装劳务的总包方，您直接向建设方出具总包合同 100 万元发票；分包方劳务队应向您出具分包合同 30 万元金额的发票。您扣除分包款的合法凭证应为从分包方劳务队取得的 30 万元的发票，否则不能差额缴纳营业税。

9. 总包方能否扣除分包款后缴纳营业税？

提问：

总包方将建筑工程分包给个人的，总包方能否扣除分包款后缴纳营业税？

解答精要：

根据《营业税暂行条例》第五条第三项规定，纳税人将建筑工程分包给其他单位的，以其取得的全额价款和价外费用扣除其支付给其他单位分包款后的余额为营业额。《营业税暂行条例实施细则》第九条规定，单位是指企业、行政单位、事业单位、军事单位、社会团体及其他单位。因此，纳税人将建筑工程分包给个人或个体户的，其支付的分包款项不能扣除。

CHAPTER

4 第四章 征地拆迁环节

第一节　征地拆迁的相关政策

一、土地的所有制

中华人民共和国实行土地的社会主义公有制，即全民所有制和劳动群众集体所有制。全民所有，即国家所有土地的所有权由国务院代表国家行使。任何单位和个人不得侵占、买卖或者以其他形式非法转让土地。土地使用权可以依法转让。国家为了公共利益的需要，可以依法对土地实行征收或者征用并给予补偿。国家依法实行国有土地有偿使用制度。但是，国家在法律规定的范围内划拨国有土地使用权的除外。

城市市区的土地属于国家所有。农村和城市郊区的土地，除由法律规定属于国家所有的以外，属于农民集体所有；宅基地和自留地、自留山，属于农民集体所有。农民集体所有的土地依法属于村农民集体所有的，由村集体经济组织或者村民委员会经营、管理；已经分别属于村内两个以上农村集体经济组织的农民集体所有的，由村内各该农村集体经济组织或者村民小组经营、管理；已经属于乡（镇）农民集体所有的，由乡（镇）农村集体经济组织经营、管理。

二、征收土地的程序

任何单位和个人进行建设，需要使用土地的，必须依法申请使用国有土地；但是，兴办乡镇企业和村民建设住宅经依法批准使用本集体经济组织农民集体所有的土地的，或者乡（镇）村公共设施和公益事业建设经依法批准使用农民集体所有的土地的除外。所称依法申请使用的国有土地包括国家所有的土地和国家征收的原属于农民集体所有的土地。建设占用土地，涉及农用地转为建设用地的，应当办理农用地转用审批手续。

国家征收土地的，依照法定程序批准后，由县级以上地方人民政府予以公告并组织实施。被征收土地的所有权人、使用权人应当在公告规定期限内，持土地权属证书到当地人民政府土地行政主管部门办理征地补偿登记。

三、征收土地的补偿

征收土地的，按照被征收土地的原用途给予补偿。

征收耕地的补偿费用包括土地补偿费、安置补助费以及地上附着物和青苗的补偿费。征收耕地的土地补偿费，为该耕地被征收前三年平均年产值的六至十倍。征收耕地的安置补助费，按照需要安置的农业人口数计算。需要安置的农业人口数，按照被征收的耕地数量除以征地前被征收单位平均每人占有耕地的数量计算。每一个需要安置的农业人口的安置补助费标准，为该耕地被征收前三年平均年产值的四至六倍。但是，每公顷被征收耕地的安置补助费，最高不得超过被征收前三年平均年产值的十五倍。

征收其他土地的土地补偿费和安置补助费标准，由省、自治区、直辖市参照征收耕地的土地补偿费和安置补助费的标准规定。

被征收土地上的附着物和青苗的补偿标准，由省、自治区、直辖市规定。

征收城市郊区的菜地，用地单位应当按照国家有关规定缴纳新菜地开发建设基金。

建设单位使用国有土地，应当以出让等有偿使用方式取得；但是，下列建设用地，经县级以上人民政府依法批准，可以以划拨方式取得：

（1）国家机关用地和军事用地；

（2）城市基础设施用地和公益事业用地；

（3）国家重点扶持的能源、交通、水利等基础设施用地；

（4）法律、行政法规规定的其他用地。

以出让等有偿使用方式取得国有土地使用权的建设单位，按照国务院规定的标准和办法，缴纳土地使用权出让金等土地有偿使用费和其他费用后，方可使用土地。新增建设用地的土地有偿使用费，百分之三十上缴中央财政，百分之七十留给有关地方人民政府，都专项用于耕地开发。

四、建设项目施工临时使用土地的补偿

建设项目施工和地质勘查需要临时使用国有土地或者农民集体所有的土地的，由县级以上人民政府土地行政主管部门批准。其中，在城市规划区内的临时用地，在报批前，应当先经有关城市规划行政主管部门同意。土地使用者应当根据土地权属，与有关土地行政主管部门或者农村集体经济组织、村民委员会签订临时使用土地合同，并按照合同的约定支付临时使用土地补偿费。

临时使用土地的使用者应当按照临时使用土地合同约定的用途使用土地，并不得修建永久性建筑物。

临时使用土地期限一般不超过二年。

案例 4—1

建华建筑公司承建某省某高速公路项目。在项目建设过程中，项目部需要建设一个混凝土拌和站，项目部经考察，选定了位于某村庄的一块农田。经与当地村民协商，按照每亩 1 000 元的补偿标准签订了临时用地合同。

分析：几乎每个施工项目部都会签订类似这样的临时用地补偿合同，诸如建设混凝土拌和站、钢筋加工车间等。这就属于建设项目施工临时用地，施工单位应当按照临时使用土地合同约定的用途使用土地，不得修建永久性建筑物。

按照现行营业税的政策，施工单位支付的临时用地补偿费不属于营业税纳税范围，无需取得发票。

第二节　征地拆迁过程中涉及的营业税政策

一、土地使用者归还土地使用权行为

根据《国家税务总局关于土地使用者将土地使用权归还给土地所有者

行为营业税问题的通知》（国税函〔2008〕277号）的规定，纳税人将土地使用权归还给土地所有者时，只要出具县级（含）以上地方人民政府收回土地使用权的正式文件，无论支付征地补偿费的资金来源是否为政府财政资金，该行为均属于土地使用者将土地使用权归还给土地所有者的行为，按照《国家税务总局关于印发〈营业税税目注释（试行稿）〉的通知》（国税发〔1993〕149号）规定，不征收营业税。

《国家税务总局关于政府收回土地使用权及纳税人代垫拆迁补偿费有关营业税问题的通知》（国税函〔2009〕520号）规定：

（1）《国家税务总局关于土地使用者将土地使用权归还给土地所有者行为营业税问题的通知》（国税函〔2008〕277号）中关于县级以上（含）地方人民政府收回土地使用权的正式文件，包括县级以上（含）地方人民政府出具的收回土地使用权文件，以及土地管理部门报经县级以上（含）地方人民政府同意后由该土地管理部门出具的收回土地使用权文件。

（2）纳税人受托进行建筑物拆除、平整土地并代委托方向原土地使用权人支付拆迁补偿费的过程中，其提供建筑物拆除、平整土地劳务取得的收入应按照“建筑业”税目缴纳营业税；其代委托方向原土地使用权人支付拆迁补偿费的行为属于“服务业——代理业”行为，应以提供代理劳务取得的全部收入减去其代委托方支付的拆迁补偿费后的余额为营业额计算缴纳营业税。

案例4—2

建华建筑公司承建某房地产公司的房屋拆除施工任务，双方合同约定如下：

（1）建华建筑公司受托对位于某城区的一栋旧楼进行拆除，房屋拆除费用400万元。

（2）建华建筑公司代某房地产公司支付该旧楼40户居民的征地补偿费2 000万元。建华建筑公司为此取得代理费100万元。

请问：建华建筑公司的上述行为应如何纳税？

分析：

（1）建华建筑公司受托对旧楼进行拆除取得的房屋拆除费用，应按“建筑业”税目缴纳营业税，应纳营业税款：400×3%＝12（万元）。此项应税行为，该公司应当向应税劳务的发生地的主管税务机关申报纳税，自应当申报纳税之月起超过6个月没有申报纳税的，由其机构所在地或者居住地的主管税务机关补征税款。

(2) 建华建筑公司代某房地产公司支付旧楼居民的征地补偿费2 000万元，不属于营业税的纳税范围，不需要缴纳营业税。

(3) 建华建筑公司取得的拆迁代理费，应按“服务业——代理业”税目缴纳营业税，应纳营业税款：100×5%=5（万元）。此项应税行为，该公司应当向机构所在地的主管税务机关申报纳税。

二、农村集体土地拆迁补偿行为

参照《北京市地方税务局关于农村集体土地拆迁补偿费有关税收问题的通知》(京地税营〔2007〕488号)，北京市对农村集体土地拆迁补偿费有关税收问题适用政策如下：

(一) 农村集体取得的拆迁补偿费

《中华人民共和国宪法》第十条及《中华人民共和国土地法》第八条均规定：“农村和城市郊区的土地，除由法律规定属于国家所有的以外，属于集体所有；宅基地和自留地、自留山，也属于集体所有。”

鉴于相关法律规定农村和城市郊区的土地属于集体所有，故村集体（村委会）通过合法程序出让农村集体土地而取得的土地补偿收入，应依照《营业税税目注释》中“对土地所有者出让土地使用权，不征收营业税”的规定执行。

而对于村集体（村委会）未经政府相关部门审批，私自转让农村集体土地，因其土地权属未进行变更，仍为集体土地，故对其取得的补偿收入按“服务业”税目中“租赁业”子目征收营业税。

(二) 相关单位取得的拆迁补偿费

部分单位与村集体（村委会）签订集体土地租赁协议，租用集体土地并自行兴建了厂房或其他建筑物用于经营。在拆迁过程中，租用土地的单位取得的拆迁补偿费中，对于“建筑物”的补偿，应按“销售不动产”税目照章征收营业税，而对于停产停业补偿、机器设备补偿、员工失业补偿等，不属于营业税征收范围，不征收营业税。

但对于上述各类补偿款的具体款项应在拆迁协议中予以明确，且被拆迁单位在财务处理上应分别核算，否则应并入建筑物补偿款，一并征收营业税。

（三）个人取得的拆迁补偿费

对农民自建房屋被拆迁而取得的拆迁补偿费，参照《财政部国家税务总局关于调整房地产市场税收政策问题的通知》（财税字〔1999〕210 号）中“个人自建自用住房，销售时免征营业税”的规定执行。

（四）发票的使用

对于上述村集体（村委会）、单位及个人取得拆迁补偿费后的票据使用问题，根据现行政策规定，对属于营业税征收范围的补偿费收入，应开具正式发票。

第三节　征拆或施工过程中占用耕地的涉税问题

施工企业在征拆或施工过程中，会经常出现临时占用耕地的问题，比如，征拆过程中红线外的临时占地、隧道施工过程中的弃渣场等。这就涉及耕地占用税。现行耕地占用税的基本规范，是 2007 年 12 月 1 日国务院重新颁布的《中华人民共和国耕地占用税暂行条例》（以下简称《耕地占用税暂行条例》）和 2008 年 2 月 26 日财务部、国家税务总局颁布的《中华人民共和国耕地占用税暂行条例实施细则》。

一、耕地占用税的特点

耕地占用税是对占用耕地建房或从事其他非农业建设的单位和个人，就其实际占用的耕地面积征收的一种税，它属于对特定土地资源占用课税。

耕地占用税作为一个出于特定目的、对特定的土地资源课征的税种，与其他税种相比，具有比较鲜明的特点，主要表现在：

（一）兼具资源税与特定行为税的性质

耕地占用税以占用农用耕地建房从事其他非农用建设的行为为征税对象，以约束纳税人占用耕地的行为、促进土地资源的合理运用为课征目的，除具有资源占用税的属性外，还具有明显的特定行为税的特点。

（二）采用地区差别税率

耕地占用税采用地区差别税率，根据不同地区的具体情况，分别制定差别税额，以适应我国地域辽阔、各地区之间耕地质量差别较大、人均占有耕地面积相差悬殊的具体情况，具有因地制宜的特点。

(三) 在占用耕地环节一次性课征

耕地占用税在纳税人获准占用耕地的环节征收，除对获准占用耕地后超过两年未使用者须加征耕地占用税外，不再征收耕地占用税。因此，耕地占用税具有一次性征收的特点。

(四) 税收收入专用于耕地开发与改良

耕地占用税收入按规定应用于建立发展农业专项基金，主要用于开展宜耕土地开发和改良现有耕地之用，因此具有"取之于地、用之于地"的补偿性特点。

二、纳税义务人和征税范围

占用耕地建房或者从事非农业建设的单位或者个人，为耕地占用税的纳税人，应当依照《耕地占用税暂行条例》规定缴纳耕地占用税。所称耕地，是指用于种植农作物的土地。所称单位，包括国有企业、集体企业、私营企业、股份制企业、外商投资企业、外国企业以及其他企业和事业单位、社会团体、国家机关、部队以及其他单位；所称个人，包括个体工商户以及其他个人。

三、税率、计税依据和应纳税额的计算

耕地占用税以纳税人实际占用的耕地面积为计税依据，按照规定的适用税额一次性征收。

耕地占用税的税额规定如下：

(1) 人均耕地不超过 1 亩的地区（以县级行政区域为单位，下同），每平方米为 10 元至 50 元；

(2) 人均耕地超过 1 亩但不超过 2 亩的地区，每平方米为 8 元至 40 元；

(3) 人均耕地超过 2 亩但不超过 3 亩的地区，每平方米为 6 元至 30 元；

(4) 人均耕地超过 3 亩的地区，每平方米为 5 元至 25 元。

国务院财政、税务主管部门根据人均耕地面积和经济发展情况确定各省、自治区、直辖市的平均税额。

各地适用税额，由省、自治区、直辖市人民政府在《耕地占用税暂行

条例》第五条第一款规定的税额幅度内，根据本地区情况核定。各省、自治区、直辖市人民政府核定的适用税额的平均水平，不得低于《耕地占用税暂行条例》第五条第二款规定的平均税额。

经济特区、经济技术开发区和经济发达且人均耕地特别少的地区，适用税额可以适当提高，但是提高的部分最高不得超过《耕地占用税暂行条例》第五条第三款规定的当地适用税额的50%。

占用基本农田的，适用税额应当在《耕地占用税暂行条例》第五条第三款、第六条规定的当地适用税额的基础上提高50%。

表4—1　　各省、自治区、直辖市耕地占用税平均税额表

地区	每平方米平均税额（元）
上海	45
北京	40
天津	35
江苏、浙江、福建、广东	30
辽宁、湖北、湖南	25
河北、安徽、江西、山东、河南、重庆、四川	22.5
广西、海南、贵州、云南、陕西	20
山西、吉林、黑龙江	17.5
内蒙古、西藏、甘肃、青海、宁夏、新疆	12.5

四、纳税义务发生时间和纳税地点

经批准占用耕地的，耕地占用税纳税义务发生时间为纳税人收到土地管理部门办理占用农用地手续通知的当天。未经批准占用耕地的，耕地占用税纳税义务发生时间为纳税人实际占用耕地的当天。

纳税人占用耕地或其他农用地，应当在耕地或其他农用地所在地申报纳税。

耕地占用税由地方税务机关负责征收。

土地管理部门在通知单位或者个人办理占用耕地手续时，应当同时通知耕地所在地同级地方税务机关。获准占用耕地的单位或者个人应当在收到土地管理部门的通知之日起30日内缴纳耕地占用税。土地管理部门凭耕地占用税完税凭证或者免税凭证和其他有关文件发放建设用地批准书。

五、税收优惠

（一）免征耕地占用税

下列情形免征耕地占用税：

（1）军事设施占用耕地；

（2）学校、幼儿园、养老院、医院占用耕地。

（二）减征耕地占用税

1. 主要基础设施建设

铁路线路、公路线路、飞机场跑道、停机坪、港口、航道占用耕地，减按每平方米2元的税额征收耕地占用税。根据实际需要，国务院财政、税务主管部门商国务院有关部门并报国务院批准后，可以对前款规定的情形免征或者减征耕地占用税。

《耕地占用税暂行条例》第九条规定减税的铁路线路，具体范围限于铁路路基、桥梁、涵洞、隧道及其按照规定两侧留地。专用铁路和铁路专用线占用耕地的，按照当地适用税额缴纳耕地占用税。

《耕地占用税暂行条例》第九条规定减税的公路线路，具体范围限于经批准建设的国道、省道、县道、乡道和属于农村公路的村道的主体工程以及两侧边沟或者截水沟。

专用公路和城区内机动车道占用耕地的，按照当地适用税额缴纳耕地占用税。

《耕地占用税暂行条例》第九条规定减税的飞机场跑道、停机坪，具体范围限于经批准建设的民用机场专门用于民用航空器起降、滑行、停放的场所。

《耕地占用税暂行条例》第九条规定减税的港口，具体范围限于经批准建设的港口内供船舶进出、停靠以及旅客上下、货物装卸的场所。

《耕地占用税暂行条例》第九条规定减税的航道，具体范围限于在江、河、湖泊、港湾等水域内供船舶安全航行的通道。

2. 施工临时占用耕地

纳税人临时占用耕地，应当依照《耕地占用税暂行条例》的规定缴纳耕地占用税。纳税人在批准临时占用耕地的期限内恢复所占用耕地原状的，全额退还已经缴纳的耕地占用税。

所称临时占用耕地，是指纳税人因建设项目施工、地质勘查等需要，在一般不超过2年内临时使用耕地并且没有修建永久性建筑物的行为。

因污染、取土、采矿塌陷等损毁耕地的，比照《耕地占用税暂行条例》第十三条规定的临时占用耕地的情况，由造成损毁的单位或者个人缴纳耕地占用税。

超过2年未恢复耕地原状的，已征税款不予退还。

案例4—3

建华建筑公司承建某省某高速公路项目。在项目建设过程中，项目部需要建设一个混凝土拌和站，项目部经考察，选定了位于某村庄的一块5 000平方米的基本农田。经与当地村民委员会协商，并经当地土地管理部门批准，签订了两年的临时用地合同。假定该地区耕地占用税的税额为每平方米30元，且建华建筑建筑公司在第二年恢复了所占耕地原貌，请问：该项行为应如何缴纳耕地占用税？

分析：

建华建筑公司的上述事项属于施工临时占用耕地行为。按照现行税法规定，纳税人临时占用耕地，应当缴纳耕地占用税。纳税人在批准临时占用耕地的期限内恢复所占耕地原状的，全额退还已经缴纳的耕地占用税。

本例中，建华建筑公司应当在收到土地管理部门的通知之日起30日内缴纳耕地占用税：5 000×30＝150 000（元），由于建华建筑公司在第二年恢复了所占耕地原貌，所以，第二年当地地方税务机关应全额退还建华建筑公司缴纳的耕地占用税。

CHAPTER

5 第五章 采购及销售环节

施工企业采购及销售环节涉及的主要税种有增值税、消费税、资源税等。本章拟按施工企业经常采购的物资种类进行分析讲述。

第一节　常见建材产品的增值税政策

一、增值税概述

增值税是以商品（含应税劳务）在流转过程中产生的增值额作为计税依据而征收的一种流转税。按我国增值税法的规定，增值税是对在我国境内销售货物或者提供加工、修理修配劳务以及进口货物的企业单位和个人，就其货物销售或提供劳务的增值额和货物进口金额为计税依据而课征的一种流转税。

为了既简化增值税计算和征收，也有利于减少增值税征管漏洞，将增值税纳税人按会计核算水平和经营规模分为一般纳税人和小规模纳税人两类，分别采取不同的增值税计税办法。

一般纳税人是指年应征增值税销售额，超过财政部、国家税务总局规定的小规模纳税人标准的企业和企业性单位。我国目前对一般纳税人采用的计税方法是国际上通行的购进扣税法，即先按当期销售额和适用税率计算出销项税额（这是对销售全额的征税），然后对当期购进项目已经缴纳的税款（所含税款）进行抵扣，从而间接计算出对当期增值额部分的应纳税额。增值税一般纳税人的适用税率分为基本税率17%，低税率13%。

小规模纳税人是指年销售额在规定标准以下，并且会计核算不健全，不能按规定报送有关税务资料的增值税纳税人。所称会计核算资料不健全是指不能正确核算增值税的销项税额、进项税额和应纳税额。小规模纳税人的认定标准是从事货物生产或者提供应税劳务的纳税人，以及以从事货物生产或者提供应税劳务为主，并兼营货物批发或者零售的纳税人，年应征增值税销售额在50万元（含本数）以下；其他纳税人，年应税销售额在80万元以下的。自2009年1月1日起，小规模纳税人增值税征收率由过去的6%和4%一律调整为3%。

二、采购砂石料、商品混凝土

施工企业需要大量采购沙子、石料自己搅拌混凝土，有时也需要直接从混凝土加工企业采购混凝土。关注这类材料的增值税政策十分必要。

从河里抽采的沙子属于未经加工的建筑用天然材料，属“非金属矿采选产品”的征收范围。因此，销售从河里抽采的沙子应缴纳增值税。根据《财政部 国家税务总局关于金属矿、非金属矿采选产品增值税税率的通知》（财税〔2008〕171号）规定，自2009年1月1日起，金属矿采选产品、非金属矿采选产品增值税税率由13%恢复到17%。

根据《财政部 国家税务总局关于部分货物适用增值税低税率和简易办法征收增值税政策的通知》（财税〔2009〕9号）规定，一般纳税人销售自产的下列货物可选择按照简易办法依照6%征收率计算缴纳增值税：(1) 自产的建筑用和生产建筑材料所用的砂、土、石料；(2) 以自己采掘的砂、土、石料或其他矿物连续生产的砖、瓦、石灰（不含粘土实心砖、瓦）；(3) 商品混凝土（仅限于以水泥为原料生产的水泥混凝土）。一般纳税人选择简易办法计算缴纳增值税后，36个月内不得变更。一般纳税人销售上述按简易办法征税的货物不能申报抵扣进项税额。

根据《国家税务总局关于商品混凝土征收增值税有关问题的通知》（国税函〔2007〕599号）规定，按6%的征收率征收增值税的商品混凝土仅限于以水泥产品为原料生产的水泥混凝土，不包括以沥青等其他材料制成的混凝土。对于沥青混凝土等其他商品混凝土，应统一按照适用税率征收增值税。

三、采购水泥

根据《财政部 国家税务总局关于资源综合利用及其他产品增值政策的

通知》（财税〔2008〕156号）规定，自2008年7月1日起，对采用旋窑法工艺生产并且生产原料中掺兑废渣比例不低于30%的水泥（包括水泥熟料），实行增值税即征即退的政策，对采用立窑法工艺生产的综合利用水泥产品（包括水泥熟料）停止执行增值税即征即退政策，主要是因为立窑法工艺生产水泥属于国家产业政策不鼓励的技术，而且在实际中存在能耗高、污染重、产品质量不稳定等缺点，为了更好地体现产业政策导向，经国务院批准，自2008年7月1日起取消了这项政策。

四、采购树苗

园林绿化公司会经常向农业生产者购买树苗。农业生产者销售的树苗可能是自产的，也可能是外购的，那么其中的增值税政策又有什么区别呢？

农业生产者销售的自产农业产品免征增值税。《财政部 国家税务总局关于印发〈农业产品征税范围注释〉的通知》（财税〔1995〕52号）规定，"农业生产者销售的自产农业产品"，是指直接从事植物的种植、收割和动物的饲养、捕捞的单位和个人销售的注释所列的自产农业产品；销售的外购的农业产品，以及单位和个人外购农业产品生产、加工后销售的属于注释所列的农业产品，则不属于免税范围，应当按照规定税率征收增值税。而树苗就属于《农业产品征收范围注释》所列植物类中的其他植物。其他植物是指除上述列举植物以外的其他各种人工种植和野生的植物，如树苗、花卉、植物种子、植物叶子、草、麦秸、豆类、薯类、藻类植物等。

《财政部国家税务总局关于农业生产资料征免增值税政策的通知》（财税〔2001〕113号）中规定的"批发和零售的种子、种苗、化肥、农药、农机免征增值税"，并没有区分自产与外购。因此，仍应遵循增值税暂行条例的规定，自产树苗销售可以免征增值税，而外购树苗中属于种苗的免征增值税，不属于种苗的应该缴纳增值税。

纳税人销售林木以及销售林木的同时提供林木管护劳务的行为，属于增值税征收范围，应征收增值税。纳税人单独提供林木管护劳务行为属于营业税征收范围，其取得的收入中，属于提供农业机耕、排灌、病虫害防治、植保劳务取得的收入，免征营业税；属于其他收入的，应照章征收营业税。

第二节　采购建筑用砂石涉及的资源税

一、资源税概述

资源税是对在我国境内从事应税矿产品开采和生产盐的单位和个人课征的一种税，属于对自然资源占用课税的范畴。现行资源税法的基本规范，是1993年12月25日国务院颁布的《中华人民共和国资源税暂行条例》。资源税的纳税义务人是指在中华人民共和国境内开采应税资源的矿产品或者生产盐的单位和个人，收购未税矿产品的单位为资源税的扣缴义务人。

资源税税目、税额包括七大类，在7个税目下又设有若干个子目。现行资源税的税目及子目主要是根据资源税应税产品和纳税人开采资源的行业特点设置的，包括原油、天然气、煤炭、其他非金属矿原矿、黑色金属矿原矿、有色金属矿原矿、盐。建筑用砂石属于非金属矿原矿，应按规定缴纳资源税。建筑石料，主要是指在天然的岩体上开采下来的各种大小的石块，直接或加工后作建筑材料。主要用于桥梁、桥墩、铁路、道路、纪念碑和房屋建筑以及水利工程等方面，具有抗压、耐磨、硬度高等物理性能，在建筑等多种领域里得到广泛应用。

二、各地关于建筑用砂石资源税征收的管理规定

（一）云南省

根据《云南省地方税务局关于电站建设工程用砂石料征收资源税问题的通知》之规定，按照“矿产资源分类细目”的划分，建筑用砂石属于非金属矿产类。因此，对电站建设工程使用的砂石料，应按《资源税暂行条例实施细则》和《云南省地方税务局关于资源税征税的通知》（云地税发〔1994〕1号）等相关规定征收资源税，其中对属于“未列举名称的其他非金属矿原矿”的砂石，除另有规定外，依照0.50元/吨或立方米的征税定额征收资源税。

（二）河南省

河南省在《部分资源税应税产品税目注释》（豫地税发〔1999〕79号）

中，对建筑石料和建筑用砂应税产品税目进行了注释。

建筑用砂是粒径 0.15mm～5mm 之间的岩石碎屑物，含有岩石成分。在建筑混凝土中称细骨料，是建筑和建筑制品用的颗粒材料。建筑用砂按细度模数标准划分为粗砂和细砂。具体划分标准是凡细度模数在 2.2（含 2.2）以下为细砂；细度模数在 2.3（含 2.3）以上为粗砂。它主要用于建筑混凝土和建筑制品中。

（三）吉林省

《吉林省地方税务局建筑用砂石资源税代扣代缴管理暂行办法》（吉地税发〔2003〕5 号）规定，凡在该省境内建筑业工程（含建筑、装饰、道路修建及其他工程作业）建设过程中收购砂石等未税矿产品的单位和个体经营者，均为资源税的扣缴义务人（以下简称扣缴义务人），应依法代扣代缴资源税。所称“未税矿产品”是指资源税纳税人在销售其矿产品时不能向扣缴义务人提供“资源税管理证明”的矿产品。

扣缴义务人应当主动向主管税务机关申请办理代扣代缴义务人的有关手续。主管税务机关经审核批准后，发给扣缴义务人代扣代缴税款凭证及报告表，各级征收机关和扣缴义务人应按票证管理有关规定领取、使用、结报税收票证。

扣缴义务人在收购砂石等矿产品时，应主动向销售方索要“资源税管理证明”，并妥善保管以备税务机关核查。凡销售方不能提供“资源税管理甲种证明”的或超出“资源税管理乙种证明”注明的销售数量部分，一律视同未税矿产品，由扣缴义务人依法代扣代缴资源税。

扣缴义务人代扣代缴资源税适用的单位税额为：砂石按每立方米 0.5 元的税额执行；其他矿产品按收购地主管税务机关核定的单位税额执行。资源税扣缴义务人代扣代缴税款的纳税义务发生时间，为支付首笔货款或者首次开具应支付货款凭据的当天。货款支付记录不完整、支付时间难以确定的，代扣代缴义务发生时间由主管税务机关根据实际情况确定。

扣缴义务人在扣缴税款时，必须按规定向纳税人开具《中华人民共和国代扣代收税款凭证》。扣缴义务人代扣代缴资源税的地点为应税未税矿产品的收购地，并向收购地主管税务机关解缴税款，具体解缴期限由主管税务机关根据实际情况核定。资源税扣缴义务人应在主管税务机关规定的时间内解缴其代扣的税款，并报送代扣代缴税款报告表及税务机关要求的其他资料。

(四) 大连市

根据《大连市地方税务局关于加强建筑用砂石资源税管理有关问题的公告》(大连市地方税务局公告 2010 年第 5 号)，该市建筑用砂石资源税实行“源泉控管与代扣代缴相结合”的征收管理办法。

凡在该市范围内开采建筑用砂石的单位和个人是建筑用砂石资源税的纳税义务人。开采人将开采的建筑用砂石无偿提供给第三方使用或销售的，第三方是建筑用砂石的纳税义务人。有偿出让（转让）山地、河滩等的开采权，由受让方在山地、河滩自行开采建筑用砂石的，受让方是建筑用砂石的纳税义务人。具有开采权的单位和个人以工程承包等方式交由第三方开采，开采权利方是建筑用砂石的纳税义务人。

收购或使用未缴纳资源税的建筑用砂石的单位和个体户是建筑用砂石资源税的扣缴义务人。

扣缴义务人收购或使用未税建筑用砂石的，应当按照实际收购量或使用量代扣代缴资源税。不能提供实际收购量或使用量以及提供的实际收购量或使用量明显偏低又无正当理由的，主管地税机关应当按照工程结构及建筑物性质分类科学核定数量或采取其他科学合理的方法确定计税依据，并代扣代缴资源税。

收购未税建筑用砂石的单位和个体户，在收购地代扣代缴资源税。收购地是指收购人的主管地税机关所在地。

扣缴义务人在收购建筑用砂石等矿产品时，应当主动向销售方索要“资源税管理证明”，凡销售方不能提供或提供无效“资源税管理证明”以及超出“资源税管理证明”注明的销售量部分，一律视同未税矿产品，由扣缴义务人代扣代缴资源税，并向纳税人开具代扣代缴税款凭证。大连市地方税务局两级机关要加强对“资源税管理证明”领取、保存、发放和开具等环节的管理。扣缴义务人要建立代扣代缴税款账簿，序时登记《资源税代扣代缴税款报告表》。

扣缴义务人依法代扣代缴资源税时，任何单位和个人不得拒绝。纳税人拒绝的，扣缴义务人应当及时报告主管地税机关处理。主管地税机关应当按照有关规定，给付扣缴义务人代扣、代收手续费。

(五) 重庆市

根据《重庆市地方税务局关于进一步加强公路建设资源税征收管理工

作的通知》（渝地税发〔2006〕235号），从2006年1月1日起，对公路建设施工单位按实际完成投资所开具发票金额的0.35%征收资源税（对独立标段的特大桥梁、特长隧道建设按0.1%征收），对施工单位外购应税沙石料取得的资源税管理证明所载资源税额和代扣代缴的资源税予以抵扣。

（六）浙江省

根据《浙江省地方税务局关于征收建筑用砂资源税问题的通知》（浙地税发〔2005〕36号），对单位和个人在该省内开采建筑用砂，省人民政府暂授权各市人民政府在本地区范围内决定征收或缓征资源税。待开征建筑用石资源税积累一定征管经验后，再适时出台全省开征建筑用砂资源税的政策。决定开征建筑用砂资源税的市，由各市人民政府在《实施细则》统一规定的幅度内确定具体税额标准，明确开征的具体时间，并报省地方税务局备案。

案例5—1

建华建筑公司承建吉林省某高速公路项目。从甲混凝土拌和站采购以水泥为原材料生产的混凝土价值300万元，从乙砂石场采购河沙5万方，价值200万元。甲混凝土拌和站和乙砂石场都是一般纳税人。请问：甲混凝土拌和站和乙砂石厂如何缴纳增值税和资源税？

分析：

（1）甲混凝土拌和站生产的以水泥为原材料的混凝土，缴纳增值税可以采取两种纳税办法，一是按适用税率征收，二是按简易办法征收。假定本例中，甲混凝土拌和站采取简易办法征收，那么应纳增值税为：300×6%＝18（万元）。需要说明的是，按6%的征收率征收增值税的商品混凝土仅限于以水泥产品为原料生产的水泥混凝土，不包括以沥青等其他材料制成的混凝土。对于沥青混凝土等其他商品混凝土，应统一按照适用税率征收增值税。

（2）乙砂石场销售河沙缴纳增值税也有两种方法，即按适用税率征收或者按简易办法征收。假定本例中，乙砂石场没有选择按简易办法征收而是选择按适用税率办法征收。河沙的适用税率是17%，那么该项销售行为应缴纳增值税：200×17%＝34（万元）。

根据《吉林省地方税务局建筑用砂石资源税代扣代缴管理暂行办法》（吉地税发〔2003〕5号）规定，建华建筑公司在收购乙砂石场的河沙时，

乙砂石场应向建华建筑公司提供资源税管理证明，若不能提供“资源税管理甲种证明”的或超出“资源税管理乙种证明”注明的销售数量部分，一律视同未税矿产品，由建华建筑公司依法代扣代缴资源税，代扣代缴资源税适用的单位税额为每立方米0.5元。

第三节　采购车辆环节的涉税政策

一、车辆购置税

车辆购置税是以在中国境内购置规定车辆为课税对象，在特定的环节向车辆购置者征收的一种税，就其性质而言，属于直接税的范畴。现行车辆购置税法的基本规范，是2000年10月22日国务院令第294号颁布并于2001年1月1日起实行的《中华人民共和国车辆购置税暂行条例》。

（一）纳税义务人和征税范围

在中华人民共和国境内购置应税车辆（以下简称应税车辆）的单位和个人，为车辆购置税的纳税人。所称购置，包括购买、进口、自产、受赠、获奖或者以其他方式取得并自用应税车辆的行为。所称单位，包括国有企业、集体企业、私营企业、股份制企业、外商投资企业、外国企业以及其他企业和事业单位、社会团体、国家机关、部队以及其他单位；所称个人，包括个体工商户以及其他个人。

车辆购置税的征收范围包括汽车、摩托车、电车、挂车、农用运输车。具体征收范围依照《车辆购置税征收范围表》执行。车辆购置税征收范围的调整，由国务院决定并公布。

（二）税率和计税依据

车辆购置税实行从价定率的办法计算应纳税额。应纳税额的计算公式为：

应纳税额＝计税价格×税率

车辆购置税的税率为10％。

为扩大内需，促进汽车产业发展，经国务院批准，对2009年1月20

日至12月31日购置1.6升及以下排量乘用车，暂减按5%的税率征收车辆购置税。

为继续扩大内需，促进汽车产业发展，经国务院批准，对2010年1月1日至12月31日购置1.6升及以下排量乘用车，暂减按7.5%的税率征收车辆购置税。

经国务院批准，对1.6升及以下排量乘用车减按7.5%的税率征收车辆购置税的政策于2010年12月31日到期后停止执行，自2011年1月1日起，对1.6升及以下排量乘用车统一按10%的税率征收车辆购置税。

车辆购置税的计税价格根据不同情况，按照下列规定确定：

(1) 纳税人购买自用的应税车辆的计税价格，为纳税人购买应税车辆而支付给销售者的全部价款和价外费用，不包括增值税税款。

(2) 纳税人进口自用的应税车辆的计税价格的计算公式为：

计税价格=关税完税价格+关税+消费税

(3) 纳税人自产、受赠、获奖或者以其他方式取得并自用的应税车辆的计税价格，由主管税务机关参照《车辆购置税暂行条例》第七条规定的最低计税价格核定。

案例5—2

建华建筑公司2011年2月份，从一汽大众有限公司购买一辆小汽车供自己使用，支付了含增值税税款在内的款项234 000元，另支付代收临时牌照费550元，代收保险费1 000元，支付购买工具件和零配件价款3 000元，车辆装饰费1 300元。所支付的款项均由一汽大众有限公司开具"机动车销售统一发票"和有关票据。请计算建华建筑公司应纳车辆购置税。

分析：

在应纳税额的计算中，应注意以下费用的计税规定：一是购买者随购买车辆支付的工具件和零配件价款应作为购车价款的一部分，并入计税依据中征收车辆购置税；二是支付的车辆装饰费应作为价外费用并入计税依据中；三是代收款项应区别征税，凡使用代收单位（受托方）票据收取的款项，应视作代收单位价外收费，购买者支付的价费款，应并入计税依据中一并征税，凡使用委托方票据收取，受托方只履行代收义务和收取代收手续费的款项，应按其他税收政策规定征税；四是销售单位开给购买者的

各种发票金额中包含增值税税款，计算车辆购置税时，应换算为不含增值税的计税价格。本例的计算如下：

（1）计税依据＝(234 000＋550＋1 000＋3 000＋1 300)÷(1＋17%)

＝205 000（元）

（2）应纳税额＝205 000×10%＝20 500（元）

（三）征收管理

车辆购置税实行一次征收制度。购置已征车辆购置税的车辆，不再征收车辆购置税。车辆购置税由国家税务局征收。纳税人购置应税车辆，应当向车辆登记注册地的主管税务机关申报纳税；购置不需要办理车辆登记注册手续的应税车辆，应当向纳税人所在地的主管税务机关申报纳税。纳税人购买自用应税车辆的，应当自购买之日起60日内申报纳税；进口自用应税车辆的，应当自进口之日起60日内申报纳税；自产、受赠、获奖或者以其他方式取得并自用应税车辆的，应当自取得之日起60日内申报纳税。

车辆购置税税款应当一次缴清。纳税人应当在向公安机关车辆管理机构办理车辆登记注册前，缴纳车辆购置税。

纳税人应当持主管税务机关出具的完税证明或者免税证明，向公安机关车辆管理机构办理车辆登记注册手续；没有完税证明或者免税证明的，公安机关车辆管理机构不得办理车辆登记注册手续。税务机关应当及时向公安机关车辆管理机构通报纳税人缴纳车辆购置税的情况。公安机关车辆管理机构应当定期向税务机关通报车辆登记注册的情况。税务机关发现纳税人未按照规定缴纳车辆购置税的，有权责令其补缴；纳税人拒绝缴纳的，税务机关可以通知公安机关车辆管理机构暂扣纳税人的车辆牌照。

二、消费税

消费税是指对消费品和特定的消费行为按消费流转额征收的一种商品税。消费税以消费品为课税对象，在此情况下，税收随价格转嫁给消费者承担，消费者是间接的纳税人，实际的负税人。

我国现行消费税是对在我国境内从事生产、委托加工和进口应税消费品的单位和个人就其应税消费品征收的一种税。

按照《消费税暂行条例》规定，2006 年 3 月调整后，确定征收消费税的有烟、酒、化妆品等 14 个税目，有的税目还进一步划分若干子目。小汽

车属于消费税的应纳税税目之一。

表 5—1　　小汽车消费税税率表

税目	税率
1. 乘用车	
(1) 气缸容量（排气量，下同）在 1.0 升（含 1.0 升）以下的	1%
(2) 气缸容量在 1.0 升以上至 1.5 升（含 1.5 升）的	3%
(3) 气缸容量在 1.5 升以上至 2.0 升（含 2.0 升）的	5%
(4) 气缸容量在 2.0 升以上至 2.5 升（含 2.5 升）的	9%
(5) 气缸容量在 2.5 升以上至 3.0 升（含 3.0 升）的	12%
(6) 气缸容量在 3.0 升以上至 4.0 升（含 4.0 升）的	25%
(7) 气缸容量在 4.0 升以上的	40%
2. 中轻型商用客车	5%

为保护生态环境，促进替代污染排放汽车的生产和消费，推进汽车工业技术进步，对生产销售达到低污染排放值的小轿车、越野车和小客车减征 30%的消费税。计算公式为：

减征税额＝按法定税率计算的消费税额×30%

应征税额＝按法定税率计算的消费税额－减征税额

低污染排放限值是指相当于欧盟指令 94/12EC、96/69/EC 排放标准（简称“欧洲Ⅱ号标准”）。

第四节　出售固定资产或废旧物资的增值税政策

一、适用税率

根据《财政部 国家税务总局关于部分货物适用增值税低税率和简易办法征收增值税政策的通知》（财税〔2009〕9 号）第二条、第三条规定，下列按简易办法征收增值税的优惠政策继续执行，不得抵扣进项税额：

一般纳税人销售自己使用过的属于条例第十条规定不得抵扣且未抵扣进项税额的固定资产，按简易办法依 4%征收率减半征收增值税。一般纳税人销售自己使用过的其他固定资产，按照《财政部 国家税务总局关于全国实施增值税转型改革若干问题的通知》（财税〔2008〕170 号）第四条的规定执行。一般纳税人销售自己使用过的除固定资产以外的物品，应当按照适用税率征收增值税。

小规模纳税人（除其他个人外，下同）销售自己使用过的固定资产，减按 2%征收率征收增值税。小规模纳税人销售自己使用过的除固定资产以外的物品，应按 3%的征收率征收增值税。

纳税人销售旧货，按照简易办法依照 4%征收率减半征收增值税。

所称旧货，是指进入二次流通的具有部分使用价值的货物（含旧汽车、旧摩托车和旧游艇），但不包括自己使用过的物品。

根据《国家税务总局关于增值税简易征收政策有关管理问题的通知》（国税函〔2009〕90 号），增值税简易征收政策具体管理问题按如下规定执行：

（1）一般纳税人销售自己使用过的固定资产，凡根据《财政部 国家税务总局关于全国实施增值税转型改革若干问题的通知》（财税〔2008〕170 号）和财税〔2009〕9 号文件等规定，适用按简易办法依 4%征收率减半征收增值税政策的，应开具普通发票，不得开具增值税专用发票。

（2）小规模纳税人销售自己使用过的固定资产，应开具普通发票，不得由税务机关代开增值税专用发票。

（3）纳税人销售旧货，应开具普通发票，不得自行开具或者由税务机关代开增值税专用发票。

（4）一般纳税人销售货物适用财税〔2009〕9 号文件第二条第（三）项、第（四）项和第三条规定的，可自行开具增值税专用发票。

（5）一般纳税人销售自己使用过的物品和旧货，适用按简易办法依 4%征收率减半征收增值税政策的，按下列公式确定销售额和应纳税额：

销售额＝含税销售额/(1＋4%)

应纳税额＝销售额×4%/2

（6）小规模纳税人销售自己使用过的固定资产和旧货，按下列公式确定销售额和应纳税额：

销售额＝含税销售额/(1＋3%)

应纳税额＝销售额×2%

（7）小规模纳税人销售自己使用过的固定资产和旧货，其不含税销售额填写在《增值税纳税申报表（适用于小规模纳税人）》第 4 栏，其利用税控器具开具的普通发票不含税销售额填写在第 5 栏。

二、纳税地点

为了保证纳税人按期申报纳税，根据企业跨地区经营和搞活商品流通的特点及不同情况，税法还具体规定了增值税的纳税地点：

（1）固定业户应当向其机构所在地的主管税务机关申报纳税。总机构和分支机构不在同一县（市）的，应当分别向各自所在地的主管税务机关申报纳税；经国务院财政、税务主管部门或者其授权的财政、税务机关批准，可以由总机构汇总向总机构所在地的主管税务机关申报纳税。

（2）固定业户到外县（市）销售货物或者应税劳务，应当向其机构所在地的主管税务机关申请开具外出经营活动税收管理证明，并向其机构所在地的主管税务机关申报纳税；未开具证明的，应当向销售地或者劳务发生地的主管税务机关申报纳税；未向销售地或者劳务发生地的主管税务机关申报纳税的，其机构所在地的主管税务机关补征税款。

（3）非固定业户销售货物或者应税劳务，应当向销售地或者劳务发生地的主管税务机关申报纳税；未向销售地或者劳务发生地的主管税务机关申报纳税的，由其机构所在地或者居住地的主管税务机关补征税款。

第五节　典型问题分析

1. 因质量问题退回厂家的机动车，车辆购置税是否可以退还？

提问：

我单位购买一辆机动车，因质量问题退回厂家，车辆购置税是否可以退还，退税金额如何计算？

解答精要：

根据《车辆购置税征收管理办法》第二十二条规定，因质量原因，车辆被退回生产企业或经销商的，已缴纳车辆购置税的车辆，准予纳税人申请退税。申请退税时，自纳税人办理纳税申报之日起，按已缴税款每满 1 年扣减 10%计算退税额。未满 1 年的，按已缴税款全额退税。

2. 车辆购置税和牌照费能否计入固定资产原值计提折旧？

提问：

购买汽车缴纳的车辆购置税和牌照费能否计入固定资产原值计提折旧？

解答精要：

《企业所得税法实施条例》第五十八条规定，固定资产按照以下方法确定计税基础：外购的固定资产，以购买价款和支付的相关税费以及直接归属于使该资产达到预定用途发生的其他支出为计税基础。由于车辆购置税和牌照费是汽车达到预定用途前发生的支出，符合上述规定，可以计入固定资产原值计提折旧。

3. 施工企业现场自制混凝土用于本企业承建工程如何纳税？

提问：

施工项目现场自制混凝土用于本项目是否属于《增值税暂行条例实施细则》第四条将自产或者委托加工的货物用于非增值税应税项目视同销售的范围？

解答精要：

根据《中华人民共和国营业税暂行条例实施细则》（财政部、国家税务总局令 2008 年第 52 号）规定：

"第六条　一项销售行为如果既涉及应税劳务又涉及货物，为混合销售行为。除本细则第七条的规定外，从事货物的生产、批发或者零售的企业、企业性单位和个体工商户的混合销售行为，视为销售货物，不缴纳营业税；其他单位和个人的混合销售行为，视为提供应税劳务，缴纳营业税。"

"第七条　纳税人的下列混合销售行为，应当分别核算应税劳务的营业额和货物的销售额，其应税劳务的营业额缴纳营业税，货物销售额不缴纳营业税；未分别核算的，由主管税务机关核定其应税劳务的营业额：

（一）提供建筑业劳务的同时销售自产货物的行为；

（二）财政部、国家税务总局规定的其他情形。"

根据《国家税务总局关于纳税人销售自产货物并同时提供建筑业劳务有关税收问题的公告》（国税发〔2011〕23 号）规定，自 2011 年 5 月 1 日起，纳税人销售自产货物同时提供建筑业劳务，须向建筑业劳务发生地主管地方税务机关提供其机构所在地主管国家税务机关出具的本纳税人属于从事货物生产的单位或个人的证明。建筑业劳务发生地主管地方税务机关根据纳税人持有的证明，按本公告有关规定计算征收营业税。这就意味着，只有纳税人是属于从事货物生产的单位或个人，涉及销售自产货物并同时提供建筑业劳务时，才需要分别缴纳增值税和营业税。

施工现场自制混凝土用于本项目施工，不属于视同销售货物的范围，应该属于销售自产货物同时提供建筑业劳务。由于施工企业不属于“从事货物生产的单位或个人”，所以，此项销售行为应视为提供建筑业应税劳务，缴纳营业税。

CHAPTER

6 第六章 财产使用环节

第一节　房产使用环节

房产税是以房屋为征税对象，按照房屋的计税余值或租金收入，向产权所有人征收的一种财产税。现行房产税法的基本规范，是1986年9月15日国务院颁布的《中华人民共和国房产税暂行条例》。房产税具有以下三个特点：

（1）房产税属于财产税种的个别财产税。财产税按征收方式分类，可分为一般财产税和个别财产税。一般财产税也称综合财产税，是对纳税人所拥有的财产综合课征的税收。个别财产税，也称特种财产税，是对纳税人所有的土地、房屋、资本或其他财产分别课征的税收。我国现行房产税属于个别财产税。

（2）征税范围限于城镇的经营性房屋。房产税的征税范围是在城市、县城、建制镇和工矿区，不涉及农村。另外，对某些拥有房屋但自身没有纳税能力的单位，如国家拨付行政经费、事业经费和国防经费的单位自用的房产，税法也通过免税的方式将这类房屋排除在征税范围之外。

（3）区别房屋的经营使用方式规定征税办法。拥有房屋的单位和个人，既可以自己使用房屋，又可以把房屋用于出租、出典。房产税根据纳税人经营方式的不同，确定对房屋征税可以按房产计税余值征收，又可以按租金收入征收，使其符合纳税人的经营特点，便于平衡税收负担和征收管理。

一、纳税义务人、征税对象与征税范围

（一）纳税义务人

按照规定，房产税的纳税人是产权所有人。产权属于全民所有的，由经营管理的单位缴纳；产权出典的，由承典人缴纳；产权所有人、承典人不在房产所在地或者产权未确定以及租典纠纷未解决的，应由房产代管人或使用人缴纳。纳税单位和个人无阻使用房产管理部门、免税单位及纳税单位的房产，应由使用人代为缴纳房产税。

以上产权所有人、经营管理单位、承典人、房产代管人或使用人，均为房产税的纳税人。

根据中华人民共和国国务院令第 546 号，1951 年 8 月 8 日政务院公布的《城市房地产税暂行条例》自 2009 年 1 月 1 日起废止。自 2009 年 1 月 1 日起，外商投资企业、外国企业和组织以及外籍个人，依照《中华人民共和国房产税暂行条例》缴纳房产税。

（二）征税对象与征税范围

房产税的征税对象是房产，即以房屋形态表现的财产。独立于房屋之外的建筑物，如围墙、烟囱、水塔、室外游泳池等不属于房产。房地产开发企业建造的商品房，在出售前，不征收房产税；但对出售前房地产开发企业已使用或出租、出售的商品房应按规定征收房产税。

房产税规定的征税范围是在城市、县城、建制镇和工矿区的房产。

这里所说的城市，是经国务院批准设立的市，包括市区和郊区，不包括农村；县城是指县人民政府所在地的城镇；建制镇是指经省、自治区、直辖市人民政府批准设立的建制镇；工矿区是指工商业比较发达，人口比较集中，符合国务院规定的建制镇标准，但尚未设立建制镇的大中型工矿企业所在地。城市、县城、建制镇、工矿区的具体征税范围由省、自治区、直辖市人民政府划定。

二、应纳税额的计算

房产税的计税依据有两种，与之相适应的应纳税额计算也分为两种：一是从价计征的计算；二是从租计征的计算。

（一）从价计征的计算

从价计征房产税是按照房产原值一次减除10%至30%后的余值计算缴纳。没有房产原值作为依据的，由房产所在地税务机关参考同类房产核定，具体减除幅度，由省、自治区、直辖市人民政府规定，计征适用的税率为1.2%，其计算公式为：

应纳税额＝应税房产原值×(1－扣除比例)×1.2%

1. 房产原值的确定

房产原值是指纳税人按照会计制度法规，在账簿“固定资产”科目中记载的房屋原价。根据《财政部 国家税务总局关于房产税城镇土地使用税有关问题的通知》（财税〔2008〕152号），自2009年1月1日起，对依照房产原值计税的房产，不论是否记载在会计账簿固定资产科目中，均应按照房屋原价计算缴纳房产税。房屋原价应根据国家有关会计制度规定进行核算。对纳税人未按国家会计制度规定核算并记载的，应按规定予以调整或重新评估。

2. 具备房屋功能的地下建筑

根据《财政部、国家税务总局关于具备房屋功能的地下建筑征收房产税的通知》（财税〔2005〕181号），自2006年1月1日起，具备房屋功能的地下建筑执行如下房产税政策：

凡在房产税征收范围内的具备房屋功能的地下建筑，包括与地上房屋相连的地下建筑以及完全建在地面以下的建筑、地下人防设施等，均应当依照有关规定征收房产税。

上述具备房屋功能的地下建筑是指有屋面和维护结构，能够遮风避雨，可供人们在其中生产、经营、工作、学习、娱乐、居住或储藏物资的场所。自用的地下建筑，按以下方式计税：

（1）工业用途房产，以房屋原价的50%～60%作为应税房产原值。

应纳房产税的税额＝应税房产原值×[1－(10%－30%)]×1.2%

（2）商业和其他用途房产，以房屋原价的70%～80%作为应税房产原值。

应纳房产税的税额＝应税房产原值×[1－(10%－30%)]×1.2%

房屋原价折算为应税房产原值的具体比例，由各省、自治区、直辖市和计划单列市财政和地方税务部门在上述幅度内自行确定。

（3）对于与地上房屋相连的地下建筑，如房屋的地下室、地下停车场、商场的地下部分等，应将地下部分与地上房屋视为一个整体按照地上房屋建筑的有关规定计算征收房产税。

出租的地下建筑，按照出租地上房屋建筑的有关规定计算征收房产税。

3. 出租房产免收租金期间

根据《财政部 国家税务总局关于安置残疾人就业单位城镇土地使用税等政策的通知》（财税〔2010〕121号），自2010年12月21日起，对出租房产，租赁双方签订的租赁合同约定有免收租金期限的，免收租金期间由产权所有人按照房产原值缴纳房产税。

4. 将地价计入房产原值

根据《财政部 国家税务总局关于安置残疾人就业单位城镇土地使用税等政策的通知》（财税〔2010〕121号），自2010年12月21日起，对按照房产原值计税的房产，无论会计上如何核算，房产原值均应包含地价，包括为取得土地使用权支付的价款、开发土地发生的成本费用等。宗地容积率低于0.5的，按房产建筑面积的2倍计算土地面积并据此确定计入房产原值的地价。宗地容积率是指一个地块上的建筑物总面积与地面面积的比。

5. 附属设备和配套设备

房产原值应包括与房屋不可分割的各种附属设备或一般不单独计算价值的配套设施。主要有：暖气、卫生、通风、照明、煤气等设备；各种管线，如蒸汽、压缩空气、石油、给水排水等管道及电力、电讯、电缆导线；电梯、升降机、过道、晒台等。属于房屋附属设备的水管、下水道、暖气管、煤气管等应从最近的探视井或三通管起，计算原值；电灯网、照明线从进线盒连接管起，计算原值。

从2006年1月1日起，房屋附属设备和配套设施计征房产税按以下规定执行：

（1）凡以房屋为载体，不可随意移动的附属设备和配套设施，如给排水、采暖、消防、中央空调、电气及智能化楼宇设备等，无论在会计核算中是否单独记账与核算，都应计入房产原值，计征房产税。

（2）对于更换房屋附属设备和配套设施的，在将其价值计入房产原值时，可扣减原来相应设备和设施的价值，对附属设备和配套设施中易损坏，

需要经常更换的零配件，更新后不再计入房产原值。

6. 关于出典房产的房产税问题

根据《财政部 国家税务总局关于房产税城镇土地使用税有关问题的通知》（财税〔2009〕128 号），产权出典的房产，由承典人依照房产余值缴纳房产税。所谓产权出典，是指产权所有人将房屋、生产资料等的产权在一定期限内典当给他人使用，而取得资金的一种融资业务。由于在房屋出典期间，产权所有人已无权支配房屋，因此，税法规定由对房屋具有支配权的承典人为纳税人。

7. 关于融资租赁房产的房产税问题

根据《财政部 国家税务总局关于房产税城镇土地使用税有关问题的通知》（财税〔2009〕128 号），融资租赁的房产，由承租人自融资租赁合同约定开始日的次月起依照房产余值缴纳房产税。合同未约定开始日的，由承租人自合同签订的次月起依照房产余值缴纳房产税。

（二）从租计征的计算

房产出租的，以房产租金收入为房产税的计税依据，税率为 12%，其计算公式为：

应纳税额＝租金收入×12%

所谓房产的租金收入，是房屋产权所有人出租房产使用权所得的报酬，包括货币收入和实物收入。

如果是以劳务或者其他形式为报酬抵付房租收入的，应根据当地同类房产的租金水平，确定一个标准租金额从租计征。

1. 无租使用其他单位房产

对出租房产，租赁双方签订的租赁合同约定有免收租金期限的，免收租金期间由产权所有人按照房产原值缴纳房产税。根据《财政部 国家税务总局关于房产税城镇土地使用税有关问题的通知》（财税〔2009〕128 号），无租使用其他单位房产的应税单位和个人，依照房产余值代缴纳房产税。

2. 支持住房租赁市场发展的房产税政策

根据财税〔2008〕24 号文件精神，自 2008 年 3 月 1 日起按下列规定执行：

（1）对个人出租住房，不区分用途，按 4%的税率征收房产税；

（2）对企事业单位、社会团体以及其他组织按市场价格向个人出租用于居住的住房，减按4%的税率征收房产税。

三、税收优惠

依照《财政部、税务总局关于房产税若干具体问题的解释和暂行规定》[(财税地字〔1986〕8号)]等文件规定，施工企业可以享受的房产税减免税待遇主要包括：

(1) 企业办的各类学校、医院、托儿所、幼儿园自用的房产，也可比照由国家财政部门拨付事业经费的单位自用的房产，免缴房产税。

(2) 经过有关部门鉴定停止使用的毁损房屋和危险房屋，在停止使用后免征房产税。

(3) 为了鼓励利用地下人防工程，对于作营业用的地下人防设施，暂免征收房产税。

(4) 为了照顾微利企业和亏损企业，对微利企业和亏损企业的房产，可以由地方根据实际情况在一定时期内免征房产税。

(5) 企业停产、关闭后，原有房产闲置不用的，经省、自治区、直辖市地方税务局批准，可暂不征收房产税。但如果这些房产转给其他纳税单位使用或者企业恢复经营，应当依照规定缴纳房产税。

(6) 房屋大修停用半年以上的，经纳税人申请，税务机关审核，在大修理期间可免征房产税。

纳税人房屋大修停用半年以上需要免征房产税的，应在房屋大修前向主管税务机关报送相关的证明材料，包括大修房屋的名称、坐落地点、产权证编号、房产原值、用途、房屋大修的原因、大修合同及大修的起止时间等信息和资料，以备税务机关查验。具体报送材料由各省、自治区、直辖市和计划单列市地方税务局确定。

(7) 凡是在基建工地为基建工地服务的各种工棚、材料棚、休息棚和办公室、食堂、茶炉房、汽车房等临时性房屋，不论是施工企业自行搭建还是由基建单位出资建造交施工企业使用的，在施工期间一律免征房产税。但是如果在基建工程结束以后，施工单位将这种临时性房屋交还或者估价转让给基建单位的，应当从基建单位接收的次日起，依照规定缴纳房产税。

另外，按照规定，企业缴纳房产税确实有困难的，可由省、自治区、直辖市人民政府确定，定期减征或者免征房产税。

(8) 对在一个纳税年度内月平均实际安置残疾人就业人数占单位在职

职工总数的比例高于 25%（含 25%）且实际安置残疾人人数高于 10 人（含 10 人）的单位，可减征或免征该年度城镇土地使用税。具体减免税比例及管理办法由省、自治区、直辖市财税主管部门确定。

(9) 个人所有非营业用的房产免征房产税。个人所有的非营业用房，主要是指居民住房，不分面积多少，一律免征房产税。对个人所有的营业用房或者出租的房产，不属于免税房产，应照章纳税。

四、征收管理

(一) 纳税义务发生时间

(1) 纳税人将原有房产用于生产经营，从生产经营之月起缴纳房产税；

(2) 纳税人自行新建房屋用于生产经营，从建成之次月起缴纳房产税；

(3) 纳税人委托施工企业建设的房屋，从办理验收手续之次月起缴纳房产税；

(4) 纳税人购置新建商品房，自房屋交付使用之次月起缴纳房产税；

(5) 纳税人购置存量房，自办理房屋权属转移、变更登记手续，房地产权属登记机关签发房屋权属证书之次月起，缴纳房产税；

(6) 纳税人出租、出借房产，自交付出租、出借房产之次月起，缴纳房产税；

(7) 房地产开发企业自用、出租、出借本企业建造的商品房，自房屋使用或交付之次月起，缴纳房产税；

(8) 自 2009 年 1 月 1 日起，纳税人因房产的实物或权利状态发生变化而依法终止房产税纳税义务的，其应纳税款的计算应截止到房产的实物或权利状态发生变化的当月末。

(二) 纳税期限

房产税实行按年计算、分期缴纳的征收方法，具体纳税期限由省、自治区、直辖市人民政府确定。

(三) 纳税地点

房产税在房产所在地缴纳。房产不在一个地方的纳税人，应按房产的坐落地点分别向房产所在地的税务机关纳税。

(四) 国有施工企业清产核资房产税征收问题

按照财政部、国家税务总局的有关规定，对于国有企业进行清产核资过程中房屋价值重估后的新增价值，应按照有关规定征收房产税。比如，某国有施工企业进行股份制改造，对固定资产进行价值重估，某一房产原值1 000万元，经重估后价值为2 000万元，企业已经对固定资产账户资料按规定进行调整，应按2 000万元计征房产税。

案例6—1

建华建筑公司在某市拥有一栋办公楼，公司将其作为固定资产管理。办公楼账面原价1 000万元，已提折旧400万元。同时，建华建筑公司在施工现场建设了一座移动板房，做为施工项目办公场所，价值40万元。假定不存在其他事项，请问：建华建筑公司如何缴纳房产税？

(1) 按照当地规定允许减除30%后余值计税，计征适用的税率为1.2%，则：

应纳税额＝应税房产原值×(1－扣除比例)×1.2%
＝1 000×(1－30%)×1.2%
＝8.4（万元）

(2) 按照现行税法规定，凡是在基建工地为基建工地服务的各种工棚、材料棚、休息棚和办公室、食堂、茶炉房、汽车房等临时性房屋，不论是施工企业自行搭建还是由基建单位出资建造交施工企业使用的，在施工期间一律免征房产税。

第二节　城镇土地使用环节

城镇土地使用税是以国有土地为征税对象，对拥有土地使用权的单位和个人征收的一种税。现行城镇土地使用税的法律规范是2006年12月31日国务院修改并颁布的《中华人民共和国城镇土地使用税暂行条例》(以下简称《城镇土地使用税暂行条例》)。城镇土地使用税具有以下特点：

(1) 征税对象是国有土地。我国宪法明确规定，城镇土地的使用权归国家，单位和个人对占用的土地只有使用权而无所有权。国家既可以凭借财产权利对土地使用人获取的收益进行分配，又可以凭借政治权力对土地使用者进行征税。开征城镇土地使用税，实质上是运用国家政治权力，将

纳税人获取的本应属于国家的土地收益集中到国家手中。农业土地因属于集体所有，故未纳入征税范围。

(2) 征税范围广。现行城镇土地使用税对在我国境内使用土地的所有单位和个人征收，征税范围较广，在筹集地方财政资金，调解土地使用和收益分配方面，发挥着积极作用。

(3) 实行差别幅度税额。开征城镇土地使用税的目的之一，在于调解土地的级差收入，而级差收入的产生主要取决于土地的位置。占有土地位置优越的纳税人可以节约运输和流通费用，扩大销售和经营规模，取得额外经济收益。为了有利于体现国家政策，城镇土地使用税实行差别幅度税额。对不同城镇适用不同税额，对同一城镇的不同地段，也根据市政建设情况和经济繁荣程度确定不等的负担水平。

一、纳税义务人和征税范围

(一) 纳税义务人

在城市、县城、建制镇、工矿区范围内使用土地的单位和个人，为城镇土地使用税的纳税人。

所称单位，包括国有企业、集体企业、私营企业、股份制企业、外商投资企业、外国企业以及其他企业和事业单位、社会团体、国家机关、军队以及其他单位；所称个人，包括个体工商户以及其他个人。

城镇土地使用税的纳税人通常包括以下几类：

(1) 拥有土地使用权的单位和个人；

(2) 拥有土地使用权的单位和个人不在土地所在地的，其土地的实际使用人和代管人为纳税人；

(3) 土地使用权未确定或权属纠纷未解决的，其实际使用人为纳税人；

(4) 土地使用权共有的，共有各方都是纳税人，由共有各方分别纳税。

(二) 征税范围

城镇土地使用税的征税范围，包括在城市、县城、建制镇和工矿区内的国家所有和集体所有的土地。

上述城市、县城、建制镇和工矿区分别按以下标准确认：

(1) 城市是指经国务院批准设立的市；

(2) 县城是指县人民政府所在地；

（3）建制镇是指经省、自治区、直辖市人民政府批准设立的建制镇；

（4）工矿区是指工商业比较发达，人口比较集中，符合国务院规定的建制镇标准，但尚未设立建制镇的大中型企业所在地。工矿区须经省、自治区、直辖市人民政府批准。

上述城镇土地使用税的征税范围中，城市的土地包括市区和郊区的土地，县城的土地是指县人民政府所在地的城镇的土地，建制镇的土地是指镇人民政府所在地的土地。

建立在城市、县城、建制镇和工矿区以外的工矿企业不需缴纳城镇土地使用税。

另外，自2009年1月1日起，公园、名胜古迹内的索道公司经营用地，应按规定缴纳城镇土地使用税。

二、应纳税额的计算

城镇土地使用税的应纳税额可以通过纳税人实际占用的土地面积乘以该土地所在地段的适用税额求得。其计算公式为：

全年应纳税额＝实际占用应税土地面积（平方米）×适用税额

（一）计税依据

城镇土地使用税以纳税人实际占用的土地面积为计税依据，土地面积计量标准为每平方米。即税务机关根据纳税人实际占用的土地面积，按照规定的税额计算应纳税额，向纳税人征收土地使用税。

纳税人实际占用的土地面积按下列办法确定：

（1）由省、自治区、直辖市人民政府确定的单位组织测定土地面积的，以测定的面积为准；

（2）尚未组织测定，但纳税人持有政府部门核发的土地使用证书的，以证书确定的土地面积为准；

（3）尚未核发土地使用权证书的，应由纳税人申报土地面积，据以纳税，待核发土地使用证以后再做调整。

（二）税率

城镇土地使用税采用定额税率，即采用有幅度的差别税额，按大、中、小城市和县城、建制镇、工矿区分别规定每平方米土地使用税年应纳税额。

城镇土地使用税每平方米年税额如下：

（1）大城市1.5元至30元；

（2）中等城市1.2元至24元；

（3）小城市0.9元至18元；

（4）县城、建制镇、工矿区0.6元至12元。

省、自治区、直辖市人民政府，应当在《城镇土地使用税暂行条例》第四条规定的税额幅度内，根据市政建设状况、经济繁荣程度等条件，确定所辖地区的适用税额幅度。

市、县人民政府应当根据实际情况，将本地区土地划分为若干等级，在省、自治区、直辖市人民政府确定的税额幅度内，制定相应的适用税额标准，报省、自治区、直辖市人民政府批准执行。

经省、自治区、直辖市人民政府批准，经济落后地区土地使用税的适用税额标准可以适当降低，但降低额不得超过《城镇土地使用税暂行条例》第四条规定最低税额的30%。经济发达地区土地使用税的适用税额标准可以适当提高，但须报经财政部批准。

根据《财政部、国家税务总局关于房产税、城镇土地使用税有关问题的通知》(财税〔2009〕128号)，自2009年12月1日起，对在城镇土地使用税征税范围内单独建造的地下建筑用地，按规定征收城镇土地使用税。其中，已取得地下土地使用权证的，按土地使用权证确认的土地面积计算应征税款；未取得地下土地使用权证或地下土地使用权证上未标明土地面积的，按地下建筑垂直投影面积计算应征税款。对上述地下建筑用地暂按应征税款的50%征收城镇土地使用税。

三、税收优惠

下列土地免缴城镇土地使用税：

（1）国家机关、人民团体、军队自用的土地；

（2）由国家财政部门拨付事业经费的单位自用的土地；

（3）宗教寺庙、公园、名胜古迹自用的土地；

（4）市政街道、广场、绿化地带等公共用地；

（5）直接用于农、林、牧、渔业的生产用地；

（6）经批准开山填海整治的土地和改造的废弃土地，从使用的月份起免缴土地使用税5年至10年；

(7) 由财政部另行规定免税的能源、交通、水利设施用地和其他用地。

(8) 除《城镇土地使用税暂行条例》第六条规定外，纳税人缴纳土地使用税确有困难需要定期减免的，由省、自治区、直辖市税务机关审核后，报国家税务总局批准。

(9) 根据《财政部 国家税务总局关于安置残疾人就业单位城镇土地使用税等政策的通知》(财税〔2010〕121号)，自2010年12月21日起，对在一个纳税年度内月平均实际安置残疾人就业人数占单位在职职工总数的比例高于25%（含25%）且实际安置残疾人人数高于10人（含10人）的单位，可减征或免征该年度城镇土地使用税。具体减免税比例及管理办法由省、自治区、直辖市财税主管部门确定。《国家税务局关于土地使用税若干具体问题的解释和暂行规定》(国税地字〔1988〕15号) 第十八条第四项同时废止。

(10) 企业办的学校、医院、托儿所、幼儿园，其用地能与企业其他用地明确区分的，免征城镇土地使用税。

(11) 建材行业的石灰厂、水泥厂、大理石厂、砂石厂等企业的采石场、排土场地，炸药库的安全区用地以及采区运岩公路用地暂免征收城镇土地使用税。

(12) 对基建项目在建期间使用的土地，原则上应照章征收城镇土地使用税。但对有些基建项目，特别是国家产业政策扶持发展的大型基建项目，其占地面积大，建设周期长，在建期间又没有经营收入，为照顾其实际情况，对纳税人纳税确有困难的，可由各省、自治区、直辖市地方税务局根据具体情况予以免征或减征城镇土地使用税。

(13) 房地产开发公司建造商品房的用地，原则上应按规定计征城镇土地使用税。但在商品房出售之前纳税确有困难的，其用地是否予以缓征或减征、免征照顾，可由各省、自治区、直辖市地方税务局根据从严的原则结合具体情况确定。

四、征收管理

(一) 纳税期限

城镇土地使用税实行按年计算、分期缴纳的征收方法，具体纳税期限由省、自治区、直辖市人民政府确定。

（二）纳税义务发生时间

（1）纳税人购置新建商品房，自房屋交付使用之次月起，缴纳城镇土地使用税；

（2）纳税人购置存量房，自办理房屋权属转移、变更登记手续，房地产权属登记机关签发房屋权属证书之次月起，缴纳城镇土地使用税；

（3）纳税人出租、出借房产，自交付出租、出借房产之次月起，缴纳城镇土地使用税；

（4）以出让或转让方式有偿取得土地使用权的，应由受让方从合同约定交付土地时间的次月起缴纳城镇土地使用税；合同未约定交付时间的，由受让方从合同签订的次月起缴纳城镇土地使用税；

（5）纳税人新征用的耕地，自批准征用之日起满 1 年时开始缴纳城镇土地使用税；

（6）纳税人新征用的非耕地，自批准征用次月起缴纳土地使用税。

（7）自 2009 年 1 月 1 日起，纳税人因土地的权利发生变化而依法终止城镇土地使用税的纳税义务的，其应纳税款的计算应截止到土地权利发生变化的当月末。

（三）纳税地点和征收机构

城镇土地使用税在土地所在地缴纳。

纳税人使用的土地不属于同一省、自治区、直辖市的，由纳税人分别向土地所在地的税务机关缴纳土地使用税；在同一省、自治区、直辖市管辖范围内，纳税人跨地区使用的土地，其纳税地点由各省、自治区、直辖市地方税务局确定。

城镇土地使用税由土地所在地的地方税务机关征收，其收入纳入地方财政预算管理。土地管理机关应当向土地所在地的税务机关提供土地使用权属资料。

案例 6—2

建华建筑公司在某市拥有两块城镇土地使用权，土地使用面积分别是 20 000 平方米和 30 000 平方米。经税务机关核定，全部为应税土地，每平方米年税额分别为 24 元和 18 元。其中面积为 20 000 平方米的土地上有 4 000平方米为企业办的托儿所，其用地能与企业其他用地明确区分。请计算其全年应纳的土地使用税税额。

分析：

城镇土地使用税的应纳税额可以通过纳税人实际占用的土地面积乘以该土地所在地段的适用税额求得。但是，企业办的学校、医院、托儿所、幼儿园，其用地能与企业其他用地明确区分的，免征城镇土地使用税。

年应纳土地使用税税额=(20 000−4 000)×24+30 000×18
=924 000（元）

第三节　车船使用环节

车船税是以车船为征税对象，向拥有车船的单位和个人征收的一种税。现行车船税法的基本规范，是 2011 年 2 月 25 日第十一届全国人民代表大会常务委员会第十九次会议通过的《中华人民共和国车船税法》，以及 2011 年 11 月 23 日国务院第 182 次常务会议通过的《中华人民共和国车船税法实施条例》。

与《车船税暂行条例》相比，《车船税法》对相关税制要素作了以下五个方面的调整：

(1) 完善征税范围。《车船税暂行条例》规定，车船税的征税范围是依法应当在车船管理部门登记的车船。不需登记的单位内部作业车船不征税。从车船税财产税性质和公平税负的角度出发，不论车船是否应向管理部门登记，都应纳入征税范围。《车船税法》不再按车船是否登记来确定是否具有纳税义务，将征税范围统一为本法规定的车船。

(2) 改革乘用车计税依据。《车船税暂行条例》及实施细则规定，微型、小型客车（乘用车）按辆征收。车船税作为财产税，计税依据理论上应当是评估价值，但由于乘用车数量庞大且分散于千家万户，难以进行价值评估。考虑到乘用车的排气量与其价值总体上存在着正相关关系，《车船税法》将排气量作为乘用车计税依据。

(3) 调整税负结构。一方面，为支持交通运输业发展，《车船税法》对占汽车总量 28%左右的货车、摩托车以及船舶（游艇除外）仍维持原条例税额幅度不变；对载客 9 人以上的客车税额幅度略作提高；对挂车由原条

例规定的与货车适用相同税额改为减按货车税额的50%征收。另一方面，为更好地发挥车船税的调节功能，体现对汽车消费和节能减排的政策导向，《车船税法》对占汽车总量72%左右的乘用车（也就是载客少于9人的汽车）的税负，按发动机排气量大小分别作了降低、不变和提高的结构性调整。一是占现有乘用车总量87%左右、排气量在2.0升及以下的乘用车，税额幅度适当降低或维持不变；二是占现有乘用车总量10%左右、排气量为2.0升至2.5升（含）的中等排量车，税额幅度比现行税额幅度适当调高；三是占现有乘用车总量3%左右、排气量为2.5升以上的较大和大排量车，税额幅度比现行税额幅度有较大提高。

此外，为了体现车船税调节功能，《车船税法》将船舶中的游艇单列出来，明确按长度征税，并将税额幅度确定为每米600元至2 000元。

（4）规范税收优惠。《车船税法》除了保留《车船税暂行条例》规定的省、自治区、直辖市人民政府可以对公共交通车船给予定期减、免税优惠外，还增加了以下三项优惠规定：一是对节约能源、使用新能源的车船可以减征或免征车船税；二是省、自治区、直辖市人民政府根据当地实际情况，可以对农村居民拥有并主要在农村地区使用的摩托车、三轮汽车和低速载货汽车定期减征或免征车船税；三是对受严重自然灾害影响、纳税困难以及有其他特殊原因确需减、免税的，可以减征或免征车船税。

（5）强化征收管理。考虑到机动车数量庞大，税源分散，仅靠税务机关自身力量征管难度较大，公安机关交通管理部门的机动车管理机构比较健全，制度和管理手段比较严密，在不过多增加工作量的情况下，由其对车船税的征收予以协助，对于提高征收绩效、防止税源流失具有重要作用。为此，《车船税法》规定：车辆所有人或者管理人在申请办理车辆相关登记、定期检验手续时，应向公安机关交通管理部门提交依法纳税或者免税证明。公安机关交通管理部门核查后予以办理相关手续。

此外，船舶的流动性大，目前对船舶征税在源泉控制上效果不够理想。为此，《车船税法》规定，船检机构应当在提供船舶有关信息方面协助税务机关加强车船税的征收管理。

一、纳税义务人与征税范围

（一）纳税义务人

在中华人民共和国境内属于《车船税法》所附《车船税税目税额表》

规定的车辆、船舶（以下简称车船）的所有人或者管理人，为车船税的纳税人，应当依法缴纳车船税。

（二）征税范围

车船税法所附《车船税税目税额表》中车辆、船舶的含义如下：

乘用车，是指在设计和技术特性上主要用于载运乘客及随身行李，核定载客人数包括驾驶员在内不超过 9 人的汽车。

商用车，是指除乘用车外，在设计和技术特性上用于载运乘客、货物的汽车，划分为客车和货车。

半挂牵引车，是指装备有特殊装置用于牵引半挂车的商用车。

三轮汽车，是指最高设计车速不超过每小时 50 公里，具有三个车轮的货车。

低速载货汽车，是指以柴油机为动力，最高设计车速不超过每小时 70 公里，具有四个车轮的货车。

挂车，是指就其设计和技术特性需由汽车或者拖拉机牵引，才能正常使用的一种无动力的道路车辆。

专用作业车，是指在其设计和技术特性上用于特殊工作的车辆。

轮式专用机械车，是指有特殊结构和专门功能，装有橡胶车轮可以自行行驶，最高设计车速大于每小时 20 公里的轮式工程机械车。

摩托车，是指无论采用何种驱动方式，最高设计车速大于每小时 50 公里，或者使用内燃机，其排量大于 50 毫升的两轮或者三轮车辆。

船舶，是指各类机动、非机动船舶以及其他水上移动装置，但是船舶上装备的救生艇筏和长度小于 5 米的艇筏除外。其中，机动船舶是指用机器推进的船舶；拖船是指专门用于拖（推）动运输船舶的专业作业船舶；非机动驳船，是指在船舶登记管理部门登记为驳船的非机动船舶；游艇是指具备内置机械推进动力装置，长度在 90 米以下，主要用于游览观光、休闲娱乐、水上体育运动等活动，并应当具有船舶检验证书和适航证书的船舶。

二、适用税额

省、自治区、直辖市人民政府根据车船税法所附《车船税税目税额表》确定车辆具体适用税额，应当遵循以下原则：

(1) 乘用车依排气量从小到大递增税额;

(2) 客车按照核定载客人数 20 人以下和 20 人(含)以上两档划分,递增税额。

机动船舶具体适用税额为:

(1) 净吨位不超过 200 吨的,每吨 3 元;

(2) 净吨位超过 200 吨但不超过 2 000 吨的,每吨 4 元;

(3) 净吨位超过 2 000 吨但不超过 10 000 吨的,每吨 5 元;

(4) 净吨位超过 10 000 吨的,每吨 6 元。

拖船按照发动机功率每 1 千瓦折合净吨位 0.67 吨计算征收车船税。

游艇具体适用税额为:

(1) 艇身长度不超过 10 米的,每米 600 元;

(2) 艇身长度超过 10 米但不超过 18 米的,每米 900 元;

(3) 艇身长度超过 18 米但不超过 30 米的,每米 1 300 元;

(4) 艇身长度超过 30 米的,每米 2 000 元;

(5) 辅助动力帆艇,每米 600 元。

《车船税法》和《车船税法实施条例》所涉及的排气量、整备质量、核定载客人数、净吨位、千瓦、艇身长度,以车船登记管理部门核发的车船登记证书或者行驶证所载数据为准。

依法不需要办理登记的车船和依法应当登记而未办理登记或者不能提供车船登记证书、行驶证的车船,以车船出厂合格证明或者进口凭证标注的技术参数、数据为准;不能提供车船出厂合格证明或者进口凭证的,由主管税务机关参照国家相关标准核定,没有国家相关标准的参照同类车船核定。

三、税收优惠

1. 下列车船免征车船税:

(1) 捕捞、养殖渔船;

(2) 军队、武装警察部队专用的车船;

(3) 警用车船;

(4) 依照法律规定应当予以免税的外国驻华使领馆、国际组织驻华代表机构及其有关人员的车船。

2. 对节约能源、使用新能源的车船可以减征或者免征车船税;对受严

重自然灾害影响纳税困难以及有其他特殊原因确需减税、免税的，可以减征或者免征车船税。具体办法由国务院规定，并报全国人民代表大会常务委员会备案。

3. 省、自治区、直辖市人民政府根据当地实际情况，可以对公共交通车船，农村居民拥有并主要在农村地区使用的摩托车、三轮汽车和低速载货汽车定期减征或者免征车船税。

4. 临时入境的外国车船和香港特别行政区、澳门特别行政区、台湾地区的车船，不征收车船税。

5. 按照规定缴纳船舶吨税的机动船舶，自车船税法实施之日起 5 年内免征车船税。

6. 依法不需要在车船登记管理部门登记的机场、港口、铁路站场内部行驶或者作业的车船，自车船税法实施之日起 5 年内免征车船税。

四、征收管理

（一）纳税义务发生时间

车船税纳税义务发生时间为取得车船所有权或者管理权的当月。所称取得车船所有权或者管理权的当月，应当以购买车船的发票或者其他证明文件所载日期的当月为准。

购置的新车船，购置当年的应纳税额自纳税义务发生的当月起按月计算。应纳税额为年应纳税额除以 12 再乘以应纳税月份数。

在一个纳税年度内，已完税的车船被盗抢、报废、灭失的，纳税人可以凭有关管理机关出具的证明和完税凭证，向纳税所在地的主管税务机关申请退还自被盗抢、报废、灭失月份起至该纳税年度终了期间的税款。

已办理退税的被盗抢车船失而复得的，纳税人应当从公安机关出具相关证明的当月起计算缴纳车船税。

已缴纳车船税的车船在同一纳税年度内办理转让过户的，不另纳税，也不退税。

（二）纳税地点

车船税的纳税地点为车船的登记地或者车船税扣缴义务人所在地。依法不需要办理登记的车船，车船税的纳税地点为车船的所有人或者管理人所在地。

（三）纳税期限

车船税按年申报，分月计算，一次性缴纳。纳税年度为公历1月1日至12月31日。

（四）扣缴义务人

从事机动车第三者责任强制保险业务的保险机构为机动车车船税的扣缴义务人，应当在收取保险费时依法代收车船税，并出具代收税款凭证。

机动车车船税扣缴义务人在代收车船税时，应当在机动车交通事故责任强制保险的保险单以及保费发票上注明已收税款的信息，作为代收税款凭证。

已完税或者依法减免税的车辆，纳税人应当向扣缴义务人提供登记地的主管税务机关出具的完税凭证或者减免税证明。

纳税人没有按照规定期限缴纳车船税的，扣缴义务人在代收代缴税款时，可以一并代收代缴欠缴税款的滞纳金。

扣缴义务人已代收代缴车船税的，纳税人不再向车辆登记地的主管税务机关申报缴纳车船税。

没有扣缴义务人的，纳税人应当向主管税务机关自行申报缴纳车船税。

扣缴义务人应当及时解缴代收代缴的税款和滞纳金，并向主管税务机关申报。扣缴义务人向税务机关解缴税款和滞纳金时，应当同时报送明细的税款和滞纳金扣缴报告。扣缴义务人解缴税款和滞纳金的具体期限，由省、自治区、直辖市地方税务机关依照法律、行政法规的规定确定。

公安、交通运输、农业、渔业等车船登记管理部门、船舶检验机构和车船税扣缴义务人的行业主管部门应当在提供车船有关信息等方面，协助税务机关加强车船税的征收管理。公安机关交通管理部门在办理车辆相关登记和定期检验手续时，经核查，对没有提供依法纳税或者免税证明的，不予办理相关手续。

车辆所有人或者管理人在申请办理车辆相关登记、定期检验手续时，应当向公安机关交通管理部门提交依法纳税或者免税证明。公安机关交通管理部门核查后办理相关手续。

（五）征收机关

车船税由地方税务机关负责征收。税务机关可以在车船登记管理部门、车船检验机构的办公场所集中办理车船税征收事宜。

第四节 典型问题分析

1. 违章建筑是否缴纳房产税?

提问:

违章建筑是否缴纳房产税?

解答精要:

根据《房产税暂行条例》规定，房产税由产权所有人缴纳。产权属于全民所有的，由经营管理的单位缴纳。产权出典的，由承典人缴纳。产权所有人、承典人不在房产所在地的，或产权未确定及租典纠纷未解决的，由房产代管人或使用人缴纳。根据《房产税暂行条例》的有关规定，已构成应税房产的违章建筑，应按规定征收房产税。对产权未确定的，由房产代管人或使用人缴纳房产税。

2. 按揭买房发生的利息支出是否计入房屋原值计征房产税?

提问:

按揭买房发生的利息支出是否计入房屋原值计征房产税?

解答精要:

《财政部、国家税务总局关于房产税、城镇土地使用税有关问题的通知》(财税〔2008〕152号）规定，对依照房产原值计税的房产，不论是否记载在会计账簿固定资产科目中，均应按照房屋原价计算缴纳房产税。房屋原价应根据国家有关会计制度规定进行核算。对纳税人未按国家会计制度规定核算并记载的，应按规定予以调整或重新评估。因此，按揭买房发生的利息支出，凡按照国家会计制度规定应该计入房产原价的，需计征房产税。

3. 无偿使用房屋期间应如何缴纳房产税?

提问:

房屋出租方（产权人）将房屋交由承租方进行装修后无偿使用一定时间，问无偿使用期间房产税应如何缴纳?

解答精要:

依据房产税相关规定，房屋承租方将租用的房产进行装修，在一定期

限内无租使用，其实质是承租方以房屋装修费抵顶租金，属于房屋出租。因此应由房产的产权所有人，即出租方按规定缴纳房产税。

4. 企业安装电梯和货梯是否要并入房产总额计征房产税？

提问：

企业安装载人电梯和货梯供办公使用，并计入固定资产。在缴纳房产税时是否要并入房产总额计征房产税？

解答精要：

《国家税务总局关于进一步明确房屋附属设备和配套设施计征房产税有关问题的通知》（国税发〔2005〕173号）规定，为了维持和增加房屋的使用功能或使房屋满足设计要求，凡以房屋为载体，不可随意移动的附属设备和配套设施，如给排水、采暖、消防、中央空调、电气及智能化楼宇设备等，无论在会计核算中是否单独记账与核算，都应计入房产原值，计征房产税。因此应并入房产总额计征房产税。

5. 用农业生产用地建设厂房是否应缴纳土地使用税？

提问：

某企业租用农户承包的农业生产用地用于建设厂房，是否应该缴纳土地使用税（该土地在征税范围内）？

解答精要：

根据《财政部、国家税务总局关于集体土地城镇土地使用税有关政策的通知》（财税〔2006〕56号）规定，自2006年5月1日起，在城镇土地使用税征税范围内实际使用应税集体所有建设用地，但未办理土地使用权流转手续的，由实际使用集体土地的单位和个人按规定缴纳城镇土地使用税。因此，该企业应该缴纳城镇土地使用税。

6. 城镇土地使用税和耕地占用税有何不同？

提问：

城镇土地使用税和耕地占用税有何不同？已缴纳耕地占用税的，是否还需要缴纳城镇土地使用税？

解答精要：

城镇土地使用税和耕地占用税的不同之处在于，耕地占用税是在全国范围内，就改变耕地用途的行为在土地取得环节一次性征收的税种，目的是保护耕地。而城镇土地使用税是在城市、县城、建制镇和工矿区范围内，在土地的持有和使用环节征收的一种税，目的是引导企业集约、节约土地，促进土地资源的合理配置。城镇土地使用税按年计算，分期缴纳。

城镇土地使用税和耕地占用税是在不同环节征收的税种，因此，占用耕地的纳税人在缴纳耕地占用税以后，在土地持有和使用过程中仍要缴纳城镇土地使用税。但是在占用耕地的当年，考虑到纳税人已经支付了较高的补偿费、缴纳了耕地占用税，因此，《城镇土地使用税暂行条例》将其缴纳城镇土地使用税的纳税义务发生时间设置为批准征用耕地的 1 年以后，从而保证耕地占用税和城镇土地使用税的合理衔接。

7. 由保险机构代收代缴车船税后，是否需要向车辆登记地的税务机关再缴纳车船税？

提问：

在非车辆登记地由保险机构代收代缴车船税后，是否需要向车辆登记地的税务机关再缴纳车船税？

解答精要：

根据《国家税务总局关于车船税征管若干问题的通知》（国税发〔2008〕48 号）规定，在一个纳税年度内，纳税人在非车辆登记地由保险机构代收代缴机动车车船税，且能够提供合法有效完税证明的，纳税人不再向车辆登记地的地方税务机关缴纳机动车车船税。因此，在一个纳税年度内，纳税人在非车辆登记地由保险机构代收代缴机动车车船税，且能够提供合法有效完税证明的，纳税人不再向车辆登记地的地方税务机关缴纳机动车车船税。

8. 特殊情况下的机动车如何缴纳车船税？

提问：

境外机动车临时入境、机动车临时上道路行驶、机动车距规定的报废期限不足一年而购买短期“交强险”的车辆，是否缴纳车船税？应如何缴纳？

解答精要：

根据《国家税务总局、中国保险监督管理委员会关于做好车船税代收

代缴工作的通知》(国税发〔2007〕55 号)第二条第八项规定，境外机动车临时入境、机动车临时上道路行驶、机动车距规定的报废期限不足一年而购买短期“交强险”的，车船税从“交强险”有效期起始日的当月至截止日的当月按月计算。《国家税务总局、中国保险监督管理委员会关于保险机构代收代缴车船税有关问题的通知》(国税发〔2007〕98 号)第二条第一项规定，特殊情况下车船税应纳税款的计算：对于境外机动车临时入境、机动车临时上道路行驶、机动车距规定的报废期限不足一年而购买短期“交强险”的车辆，保单中“当年应缴”项目的计算公式为：

当年应缴＝计税单位×年单位税额×应纳税月份数/12

其中，“应纳税月份数”为“交强险”有效期起始日期的当月至截止日期当月的月份数。

CHAPTER

7 第七章 劳务用工环节

第一节 概 述

一、施工企业的用工形式

施工企业是劳务密集型企业，其劳务用工形式比较复杂，大体可以分为以下三种，一种是施工企业的正式用工，主要是施工企业的主要管理人员、技术骨干；第二种是施工企业从劳务派遣公司接收劳务人员；第三种是施工企业直接临时雇用劳务人员。施工劳务用工环节涉及的税种是个人所得税，本章将根据施工企业劳务用工的各种形式具体阐述。

二、个人所得税的计税原理

个人所得税是以自然人取得的各类应税所得为征税对象而征收的一种所得税，是政府利用税收对个人收入进行调节的一种手段。个人所得税的征税对象不仅包括个人还包括具有自然人性质的企业。现行个人所得税法的基本规范是 2011 年 6 月 30 日第十一届全国人民代表大会常务委员会第二十一次会议修改通过的《中华人民共和国个人所得税法》（以下简称《个人所得税法》）以及 2011 年 7 月 19 日修改的《中华人民共和国个人所得税法实施条例》（以下简称《个人所得税法实施条例》）。

个人所得税以个人的纯所得为计税依据。因此计税时以纳税人的收入或报酬扣除有关费用以后的余额为计税依据。有关费用一方面是指与获取收入或报酬有关的经营费用，另一方面是指维持纳税人自身及家庭生活有关的费用。具体分为三类：第一，与应税收入相配比的经营成本和费用；第二，与个人总体能力相匹配的免税扣除和家庭生计扣除；第三，为了体现特定社会目标而鼓励的支出，称为“特别费用扣除”，如慈善捐赠等。

三、个人所得税的征收模式

一般说来，个人所得税的征收模式有三种：分类征收制、综合征收制和混合征收制。分类征收制，就是将纳税人不同来源、性质的所得项目，分别规定不同的税率征税；综合征收制，是对纳税人全年的各项所得加以汇总，就其总额进行征税；混合征收制，是对纳税人不同来源、性质的所得先分别按照不同的税率征税，然后将全年的各项所得进行汇总征税。三种不同的模式各有其优缺点。

目前，我国个人所得税的征收采用的是第一种模式，即分类征收制。在我国开征个人所得税之初，居民个人的收入水平比较低，收入来源比较单一，政府征税的目的主要在于对一部分居民畸高的收入进行调节。时至今日，我国居民个人的收入水平有了很大提高，而且收入的来源种类呈日益多样化趋势。在这样的情况下，仅仅按照居民收入的类型进行个人所得税的征收就不能达到调节收入分配的目的了。因为，在现行税制下，不同收入种类所得的税率是不完全相同的，这样就会出现两种情况：一是纳税人有意把自己的收入在不同类型收入间进行转换，以达到不缴税或少缴税的目的；二是纳税人就其单个来源的收入可能不用纳税或者纳税不多，但如果把其全年收入加总来考虑，则是一笔不小的收入。从结果上看，就不可能完全达到对收入进行公平调节的目的。因而对我国现行个人所得税制模式进行改革是一个方向，我国也初步确定把个人所得税制由分类征收制向分类与综合相结合的模式转变。

第二节　纳税义务人与征税范围

一、纳税义务人

《个人所得税法》规定，在中国境内有住所，或者无住所而在境内居住满一年的个人，从中国境内和境外取得的所得，依照本法规定缴纳个人所得税。在中国境内无住所又不居住或者无住所而在境内居住不满一年的个人，从中国境内取得的所得，依照本法规定缴纳个人所得税。

（一）居民纳税人的判定

居民纳税人是指在中国境内有住所，或者无住所而在境内居住满一年的个人。居民纳税人负有无限纳税义务，其所取得的应纳税所得，无论是来源于中国境内还是来源于中国境外任何地方，都要在中国缴纳个人所得税。

所称在中国境内有住所的个人，是指因户籍、家庭、经济利益关系而在中国境内习惯性居住的个人。习惯性居住，是判定纳税义务人属于居民纳税人还是非居民纳税义务人的的一个重要标准。根据国税发〔1994〕89号文件的有关规定，习惯性居住不是指实际居住或在某一个特定时期内的居住地。通常理解为个人在一地完成工作任务、一项事物或滞留一段时间后，必然要返回该居住场所。如因学习、工作、探亲、旅游等而在中国境外居住的，在其原因消除之后，必须回到中国境内居住的个人，则中国即为该纳税人习惯性居住地。

所说的在境内居住满一年，是指在一个纳税年度中在中国境内居住365日。临时离境的，不扣减日数。前款所说的临时离境，是指在一个纳税年度中一次不超过30日或者多次累计不超过90日的离境。

（二）境内外所得的判定

《所得税法实施条例》规定，从中国境内取得的所得，是指来源于中国境内的所得；从中国境外取得的所得，是指来源于中国境外的所得。下列所得，不论支付地点是否在中国境内，均为来源于中国境内的所得：

（1）因任职、受雇、履约等而在中国境内提供劳务取得的所得；

（2）将财产出租给承租人在中国境内使用而取得的所得；

（3）转让中国境内的建筑物、土地使用权等财产或者在中国境内转让其他财产取得的所得；

（4）许可各种特许权在中国境内使用而取得的所得；

（5）从中国境内的公司、企业以及其他经济组织或者个人取得的利息、股息、红利所得。

二、征税范围

《个人所得税法》确定了11项个人所得应纳个人所得税。

（一）工资、薪金所得

工资、薪金所得，是指个人因任职或者受雇而取得的工资、薪金、奖金、年终加薪、劳动分红、津贴、补贴以及与任职或者受雇有关的其他所得。

（二）个体工商户的生产、经营所得

个体工商户的生产、经营所得，是指：

1. 个体工商户从事工业、手工业、建筑业、交通运输业、商业、饮食业、服务业、修理业以及其他行业生产、经营取得的所得；

2. 个人经政府有关部门批准，取得执照，从事办学、医疗、咨询以及其他有偿服务活动取得的所得；

3. 其他个人从事个体工商业生产、经营取得的所得；

4. 上述个体工商户和个人取得的与生产、经营有关的各项应纳税所得。

（三）对企事业单位的承包经营、承租经营所得

对企事业单位的承包经营、承租经营所得，是指个人承包经营、承租经营以及转包、转租取得的所得，包括个人按月或者按次取得的工资、薪金性质的所得。

（四）劳务报酬所得

劳务报酬所得，是指个人从事设计、装潢、安装、制图、化验、测试、医疗、法律、会计、咨询、讲学、新闻、广播、翻译、审稿、书画、雕刻、影视、录音、录像、演出、表演、广告、展览、技术服务、介绍服务、经纪服务、代办服务以及其他劳务取得的所得。

（五）稿酬所得

稿酬所得，是指个人因其作品以图书、报刊形式出版、发表而取得的所得。

（六）特许权使用费所得

特许权使用费所得，是指个人提供专利权、商标权、著作权、非专利技术以及其他特许权的使用权取得的所得；提供著作权的使用权取得的所得，不包括稿酬所得。

（七）利息、股息、红利所得

利息、股息、红利所得，是指个人拥有债权、股权而取得的利息、股息、红利所得。

（八）财产租赁所得

财产租赁所得，是指个人出租建筑物、土地使用权、机器设备、车船以及其他财产取得的所得。

（九）财产转让所得

财产转让所得，是指个人转让有价证券、股权、建筑物、土地使用权、机器设备、车船以及其他财产取得的所得。

（十）偶然所得

偶然所得，是指个人得奖、中奖、中彩以及其他偶然性质的所得。

（十一）经国务院财政部门确定征税的其他所得

个人取得的所得，难以界定应纳税所得项目的，由主管税务机关确定。

第三节 工资薪金所得

一、工资薪金所得的概念

工资薪金所得是指个人因任职或者受雇而取得的工资、薪金、奖金、年终加薪、劳动分红、津贴、补贴以及与任职或者受雇有关的其他所得。一般来说，工资薪金所得属于非独立个人劳动所得。

所谓非独立个人劳动，是指个人所从事的是由他人指定、安排并接受管理的劳动、工作，或服务于公司、工厂、行政、事业单位（私人企业主除外）。非独立劳动者从上述单位取得的劳动报酬，是以工资、薪金的形式体现的。在这类报酬中，工资和薪金的收入主体略有差异。通常情况下，把直接从事生产、经营或服务的劳动者（工人）的收入称为工资，即所谓“蓝领阶层”所得；而将从事社会公职或管理活动的劳动者（公职人员）的收入称为薪金，即“白领阶层”所得。

根据我国目前个人收入的构成情况，规定对于一些不属于工资、薪金性质的补贴、津贴或不属于纳税人本人工资、薪金所得项目的收入，不予征税。这些项目包括：

（1）独生子女补贴；

（2）执行公务员工资制度未纳入基本工资总额的补贴、津贴差额和家属成员的副食品补贴；

（3）托儿补助费；

（4）差旅费津贴、误餐补助。其中误餐补助是指按照财政部规定，个人因公在城区、郊区工作，不能在工作单位或返回就餐的，根据实际误餐顿数，按规定的标准领取的误餐费。单位以误餐补助名义发给职工的补助、津贴不包括在内。

二、应纳税所得额

工资、薪金所得实行按月计征的办法。工资、薪金所得，以每月收入额减除费用3 500元后的余额，为应纳税所得额。计算公式为：

应纳税所得额＝月工资、薪金收入－3 500元

《个人所得税法》对工资、薪金所得规定的普遍适用的减除费用标准为每月3 500元。但是，对在中国境内无住所而在中国境内取得工资、薪金所得的纳税义务人和在中国境内有住所而在中国境外取得工资、薪金所得的纳税义务人，税法根据其平均收入水平、生活水平以及汇率变化情况，确定每月再附加减除费用1 300元。附加减除费用适用的范围，是指：

（1）在中国境内的外商投资企业和外国企业中工作的外籍人员；

（2）应聘在中国境内的企业、事业单位、社会团体、国家机关中工作的外籍专家；

（3）在中国境内有住所而在中国境外任职或者受雇取得工资、薪金所得的个人；

（4）国务院财政、税务主管部门确定的其他人员。

三、适用税率

工资、薪金所得适用七级超额累进税率，税率如表7—1所示：

表 7—1　　个人所得税税率表一（工资、薪金所得适用）

级数	全月应纳税所得额		税率（%）	速算扣除数
	含税级距	不含税级距		
1	不超过 1 500 元的	不超过 1 455 元的	3	0
2	超过 1 500 元至 4 500 元的部分	超过 1 455 元至 4 155 元的部分	10	105
3	超过 4 500 元至 9 000 元的部分	超过 4 155 元至 7 755 元的部分	20	555
4	超过 9 000 元至 35 000 元的部分	超过 7 755 元至 27 255 元的部分	25	1 005
5	超过 35 000 元至 55 000 元的部分	超过 27 255 元至 41 255 元的部分	30	2 755
6	超过 55 000 元至 80 000 元的部分	超过 41 255 元至 57 505 元的部分	35	5 505
7	超过 80 000 元的部分	超过 57 505 元的部分	45	13 505

四、应纳税额的计算

工资薪金所得的应纳税额的计算公式为：

应纳税额＝应纳税所得额×适用税率－速算扣除数

或＝(每月收入额－3 500 元或 4 800 元)×适用税率－速算扣除数

这里需要说明的是，由于工资、薪金所得在计算应纳个人所得税额时，适用的是超额累计税率，所以，计算比较麻烦。运用速算扣除数计算法，可以简化计算过程。速算扣除数是指在采用超额累计税率征税的情况下，根据超额累计税率表中划分的应纳税所得额级距和税率，先用全额累计方法计算出税额，再减去用超额累计方法计算的应征税额以后的差额。当超额累计税率表中的级距和税率确定以后，各级速算扣除数也固定不变，成为计算应纳税额的常数。

五、工资薪金的常见情形

（一）雇主为雇员负担个人所得税额

在实际工作中，有的雇主（单位或个人）常常为纳税人负担税款，即支付给纳税人的报酬（包括工资、薪金、劳务报酬等所得）是不含税的净

所得或称为税后所得，即纳税人的应纳税额由雇主代为缴纳。在这种情况下，就不能以纳税人实际取得的收入直接乘以适用税率计算应纳税额，否则就会缩小税基，降低适用税率。正确的方法是：将纳税人的不含税收入换算为应纳税所得额，即含税收入，然后再计算应纳税额。具体又分为三种情况：

（1）雇主全额为雇员负担税款。应将雇员取得的不含税收入换算成应纳税所得额后，计算单位或个人应当代扣代缴的税款。计算公式为：

$$应纳税所得额=\frac{不含税收入额-费用扣除标准-速算扣除数}{1-税率}$$

应纳税额＝应纳税所得额×适用税率－速算扣除数

（2）雇主为雇员负担部分税款，又可分为定额负担部分税款和定率负担部分税款两种情形：

第一种：雇主为其雇员定额负担部分税款的，应将雇员取得的工资、薪金所得换算成应纳税所得额后，计算单位应当代扣代缴的税款。计算公式为：

①应纳税所得额＝雇员取得的工资＋雇主代雇员负担的税款－费用扣除标准

②应纳税额＝应纳税所得额×适用税率－速算扣除数

第二种：雇主为雇员定率负担部分税款，是指雇主为雇员负担一定比例的工资应纳税款或负担一定比例的实际应纳税款。当发生这种情况时，应将公式①中雇员取得的“不含税收入额”替换为“未含业主负担的税款的收入额”，同时将公式②中的适用税率和速算扣除数分别乘以雇主为雇员负担税款的比例，从而将未含雇主负担的税款的收入额换算成应纳税所得额，计算单位应当代扣代缴的税款。计算公式为：

$$应纳税所得额=\frac{未含雇主负担的税款的收入额-费用扣除标准-速算扣除数\times 负担比例}{1-税率\times 负担比例}$$

应纳税额＝应纳税所得额×适用税率－速算扣除数

（二）个人取得全年一次性奖金等计算征收个人所得税办法

根据《国家税务总局关于调整个人取得全年一次性奖金等计算征收个人所得税方法问题的通知》（国税发〔2005〕9号），全年一次性奖金是指行政机关、企事业单位等扣缴义务人根据其全年经济效益和对雇员全年工作业绩的综合考核情况，向雇员发放的一次性奖金。上述一次性奖金也包括年终加薪、实行年薪制和绩效工资办法的单位根据考核情况兑现的年薪和绩效工资。纳税人取得全年一次性奖金，单独作为一个月工资、薪金所得计算纳税，并按以下计税办法，由扣缴义务人发放时代扣代缴：

(1) 先将雇员当月内取得的全年一次性奖金，除以 12 个月，按其商数确定适用税率和速算扣除数。

如果在发放年终一次性奖金的当月，雇员当月工资薪金所得低于税法规定的费用扣除额，应将全年一次性奖金减除“雇员当月工资薪金所得与费用扣除额的差额”后的余额，按上述办法确定全年一次性奖金的适用税率和速算扣除数。

(2) 将雇员个人当月内取得的全年一次性奖金，按第（1）项确定的适用税率和速算扣除数计算征税，计算公式如下：

如果雇员当月工资薪金所得高于（或等于）税法规定的费用扣除额的，适用公式为：

$$应纳税额=雇员当月取得全年一次性奖金\times适用税率-速算扣除数$$

如果雇员当月工资薪金所得低于税法规定的费用扣除额的，适用公式为：

$$应纳税额=\left(\begin{matrix}雇员当月取得全\\年一次性奖金\end{matrix}-\begin{matrix}雇员当月工资薪金所得\\与费用扣除额的差额\end{matrix}\right)\times适用税率-速算扣除数$$

在一个纳税年度内,对每一个纳税人，该计税办法只允许采用一次。雇员取得除全年一次性奖金以外的其他各种名目奖金，如半年奖、季度奖、加班奖、先进奖、考勤奖等，一律与当月工资、薪金收入合并，按税法规定缴纳个人所得税。

(三) 中央企业负责人年度绩效薪金延期兑现收入和任期奖励征收个人所得税问题

为建立中央企业负责人薪酬激励与约束的机制，根据《中央企业负责人经营业绩考核暂行办法》、《中央企业负责人薪酬管理暂行办法》规定，国务院国有资产监督管理委员会对中央企业负责人的薪酬发放采取按年度

经营业绩和任期经营业绩考核的方式，具体办法是：中央企业负责人薪酬由基薪、绩效薪金和任期奖励构成，其中基薪和绩效薪金的60%在当年度发放，绩效薪金的40%和任期奖励于任期结束后发放。

根据《国家税务总局关于中央企业负责人年度绩效薪金延期兑现收入和任期奖励征收个人所得税问题的通知》（国税发〔2007〕118号），中央企业负责人任期结束后取得的绩效薪金40%部分和任期奖励，按照《国家税务总局关于调整个人取得全年一次性奖金等计算征收个人所得税方法问题的通知》（国税发〔2005〕9号）第二条规定的方法，合并计算缴纳个人所得税。

（四）退休工资

根据个人所得税法，按照国家规定领取的退休（离休）工资不需要缴纳个人所得税。但是，根据《关于离退休人员取得单位发放离退休工资以外奖金补贴征收个人所得税的批复》（国税函〔2008〕723号），离退休人员除按规定领取离退休工资或养老金外，另从原任职单位取得的各类补贴、奖金、实物，不属于《中华人民共和国个人所得税法》第四条规定可以免税的退休工资、离休工资、离休生活补助费。根据《国家税务总局关于个人兼职和退休人员再任职取得收入如何计算征收个人所得税问题的批复》（国税函〔2005〕382号），退休人员再任职取得的收入，在减除按个人所得税法规定的费用扣除标准后，按"工资、薪金所得"应税项目缴纳个人所得税。

根据《关于高级专家延长离休退休期间取得工资薪金所得有关个人所得税问题的通知》（财税〔2008〕7号），达到离休、退休年龄，但确因工作需要，适当延长离休退休年龄的高级专家（指享受国家发放的政府特殊津贴的专家、学者），其在延长离休退休期间的工资、薪金所得，视同退休工资、离休工资免征个人所得税。具体按以下政策把握：

所称延长离休退休年龄的高级专家是指：（1）享受国家发放的政府特殊津贴的专家、学者；（2）中国科学院、中国工程院院士。

高级专家延长离休退休期间取得的工资薪金所得，其免征个人所得税政策口径按下列标准执行：（1）对高级专家从其劳动人事关系所在单位取得的，单位按国家有关规定向职工统一发放的工资、薪金、奖金、津贴、补贴等收入，视同离休、退休工资，免征个人所得税；（2）除上述第（1）项所述收入以外各种名目的津补贴收入等，以及高级专家从其劳动人事关系所在单位之外的其他地方取得的培训费、讲课费、顾问费、稿酬等各种收入，依法计征个人所得税。

（五）内退工资

根据《国家税务总局关于个人所得税有关政策问题的通知》（国税发〔1999〕58号），实行内部退养的个人在其办理内部退养手续后至法定离退休年龄之间从原任职单位取得的工资、薪金，不属于离退休工资，应按“工资、薪金所得”项目计征个人所得税。

个人在办理内部退养手续后从原任职单位取得的一次性收入，应按办理内部退养手续后至法定离退休之间的所属月份进行平均，并与领取当月的“工资、薪金所得”合并后减除当月费用扣除标准，以余额为基数确定适用税率，再将当月工资、薪金加上取得的一次性收入，减去费用扣除标准，按适用税率计征个人所得税。

（六）公务交通、通讯补贴

根据《关于个人所得税有关政策问题的通知》（国税发〔1999〕58号），个人因公务用车和通讯制度改革而取得的公务用车、通讯补贴收入，扣除一定标准的公务费用后，按照“工资、薪金所得”项目计征个人所得税。按月发放的，并入当月“工资、薪金所得”计征个人所得税；不按月发放的，分解到所属月份并与该月份“工资、薪金所得”合并后计征个人所得税。公务费用的扣除标准，由省级地方税务局根据纳税人公务交通、通讯费用的实际发生情况调查测算，报经省级人民政府批准后确定，并报国家税务总局备案。

近年来，部分单位因公务用车制度改革，对用车人给予各种形式的补偿：直接以现金形式发放，在限额内据实报销用车支出，单位反租职工个人的车辆支付车辆租赁费（“私车公用”），单位向用车人支付车辆使用过程中的有关费用等。根据《关于个人因公务用车制度改革取得补贴收入征收个人所得税问题的通知》（国税函〔2006〕245号），因公务用车制度改革而以现金、报销等形式向职工个人支付的收入，均应视为个人取得公务用车补贴收入，按照“工资、薪金所得”项目计征个人所得税。

（七）关于其他相关事项

1. 福利费

福利费，是指根据国家有关规定，从企业、事业单位、国家机关、社

会团体提留的福利费或者工会经费中支付给个人的生活补助费。所称生活补助费，是指由于某些特定事件或原因而给纳税人或其家庭的正常生活造成一定困难，其任职单位按国家规定从提留的福利费或者工会经费中向其支付的临时性生活困难补助。

福利费免纳个人所得税。但下列收入不属于免税的福利费范围，应当并入纳税人的工资、薪金收入计征个人所得税：

（1）从超出国家规定的比例或基数计提的福利费、工会经费中支付给个人的各种补贴、补助；

（2）从福利费和工会经费中支付给单位职工的人人有份的补贴、补助；

（3）单位为个人购买汽车、住房、电子计算机等不属于临时性生活困难补助性质的支出。

2. 生育津贴

根据《财政部国家税务总局关于生育津贴和生育医疗费有关个人所得税政策的通知》（财税〔2008〕8号），生育妇女按照县级以上人民政府根据国家有关规定制定的生育保险办法，取得的生育津贴、生育医疗费或其他属于生育保险性质的津贴、补贴，免征个人所得税，上述规定自发文之日（2008年3月7日）起执行。

3. 三险一金

根据《关于基本养老保险费、基本医疗保险费、失业保险费、住房公积金有关个人所得税政策的通知》（财税〔2006〕10号），企事业单位按照国家或省（自治区、直辖市）人民政府规定的缴费比例或办法实际缴付的基本养老保险费、基本医疗保险费和失业保险费，免征个人所得税；个人按照国家或省（自治区、直辖市）人民政府规定的缴费比例或办法实际缴付的基本养老保险费、基本医疗保险费和失业保险费，允许在个人应纳税所得额中扣除。企事业单位和个人超过规定的比例和标准缴付的基本养老保险费、基本医疗保险费和失业保险费，应将超过部分并入个人当期的工资、薪金收入，计征个人所得税。

根据《住房公积金管理条例》、《建设部、财政部、中国人民银行关于住房公积金管理若干具体问题的指导意见》（建金管〔2005〕5号）等规定精神，单位和个人分别在不超过职工本人上一年度月平均工资12%的幅度内，其实际缴存的住房公积金，允许在个人应纳税所得额中扣除。单位和职工个人缴存住房公积金的月平均工资不得超过职工工作地所在设区城市上一年度职工月平均工资的 3 倍，具体标准按照各地有关规定执行。单位和个人超过上述规定比例和标准缴付的住房公积金，应将超过部分并入个人当期的工资、薪金收入，计征个人所得税。

个人实际领（支）取原提存的基本养老保险金、基本医疗保险金、失业保险金和住房公积金时，免征个人所得税。

4. 关于雇员从受雇单位取得各类所得的征税项目

雇员从受雇单位取得的各类应税所得（如参加各类活动取得的奖金、稿酬、讲课费等），均应按照“工资、薪金所得”项目计算征收个人所得税（参照大地税函〔2008〕253 号文件）。

如，个人在公司（包括关联公司）任职、受雇，同时兼任董事、监事的，应将董事费、监事费与个人工资收入合并，统一按工资、薪金所得项目缴纳个人所得税；个人担任公司董事、监事，但不在公司任职、受雇的，属于劳务报酬性质，按劳务报酬所得项目征税。

又如，很多企业内部创办报纸、杂志。任职或受雇于本企业的记者、编辑等人员，因在本企业的报纸、杂志上发表作品取得的所得，属于因任职、受雇而取得的所得，应与其当月工资收入合并，按工资、薪金所得项目征收个人所得税，除上述专业人员以外，其他人员在本企业的报纸、杂志上发表作品取得的所得，应按稿酬所得项目征收个人所得税。

5. 工伤保险

根据财政部、国家税务总局《关于工伤职工取得的工伤保险待遇有关个人所得税政策的通知》（财税〔2012〕40 号），为贯彻落实《工伤保险条例》（国务院令第 586 号），根据《个人所得税法》第四条中“经国务院财政部门批准免税的所得”的规定，对工伤职工及其近亲属按照《工伤保险条例》规定取得的工伤保险待遇，免征个人所得税。

所称的工伤保险待遇，包括工伤职工按照《工伤保险条例》规定取得的一次性伤残补助金、伤残津贴、一次性工伤医疗补助金、一次性伤残就业补助金、工伤医疗待遇、住院伙食补助费、外地就医交通食宿费用、工伤康复费用、辅助器具费用、生活护理费等，以及职工因工死亡，其近亲属按照《工伤保险条例》规定取得的丧葬补助金、供养亲属抚恤金和一次性工亡补助金等。

本规定自 2011 年 1 月 1 日起执行。对 2011 年 1 月 1 日之后已征税款的，由纳税人向主管税务机关提出申请，主管税务机关按相关规定予以退还。

6. 企业年金

企业年金是指企业及其职工按照《企业年金试行办法》的规定，在依法参加基本养老保险的基础上，自愿建立的补充养老保险。对个人取得的其他补充养老保险收入，应全额并入当月工资、薪金所得依法征收个人所得税。

根据国家税务总局《关于企业年金个人所得税征收管理有关问题的通知》(国税函〔2009〕694号)，企业年金的个人缴费部分，不得在个人当月工资、薪金计算个人所得税时扣除。企业年金的企业缴费计入个人账户的部分（以下简称企业缴费）是个人因任职或受雇而取得的所得，属于个人所得税应税收入，在计入个人账户时，应视为个人一个月的工资、薪金（不与正常工资、薪金合并），不扣除任何费用，按照“工资、薪金所得”项目计算当期应纳个人所得税款，并由企业在缴费时代扣代缴。对企业按季度、半年或年度缴纳企业缴费的，在计税时不得还原至所属月份，均作为一个月的工资、薪金，不扣除任何费用，按照适用税率计算扣缴个人所得税。

对因年金设置条件导致的已经计入个人账户的企业缴费不能归属个人的部分，其已扣缴的个人所得税应予以退还。具体计算公式如下：

$$应退税款=企业缴费已纳税款\times\left(1-\frac{实际领取企业缴费}{已纳税企业缴费的累计额}\right)$$

参加年金计划的个人在办理退税时，应持居民身份证、企业以前月度申报的含有个人明细信息的《年金企业缴费扣缴个人所得税报告表》复印件、解缴税款的《税收缴款书》复印件等资料，以及由企业出具的个人实际可领取的年金企业缴费额与已缴纳税款的年金企业缴费额的差额证明，向主管税务机关申报，经主管税务机关核实后，予以退税。

设立企业年金计划的企业，应按照个人所得税法和税收征收管理法的有关规定，实行全员全额扣缴明细申报制度。企业要加强与其受托人的信息传递，并按照主管税务机关的要求提供相关信息。对违反有关税收法律法规规定的，按照税收征管法有关规定予以处理。

2009年12月10日前，企业已按规定对企业缴费部分依法扣缴个人所得税的，税务机关不再退税；企业未扣缴企业缴费部分个人所得税的，税务机关应限期责令企业按以下方法计算扣缴税款：以每年度未扣缴企业缴费部分为应纳税所得额，以当年每个职工月平均工资额的适用税率为所属期企业缴费的适用税率，汇总计算各年度应扣缴税款。

案例 7—1

建华建筑公司董事长 2011 年 11 月当月应发工资总额 13 745 元，其中含电话费补贴 1 500 元，独生子女费 5 元。公司代扣住房公积金 701.12 元，养老保险 701.12 元，医疗保险 175.28 元，失业保险 87.64 元，代扣“三险一金”符合社保政策规定。该月工资于 2011 年 12 月初发放。请问：建华建筑公司董事长 2011 年 11 月应该缴纳多少个人所得税？什么时候缴纳？

分析：

个人因通讯制度改革而取得的通讯补贴收入，扣除一定标准的公务费用后，按照“工资、薪金”所得项目计征个人所得税。公务费用的扣除标准，由省级地方税务局根据纳税人通讯费用的实际发生情况调查测算，报经省级人民政府批准后确定，并报国家税务总局备案。由于建华建筑公司所在省份未制定公务费用扣除标准，所发放的电话费补贴并入当月工资全额缴纳个人所得税。

独生子女补贴不属于纳税人本人工资、薪金所得项目的收入，不予征税。

根据财税〔2006〕10 号文，个人按照国家或省（自治区、直辖市）人民政府规定的缴费比例或办法实际缴付的基本养老保险费、基本医疗保险费和失业保险费，允许在个人应纳税所得额中扣除。

所以，本例中，建华建筑公司董事长 2011 年 11 月工资。

应纳税所得额＝13 745－5－701.12－701.12－175.28－87.64－3 500
＝8 574.84（元）

应纳税额＝8 574.84×25％－1 005＝1 138.71（元）

《个人所得税法实施条例》第三十五条规定，扣缴义务人在向个人支付应税款项时，应当依照税法规定代扣税款，该公司 2011 年 11 月份工资在 12 月份支付，所以建华建筑公司应于 12 月份代扣代缴该公司董事长的个人所得税。

案例 7—2

建华建筑公司 2012 年 2 月决定发放 2011 年员工的年终奖。张某是该

单位的员工，每月工资 3 400 元，获得年终奖 20 000 元。请问张某取得的年终奖应纳个人所得税的税额是多少？

分析：

根据《国家税务总局关于调整个人取得全年一次性奖金等计算征收个人所得税方法问题的通知》（国税发〔2005〕9 号），纳税人取得全年一次性奖金，单独作为一个月工资、薪金所得计算纳税，并按以下计税办法，由扣缴义务人发放时代扣代缴：

(1) 先将雇员当月内取得的全年一次性奖金，除以 12 个月，按其商数确定适用税率和速算扣除数。如果在发放年终一次性奖金的当月，雇员当月工资薪金所得低于税法规定的费用扣除额，应将全年一次性奖金减除“雇员当月工资薪金所得与费用扣除额的差额”后的余额，按上述办法确定全年一次性奖金的适用税率和速算扣除数。

本例中，[20 000－(3 500－3 400)]÷12＝1 658.33（元），适用税率应为 10%，速算扣除数应为 105。

(2) 将雇员个人当月内取得的全年一次性奖金，按第 (1) 条确定的适用税率和速算扣除数计算征税。

$$\text{应纳税额}=\left(\text{雇员当月取得全年一次性奖金}-\text{雇员当月工资薪金所得与费用扣除额的差额}\right)\times\text{适用税率}-\text{速算扣除数}$$

$$=[20\,000-(3\,500-3\,400)]\times10\%-105$$

$$=1\,885\text{（元）}$$

案例 7—3

建华建筑公司聘用一名桥梁高级专家为本公司员工，每月工资 20 000 元（不含税），请问建华建筑公司每月应代扣代缴该桥梁专家的个人所得税款是多少？

分析：

雇主全额为雇员负担税款，应将雇员取得的不含税收入换算成应纳税所得额后，计算单位或个人应当代扣代缴的税款。

$$\text{(1) 应纳税所得额}=\frac{\text{不含税收入额}-\text{费用扣除标准}-\text{速算扣除数}}{1-\text{税率}}$$

$$=(20\,000-3\,500-1\,005)\div(1-25\%)$$

$$=20\,660\text{（元）}$$

(2) 应纳税额＝应纳税所得额×适用税率－速算扣除数

＝20 660×25％－1005

＝4 160（元）

第四节 承包建安工程所得

根据《建筑安装业个人所得税征收管理暂行办法》（国税发〔1996〕127号），承包建筑安装业各项工程作业的承包人取得的所得，应区别不同情况计征个人所得税：经营成果归承包人个人所有的所得，或按照承包合同（协议）规定，将一部分经营成果留归承包人个人的所得，按对企事业单位的承包经营、承租经营所得项目征税；以其他分配方式取得的所得，按工资、薪金所得项目征税。从事建筑安装业的个体工商户和未领取营业执照承揽建筑安装业工程作业的建筑安装队和个人，以及建筑安装企业实行个人承包后工商登记改变为个体经济性质的，其从事建筑安装业取得的收入应依照个体工商户的生产、经营所得项目计征个人所得税。从事建筑安装业工程作业的其他人员取得的所得，分别按照工资、薪金所得项目和劳务报酬所得项目计征个人所得税。

一、个体工商户的生产、经营所得

施工企业目前大量存在的“包工头”承接施工企业的施工任务，根据《建筑安装业个人所得税征收管理暂行办法》（国税发〔1996〕127号），对其应该按照“未领取营业执照承揽建筑安装业工程作业的建筑安装队和个人”，“其从事建筑安装业取得的收入应依照个体工商户的生产、经营所得项目计征个人所得税”。

（一）应纳税所得额

对于实行查账征收的个体工商户，其生产、经营所得或应纳税所得额是每一纳税年度的收入总额，减除成本、费用以及损失后的余额。这是采用会计核算办法归集或计算得出的应纳税所得额。计算公式为：

应纳税所得额＝收入总额－(成本＋费用＋损失＋准予扣除的税金)

个体工商户的生产、经营所得应纳的税款，按年计算，分月预缴，由纳税义务人在次月十五日内预缴，年度终了后三个月内汇算清缴，多退少补。

（二）适用税率

个体工商户的生产、经营所得适用五级超额累进税率，具体税率如表7—2所示：

表7—2　个人所得税税率表二（个体工商户的生产、经营所得和对企事业单位的承包经营、承租经营所得适用）

级数	全年应纳税所得额		税率（%）	速算扣除数
	含税级距	不含税级距		
1	不超过15 000元的	不超过14 250元的	5	0
2	超过15 000元至30 000元的部分	超过14 250元至27 750元的部分	10	750
3	超过30 000元至60 000元的部分	超过27 750元至51 750元的部分	20	3 750
4	超过60 000元至100 000元的部分	超过51 750元至79 750元的部分	30	9 750
5	超过100 000元的部分	超过79 750元的部分	35	14 750

（三）应纳税额

以其应纳税所得额按适用税率计算应纳税额。其计算公式为：

应纳税额＝应纳税所得额×适用税率－速算扣除数

对账册不健全的个体工商户，其生产、经营所得的应纳税款，由税务机关依据《税收征管法》自行确定征收方式。

案例7—4

建华建筑公司承建某小区房建工程，施工过程中，聘请陈敏建筑队承建部分施工任务（非分包），陈敏系未领取营业执照从事建筑安装业务的个人，账册不健全。税务机关核定其应税所得率为10%，其应纳税款由建华建筑公司代扣代缴。2011年，建华建筑公司支付陈敏工程款100万元，请问，应代扣代缴个人所得税款的金额是多少？

分析：

未领取营业执照从事建筑安装业务的个人取得的所得应纳个人所得税

应按“个体工商户的生产、经营所得”项目征税。则本例中，

应纳税所得额＝100×10％＝10（万元）

应纳税额＝100 000×30％－9 750＝20 250（元）

二、对企事业单位的承包经营、承租经营所得

根据《国家税务总局关于个人对企事业单位实行承包经营、承租经营取得所得征税问题的通知》（国税发〔1994〕179号），企业实行个人承包、承租经营后，如果工商登记仍为企业的，不管其分配方式如何，均应先按照企业所得税的有关规定缴纳企业所得税。承包经营、承租经营者按照承包、承租经营合同（协议）规定取得的所得，依照个人所得税法的有关规定缴纳个人所得税，具体为：

（1）承包、承租人对企业经营成果不拥有所有权，仅是按合同（协议）规定取得一定所得的，其所得按工资、薪金所得项目征税，适用3％～45％的七级超额累进税率；

（2）承包、承租人按合同（协议）的规定只向发包、出租方交纳一定费用后，企业经营成果归其所有的，承包、承租人取得的所得，按对企事业单位的承包经营、承租经营所得项目，适用5％～35％的五级超额累进税率征税。

企业实行承包经营、承租经营后，不能提供完整、准确的纳税资料、正确计算应纳税所得额的，由主管税务机关核定其应纳税所得额，并依据《中华人民共和国税收征收管理法》的有关规定，自行确定征收方式。

在实际工作中，施工企业的承包经营、承租经营会有各种各样的表现形式：

（一）项目经理负责制

项目法施工是以工程项目为对象，以项目经理负责制为中心，以经营承包责任制为基础，以经济合同为手段，以思想政治工作为保证，按照工程项目的内在规律和施工需要合理配置生产要素，对工程项目的安全、质量、工期、成本等实行全过程的控制和管理，达到全面实现项目目标，提高工程投资效益和企业经济效益的一种科学管理模式。项目承包合同是企业内部承发包双方就工程项目共同达成的协议，其发包方为施工企业法人代表，承包方为项目经理。

签定项目承包合同的原则是：合同双方权利、义务平等，有利于调动承包方的经营生产积极性，确保建设项目顺利完成，实现各项经济技术指标。

项目承包合同的主要内容为：

(1) 项目承包的工程范围、投资、建安工作量、工程质量、工期，安全、效益目标及要求；

(2) 确定合理的承包基数，按照定包基数确保上缴，超收多奖，歉收受罚；

(3) 双方为实现合同条款应提供的保证条件；

(4) 考核、审计规定；

(5) 有关合同的管理方式。

项目经理部成员的奖金待遇必须和项目效益及个人的德、能、勤、绩挂钩，项目结束后，企业法人代表应根据项目盈利和完成上交税利情况，对项目经理和经理部予以奖励。

判断项目经理部成员的工资、奖金应缴纳个人所得税适用税目的关键是项目经理部对项目剩余收益是否拥有所有权。所谓项目剩余收益，是指项目经理部在按内部承包合同完成了上缴款后的剩余收益，如果项目经理部对剩余收益拥有所有权，则项目经理部成员应按对企事业单位的承包经营、承租经营所得项目，适用5%～35%的五级超额累进税率征税，如果对剩余收益没有所有权，仅按合同规定取得一定数额的奖金，则应按工资、薪金所得项目征税，适用3%～45%的七级超额累进税率。

案例 7—5

建华建筑公司实行项目经理承包制。张某是其中一名项目经理，与建华建筑公司的承包合同约定，所承建的项目如完成公司确定的利润、上缴款和安全、质量目标，张某除获得每月5 000元基本工资外，项目完工时还能获得项目奖金30万元。2011年12月份，项目如期完成了公司确定的指标，公司兑现了张某奖金。假定不考虑其他因素，请计算张某获得的奖金应纳个人所得税额。

分析：

张某对项目的剩余收益没有所有权，其取得的奖金应并入当月工资，按工资、薪金所得项目征税，适用3%～45%的七级超额累进税率。故张某

12 月份应纳个人所得税应为：

$$(305\,000-3\,500)\times45\%-13\,505=122\,170\text{（元）}$$

（二）内部职工承包施工企业承揽的工程

很多施工企业存在内部职工组建施工队承接本单位工程的现象。这些施工队既不同于社会上的“包工头”，也与本单位正式组建的施工队不同。在实际工作中，这些施工队往往都是内部职工在社会上雇用一些临时工，然后以个人的名义与施工项目部签订承包合同，承接一些技术含量不高的施工任务。

上述内部职工取得的所得，由于施工企业的工商登记没有变更，所以不能按个体工商户的生产、经营所得项目，而应按对企事业单位的承包经营、承租经营所得项目计征个人所得税。由于这种情况，内部职工往往不能提供完整、准确的纳税资料正确计算应纳税所得额，所以应由主管税务机关核定其应纳税所得额。核定征收方式，包括定额征收、核定应税所得率征收以及其他合理的征收方式。实行核定应税所得率征收方式的，应纳所得税额的计算公式如下：

应纳税所得额＝收入总额×应税所得率

或＝成本费用支出总额÷(1－应税所得率)×应税所得率

应纳所得税额＝应纳税所得额×适用税率

建筑业的应税所得率为 7%～20%。

案例 7—6

李某是建华建筑公司的员工。2011 年李某承包了该公司承接的某栋别墅的施工，由建华建筑公司负责材料供应和试验检测工作，李某负责组织人员施工。李某为此取得承包款 200 万元。当地税务机关核定的建筑业的应税所得率为 15%。请计算李某应纳个人所得税额。

分析：

张某应按对企事业单位的承包经营、承租经营所得项目计征个人所得税。则：

应纳税所得额＝200×15%＝30（万元）

应纳所得税额＝300 000×35%－14 750＝90 250（元）

第五节　其他常见情形

一、临时聘请劳务情形

施工企业会经常发生临时聘请劳务的情形，比如，一些简单的工程，临时聘用几个劳务工进行作业施工；聘请专家学者进行技术咨询等。此种情形下，施工企业需要按照劳务报酬所得代扣代缴被聘请者的个人所得税。

劳务报酬所得是指个人从事设计、装潢、安装、制图、化验、测试、医疗、法律、会计、咨询、讲学、新闻、广播、翻译、审稿、书画、雕刻、影视、录音、录像、演出、表演、广告、展览、技术服务、介绍服务、经纪服务、代办服务以及其他劳务取得的所得。

根据《国家税务总局关于印发〈征收个人所得税若干问题的规定〉的通知》，工资、薪金所得是属于非独立个人劳务活动，即在机关、团体、学校、部队、企事业单位及其他组织中任职、受雇而得到的报酬；劳务报酬所得则是个人独立从事各种技艺、提供各项劳务取得的报酬。两者的主要区别在于，前者存在雇佣与被雇佣关系，后者则不存在这种关系。

施工企业的管理人员一般都是施工企业的正式职工，适用工资薪金所得，没有什么争议。工程队劳务人员的构成一般由两部分构成，一部分是劳务企业的劳务人员，另一部分是施工企业自行组织的其他社会劳动者。规范的做法应该是，如是聘用劳务企业的劳务人员，应该凭劳务企业给施工企业开具的发票入账；如是施工企业自行组织的其他社会劳动者，首先应该由施工企业与劳动者签订劳动合同，确立雇佣与被雇佣关系，然后支付给劳动者的薪酬按工资薪金所得计征个人所得税。

在实际工作中，如何区分工资薪金所得和劳务报酬所得呢？一般可从以下几个方面考虑：

第一，单位与劳动者是否签订劳动合同。从法律角度以看，《劳动合同法》规定，建立劳动关系必须签订劳动合同。显然，签订劳动合同的职工享有《劳动合同法》规定的权利义务，和用人单位存在着雇佣与被雇佣的关系，持有劳动就业管理机构确认的《职工劳动手册》或《人员就业证》，按国家规定已参加社会保险。这样取得所得属于工资、薪金所得。

劳务报酬所得一般通过根据《合同法》中有关承揽合同、技术合同等签订的合同取得，劳动者和用人单位没有签订劳动合同，不存在雇佣与被雇佣关系，其劳务受《合同法》的调整。医疗保险、社会保险、假期工资等方面不享受单位员工待遇；从事劳务服务所取得的劳务报酬是按小时、周、月或一次性计算支付；劳务服务的范围是固定的或有限的，并对其完成的工作负有质量责任。

第二，单位是否对劳动者实施日常管理。领取工资、薪金的职工，其姓名都记载在企业的职工名册中，当年度连续在本单位工作 3 个月以上（含 3 个月），并且企业日常都对他们进行考勤管理。领取劳务报酬的人员并非企业的职工，企业对他们也没有日常考勤要求，其为提供合同规定的劳务所相应发生的各项费用由其个人负责。

第三，个人劳务是否“独立”。工资、薪金所得和劳务报酬所得的主要区别还在于其是否“独立”从事劳务活动所取得的收入。工资、薪金所得是从事依附于人、受制于人的劳务活动所得的报酬。劳务报酬所得则是个人独立从事各种技艺、提供各种劳务取得的报酬。两者的主要区别在于，前者存在雇佣和被雇佣关系，为非独立个人劳务；后者则不存在雇佣和被雇佣关系，为独立个人劳务。

劳务报酬所得的适用税率如表 7—3 所示：

表 7—3　　劳务报酬所得适用税率

级数	每次应纳税所得额	税率（%）	速算扣除数
1	不超过 20 000 元的	20	0
2	超过 20 000 元至 50 000 元的部分	30	2 000
3	超过 50 000 元的部分	40	7 000

二、企业向个人赠送礼品

根据《国家税务总局关于个人所得税有关问题的批复》（国税函〔2000〕57 号）规定，在经济交往活动中，企业向外单位个人支付的非现金资产，按照“其他所得”项目计征个人所得税。正确的账务处理是借记“其他应收款”，贷记“应交税费——应交个人所得税”，但给客户赠送物品扣缴个人所得税是不太现实的。因此，应将本单位为受赠客户承担的个人所得税计入相关费用处理，但在计算企业所得税时，此项个人所得税是不能扣除的，年终申报企业所得税时作纳税调增处理。

企业向个人赠送礼品涉及企业所得税和个人所得税以及增值税的处理，如果操作不当会带来一定的税收风险。

（一）企业向个人赠送礼品的个人所得税得处理

1. 企业向个人赠送礼品必须代扣代缴个人所得税的三种情况

财政部和国家税务总局2011年6月9日联合下发《关于企业促销展业赠送礼品有关个人所得税问题的通知》（财税〔2011〕50号），该文件明确规定，企业向个人赠送礼品，属于以下三种情形的，取得该项所得的个人应依法缴纳个人所得税，税款由赠送礼品的企业代扣代缴。

（1）企业在业务宣传、广告等活动中，随机向本单位以外的个人赠送礼品，对个人取得的礼品所得，按照“其他所得”项目，全额适用20%的税率缴纳个人所得税；

（2）企业在年会、座谈会、庆典以及其他活动中向本单位以外的个人赠送礼品，对个人取得的礼品所得，按照“其他所得”项目，全额适用20%的税率缴纳个人所得税；

（3）企业对累积消费达到一定额度的顾客，给予额外抽奖机会，个人的获奖所得，按照“偶然所得”项目，全额适用20%的税率缴纳个人所得税。

关于企业赠送礼品如何确定个人的应税所得，财税〔2011〕50号文件第三条规定“企业赠送的礼品是自产产品（服务）的，按该产品（服务）的市场销售价格确定个人的应税所得；是外购商品（服务）的，按该商品（服务）的实际购置价格确定个人的应税所得”。

2. 企业向个人赠送礼品不代扣代缴个人所得税的三种情况

《财政部和国家税务总局关于企业促销展业赠送礼品有关个人所得税问题的通知》规定，企业在销售商品（产品）和提供服务过程中向个人赠送礼品，属于下列情形之一的，不征收个人所得税：

（1）企业通过价格折扣、折让方式向个人销售商品（产品）和提供服务；

（2）企业在向个人销售商品（产品）和提供服务的同时给予赠品，如通信企业对个人购买手机赠话费、入网费，或者购话费赠手机等；

（3）企业对累积消费达到一定额度的个人按消费积分反馈礼品。

（二）企业向个人赠送礼品的增值税处理

企业在送礼时会分为将自产货物送人和外购货物送人，这两种情况的账务处理不同，涉及缴纳的增值税也不同。如果企业将自产的货物作为礼品送人，根据《增值税暂行条例实施细则》第四条规定，单位或者个体工商户的下列行为，视同销售货物：将自产、委托加工或者购进的货物无偿赠送其他单位或者个人。因此，企业将自产的货物作为礼品赠人时应该视同销售缴纳增值税，但该自产货物的进项税可以抵扣。

如果企业送出的礼品是外购货物，根据《增值税暂行条例》第十条规定，用于非增值税应税项目、免征增值税项目、集体福利或者个人消费的购进货物或者应税劳务的进项税额不得从销项税额中抵扣；《增值税暂行条例实施细则》第二十二条规定，个人消费包括纳税人的交际应酬消费。因此，企业将购进的货物作为礼品送人属于个人消费，其购进货物的进项税不得从销项税额中抵扣。如果购进时已经抵扣，则应在礼品送人时将已抵扣的进项税额转出。

（三）企业向个人赠送礼品的所得税处理

《国家税务总局关于企业处置资产所得税处理问题的通知》（国税函〔2008〕828号）规定，视同销售属于企业自制的资产，应按企业同类资产同期对外销售价格确定销售收入；属于外购的资产，可按购入时的价格确定销售收入。《国家税务总局关于做好2009年度企业所得税汇算清缴工作的通知》（国税函〔2010〕148号）第三条第（八）款规定：国税函〔2008〕828号文件第三条规定，企业处置外购资产按购入时的价格确定销售收入，是指企业处置该项资产不是以销售为目的，而是具有替代职工福利等费用支出性质，且购买后一般在一个纳税年度内处置。基于此规定，礼品支出费用还涉及企业所得税。企业送礼在企业所得税处理上要注意一点，属于企业自制的资产，应按企业同类资产同期对外销售价格确定销售收入；如果是外购的礼品，可按购入时的价格确定销售收入。

需要明确的是，企业用于交际应酬礼品支出费用并非不能享受企业所得税税前扣除。依据《企业所得税法实施条例》第四十三条的规定，企业发生的与生产经营活动有关的业务招待费支出，按照发生额的60%扣除，但最高不得超过当年销售（营业）收入的5‰。因此，企业外购礼品赠送给客户个人的行为，属于用于交际应酬需要，视同销售计征企业所得税，同时按业务招待费的规定进行税前扣除。

第六节 建筑业企业个人所得税征收管理

一、个人所得税的源泉扣缴

税法规定，个人所得税以取得应税所得的个人为纳税义务人，以支付所得的单位或者个人为扣缴义务人。

按照税法规定，代扣代缴个人所得税，是扣缴义务人的法定义务，必须依法履行。施工企业在向个人支付下列所得时，应代扣代缴个人所得税：工资、薪金所得；对企事业单位的承包经营、承租经营所得；劳务报酬所得。

扣缴义务人在向个人支付应纳税所得时，不论纳税人是否属于本单位人员，均应代扣代缴其应纳的个人所得税税款。扣缴义务人依法履行代扣代缴税款义务，纳税人不得拒绝。扣缴义务人在扣缴税款时，必须向纳税人开具税务机关统一印制的代扣代收税款凭证，并详细注明纳税人姓名、工作单位、家庭住址和身份证或护照号码等个人情况。对工资、薪金所得等，因纳税人众多，不便一一开具代扣代收税款凭证的，经主管税务机关同意，可不开具，但应通过一定的形式告知纳税人已扣缴税款。纳税人为持有完税依据而向扣缴义务人索取代扣代收税款凭证的，扣缴义务人不得拒绝。扣缴义务人向纳税人提供非正式扣税凭证的，纳税人可以拒收。

扣缴义务人应当设立代扣代缴税款账簿，正确反映个人所得税的扣缴情况，并如实填写《扣缴个人所得税报告表》及其他有关资料。扣缴义务人不报送或者报送虚假纳税资料的，一经查实，其未在支付个人收入明细表中反映的向个人支付的款项，在计算扣缴义务人应纳税所得额时，不得作为成本费用扣除。

自 2001 年 5 月 1 日起，扣缴义务人应扣未扣，应收而不收税款的，由税务机关向纳税人追缴税款，对扣缴义务人处应扣未扣、应收未收税款的 50%以上 3 倍以下的罚款；纳税人、扣缴义务人逃避、拒绝或者以其他方式阻挠税务机关检查的，由税务机关责令改正，可以处 1 万元以下的罚款；情节严重的，处 1 万元以上 5 万元以下的罚款。

税务机关应根据扣缴义务人所扣缴的税款，付给2%的手续费，由扣缴义务人用于代扣代缴费用开支和奖励代扣代缴工作做得较好的办税人员。

二、异地施工个人所得税纳税地点

根据《建筑安装业个人所得税征收管理暂行办法》（国税发〔1996〕127号），在异地从事建筑安装业工程作业的单位，应在工程作业所在地扣缴个人所得税。但所得在单位所在地分配，并能向主管税务机关提供完整、准确的会计账簿和核算凭证的，经主管税务机关核准后，可回单位所在地扣缴个人所得税。

根据《关于建筑安装企业扣缴个人所得税有关问题的批复》（国税函〔2001〕505号），到外地从事建筑安装工程作业的建筑安装企业，已在异地扣缴个人所得税（不管采取何种方法计算）的，机构所在地主管税务机关不得再对在异地从事建筑安装业务而取得收入的人员实行查账或其他方式征收个人所得税。但对不直接在异地从事建筑安装业务而取得收入的企业管理、工程技术等人员，机构所在地主管税务机关应据实征收其个人所得税。

三、建筑业企业个人所得税的核定征收

从事建筑安装业的单位和个人应设置会计账簿，健全财务制度，准确、完整地进行会计核算。对未设立会计账簿，或者不能准确、完整地进行会计核算的单位和个人，主管税务机关可根据其工程规模、工程承包合同（协议）价款和工程完工进度等情况，核定其应纳税所得额或应纳税额，据以征税。具体核定办法由县以上（含县级）税务机关制定。

按工程价款的一定比例计算扣缴个人所得税，税款在纳税人之间如何分摊由企业决定，在支付个人收入时扣缴；如未扣缴，则认定为企业为个人代付税款，应按个人所得税的有关规定计算缴纳企业代付的税款。以下是列举的部分省市关于建筑业企业个人所得税征收的具体办法：

（一）浙江省

根据《浙江省地方税务局关于加强建筑安装业个人所得税征管有关问题的通知》（浙地税函〔2010〕244号），浙江省对建筑安装业个人所得税有关征管问题统一规定如下：

在异地从事建筑安装业务的单位，应在工程作业所在地扣缴个人所得税。但所得在单位所在地分配，并能向主管地税机关提供完整、准确的会计账簿和核算凭证的，经主管地税机关核准后，可回单位所在地扣缴个人所得税。

从事建筑安装业务的单位和个人，应健全财务会计制度，准确、完整地进行会计核算，其应扣缴（缴纳）的个人所得税应按照《中华人民共和国个人所得税法》及其实施条例等相关规定据实计算扣缴申报。

对从事建筑安装业务的单位和个人，凡具有下列情形之一的，主管地税机关有权核定征收个人所得税。

（1）依照法律、行政法规的规定可以不设置账簿的；

（2）依照法律、行政法规的规定应当设置账簿但未设置的；

（3）擅自销毁账簿或者拒不提供纳税资料的；

（4）虽设置账簿，但账目混乱或者成本资料、收入凭证、费用凭证残缺不全，难以查账的；

（5）发生纳税义务，未按照规定的期限办理纳税申报，经税务机关责令限期申报，逾期仍不申报的；

（6）纳税人申报的计税依据明显偏低，又无正当理由的。

核定征收个人所得税的税款，按照实际经营收入乘以一定的征收率计算确定，具体征收率由各市、县地方税务局根据当地实际情况自行确定，但不得低于0.5%。

承揽建筑安装业务工程作业的单位和个人是个人所得税的代扣代缴义务人，应按规定依法代扣代缴个人所得税。扣缴义务人未按规定履行扣缴义务的，主管地税机关应按《中华人民共和国税收征收管理法》及其实施细则和有关法律、行政法规的规定予以处罚。

（二）重庆市

根据重庆市地方税务局关于印发《重庆市建筑安装业个人所得税征收管理暂行办法》的通知（渝地税发〔2007〕222号），重庆市对建筑安装业个人所得税采取以下管理办法征收：

从事建筑安装业的单位和个人应设置账簿、健全财务制度，准确、完整地进行会计核算。对未设立会计账簿，或者不能准确、完整地进行会计核算的单位和个人，主管税务机关可根据其工程规模、工程承包合同（协议）价款和工程完工进度等情况，按工程收入核定征收个人所得税，征收

率为1%。

承揽建筑安装业工程作业的单位和个人是个人所得税代扣代缴义务人，应在向个人支付收入时依法代扣代缴其应纳的个人所得税。扣缴义务人未按规定代扣代缴税款的，纳税人应自行向税务机关申报纳税。

异地从事建筑安装工程作业的单位，应在工程作业所在地扣缴个人所得税。但所得在单位所在地分配，并能向主管税务机关提供完整、准确的会计账簿和核算凭证的，经主管税务机关核准后，可回单位所在地扣缴个人所得税。

异地从事建筑安装作业的单位和个人，必须自开工之日前3日内，持营业执照、外出经营活动税收管理证明、城建部门批准开工的文件和工程承包合同（协议）、开户银行账号等资料向主管税务机关办理有关登记手续。

核算地税务机关在开具外出经营活动税收管理证明时，必须注明该建筑安装单位和个人是否设立会计账簿，是否准确、完整地进行会计核算，所得税实行核定征收或查账征收等内容。

主管税务机关应根据不同情况确定对异地从事建筑安装作业的单位和个人应扣、应缴的个人所得税的征管方式。对设立会计账簿，准确、完整地进行会计核算，所得税实行查账征收且未实行个人承包的企业和个人，经主管税务机关审核，其应扣、应缴的个人所得税实行查实征收。对未设立会计账簿，或者不能准确、完整地进行会计核算，企业所得税实行核定征收或经查实有个人承包行为的企业，应按工程收入1%预扣个人所得税；对未设立会计账簿，或者不能准确、完整地进行会计核算的个人，应按工程收入1% 预缴个人所得税。

（三）上海市

根据上海市地方税务局《关于外省市在沪建筑安装企业实行个人所得税查账征收有关问题的通知》（沪地税所二〔2004〕11号），“从事建筑安装业的单位和个人应设置会计账簿，健全财务制度，准确、完整地进行会计核算”，在执行上按以下口径掌握：

（1）会计核算准确。会计账簿设置规范，财务制度健全，能向主管税务机关提供完整、准确的会计账簿和核算凭证，且非个人承租承包经营。

（2）纳税信誉较好。能按照税法规定向主管税务机关纳税申报和报送有关资料，及时、足额缴纳税款，无偷税、骗税、抗税行为记录。

(3) 具有较高的企业资质等级。建筑业企业壹级或壹级以上资质等级。

同时符合以上三个条件，并已在上海市地方税务局第六分局办妥建筑安装工程项目进沪税务报验登记手续的外省市在沪内资建筑安装企业（包括中央部属单位进沪企业），经税务机关核定，可实行个人所得税查账征收。

在沪有多项工程项目的外省市在沪建筑安装企业，若经工程项目所在地主管税务机关审核，其中某项工程项目不符合个人所得税查账征收条件，则由市局在汇总审核时，取消该企业当年度实行个人所得税查账征收的资格。

(四) 江苏省

根据江苏省地方税务局《关于建筑安装业个人所得税有关问题的通知》（苏地税发〔2007〕71号），在该省境内异地从事建筑安装工程作业的单位和个人，应在工程作业所在地扣缴（缴纳）个人所得税，机构所在地主管税务机关不得重复征收。

异地从事建筑安装工程作业的单位和个人，财务会计制度较为健全，能够准确、完整地进行会计核算的，经工程作业所在地主管税务机关审定同意，其应扣缴（缴纳）的个人所得税实行查账征收。

对于未设立会计账簿，或者不能准确、完整地进行会计核算的单位和个人，其个人所得税由主管税务机关实行核定征收。其中采取按工程价款的一定比例核定征收税款办法的，核定征收的比例不低于工程价款的1%。

按工程价款的一定比例计算扣缴个人所得税，税款在纳税人之间如何分摊，由扣缴义务人根据实际分配情况确定。

第七节 典型问题分析

1. 按产值扣缴的个人所得税能否税前列支？

提问：

根据江苏省地方税务局《关于建筑安装业个人所得税有关问题的通知》（苏地税发〔2007〕71号），异地施工企业需按工程价款的1%缴纳个人所得税，税款在纳税人之间如何分摊由扣缴义务人根据实际分配情况确定。

请问一：是否可以抵减项目人员的个人所得税；二：不能抵减的部分，

是否可以企业税前列支？因为是地方税务部门多收的税收，并不符合国家总局的精神，加重企业负担，再不许税前列支，确实对企业不公平。目前各地税务机关基本上不对异地企业实行个人所得税查账征税，均按1%征收，而建筑业的平均利润率在2%左右，此项个税负担太重。项目的实际个人所得税远远达不到工程价款的1%，企业只能被动接受，若不许税前列支，企业无法理解。现在很多地方要求异地施工的建安企业在申请开具建安发票时按工程价款的一定比例征收个人所得税，这部分企业承担的个人所得税部分远远大于企业员工实际负担的个人所得税。差额部分能否申请退税？

解答精要：

《建筑安装业个人所得税征收管理暂行办法》（国税发〔1996〕127号）第三条规定，承包建筑安装业各项工程作业的承包人取得的所得，应区别不同情况计征个人所得税：经营成果归承包人个人所有的所得，或按照承包合同（协议）规定，将一部分经营成果留归承包人个人的所得，按对企事业单位的承包经营、承租经营所得项目征税；以其他分配方式取得的所得，按工资、薪金所得项目征税。从事建筑安装业的个体工商户和未领取营业执照承揽建筑安装业工程作业的建筑安装队和个人，以及建筑安装企业实行个人承包后工商登记改变为个体经济性质的，其从事建筑安装业取得的收入应依照个体工商户的生产、经营所得项目计征个人所得税。从事建筑安装业工程作业的其他人员取得的所得，分别按照工资、薪金所得项目和劳务报酬所得项目计征个人所得税。

从事建筑安装业的单位和个人应设置会计账簿，健全财务制度，准确、完整地进行会计核算。对未设立会计账簿，或者不能准确、完整地进行会计核算的单位和个人，主管税务机关可根据其工程规模、工程承包合同（协议）价款和工程完工进度等情况，核定其应纳税所得额或应纳税额，据以征税。具体核定办法由县以上（含县级）税务机关制定。

承揽建筑安装业工程作业的单位和个人是个人所得税的代扣代缴义务人，应在向个人支付收入时依法代扣代缴其应纳的个人所得税。没有扣缴义务人的和扣缴义务人未按规定代扣代缴税款的，纳税人应自行向主管税务机关申报纳税。

从上述规定可以看出，工程所在地主管税务机关根据对从事建筑安装业的单位和个人会计账簿设置、财务制度执行、会计核算质量等情况的调

查和判断，所采取的核定征收个人所得税的措施，是为了保障国家税款的及时、足额入库，其项目包括：对企事业单位的承包经营、承租经营所得、个体工商户的生产经营所得、工资薪金所得、劳务报酬所得等。

根据企业所得税法规定精神，对企事业单位的承包经营承租经营所得、个体工商户的生产经营所得项目个人所得税，明确不能在税前扣除，对工资薪金所得、劳务报酬所得项目的个人所得税，如企业所得税纳税人对自然人支付时为不含税的，可将不含税支出换算为含税支出后进行会计处理，按照企业所得税扣除和资产处理的有关规定，予以税前扣除、计提折旧或摊销。对于异地施工项目，项目所在地税务机关核定综合征收率征收的个人所得税，不得税前扣除。

2. 企业员工讲课费所得如何缴纳个税？

提问：

我公司举办员工培训班，聘请部分内部管理人员授课，请问对于该部分人员领取的讲课费，应当按照工资薪金所得还是按照劳务报酬所得计算缴纳个人所得税？

解答精要：

根据《国家税务总局关于印发征收个人所得税若干问题的规定的通知》（国税发〔1994〕89号）第十九条关于工资、薪金所得与劳务报酬所得的区分问题规定："工资、薪金所得是属于非独立个人劳务活动，即在机关、团体、学校、部队、企事业单位及其他组织中任职、受雇而得到的报酬；劳务报酬则是个人独立从事各种技艺、提供各种劳务取得的报酬。两者的区别在于，前者存在雇佣与被雇佣的关系，后者则不存在这种关系。"

因此，您单位应按照"工资薪金所得"计算扣缴个人所得税。

3. 购物发票中奖是否缴纳个人所得税？

提问：

购物索取发票后得知发票中奖，获得的奖金是否缴纳个人所得税？

解答精要：

根据《财政部、国家税务总局关于个人取得有奖发票奖金征免个人所得税问题的通知》（财税〔2007〕34号）规定，个人取得单张有奖发票奖金不超过800元（含800元）的，暂免征收个人所得税。个人取得单张有奖发票奖金所得超过800元的，应全额按照《个人所得税法》规定的“偶然所得”项目征收个人所得税。

4. 向引进人才发放一次性安家费是否需要代扣个人所得税？

提问：

我单位现向引进的研究生人才发放一次性安家费3万元，请问是否需要代扣个人所得税？

解答精要：

《中华人民共和国个人所得税法》第四条第七项规定，按照国家统一规定发给干部、职工的安家费、退职费、退休工资、离休工资、离休生活补助费，暂免征收个人所得税。上述单位向引进的研究生人才发放一次性安家费，如符合上述规定，可以免纳个人所得税。如不符合上述规定或以“安家费”名义向员工发放收入，应作为“工资、薪金所得”项目由发放单位负责代扣代缴个人所得税。

5. 发放独生子女津贴需要代扣代缴个人所得税吗？

提问：

公司每月给符合条件的职工发放20元的独生子女津贴（三优费），请问需要代扣代缴个人所得税吗？

解答精要：

《国家税务总局关于印发〈征收个人所得税若干问题的规定〉的通知》（国税发〔1994〕89号）第二条第二项规定，独生子女补贴不属于工资、薪金性质的补贴、津贴，不征税。但这里所述的“独生子女补贴”，是指各地出台的《人口与计划生育条例》规定数额发放的标准之内的补贴。

6. 发放的交通、通信补贴需要全额并入员工工资、薪金收入，代扣代缴个人所得税吗？

提问：

公司发放的交通、通信补贴，需要全额并入员工工资、薪金收入，代扣代缴个人所得税吗？

解答精要：

《国家税务总局关于个人所得税有关政策问题的通知》（国税发〔1999〕

58号）规定，只有经省级地方税务局根据纳税人公务交通、通信费的实际发放情况调查测算后，报经省级人民政府批准、国家税务总局备案的一定标准之内的公务交通、通信费用才可以扣除。除此之外，或者超出这一标准的公务费用，一律并入当月工资、薪金所得计征个人所得税。

7. 上下班交通补贴是否缴纳个税？

提问：

单位在工资里发放的交通补贴，是因职工上下班必须乘坐交通工具而发放的，且单位发放的交通补贴只能是在不转乘的的情况下刚够上下班用，如需要转乘，所发放的交通补贴还不够。单位按出勤天数每天发放的4元交通补贴，职工由于每天上下班需乘车已购买交通车票使用了。如果单位每月按职工人数和出勤天数来报销交通费，工作量较大，如在工资里发放，又多交了个税。请问：在工资里发放的上下班通勤补贴是否能免缴个税？

解答精要：

根据《个人所得税法实施条例》第八条一款规定："工资、薪金所得是指个人因任职或受雇而取得的工资、薪金、奖金、年终加薪、劳动分红、津贴、补贴以及与任职和受雇有关的其他所得。"

职工上下班交通费用不属于免税的差旅费津贴，差旅费津贴系公务出差提供的相应津贴，所以在工资里发放的上下班通勤补贴不予免征个税，应纳入当月工资薪金所得计算扣缴个人所得税。

8. 个人独资企业厂房动迁补偿收入是否免征个人所得税？

提问：

个人独资企业厂房等不动产因政府政策性拆迁而取得的补偿收入是否免征个人所得税？财税〔2005〕45号文规定第一条是否适用于原征收个人所得税的个人独资企业？大地税函〔2008〕253号文是否适用？大地税函〔2009〕211号文中规定，关于个人、个人独资企业和合伙企业因搬迁等原因取得的对生产经营收益性质的补偿金，属于经营性所得，征收个人所得税。其中"生产经营收益性质的补偿金"属于哪些补偿，包括不动产及土地使用权补偿吗？

解答精要：

根据《财政部 国家税务总局关于城镇房屋拆迁有关税收政策的通知》

（财税〔2005〕45 号）第一条规定："对被拆迁人按照国家有关城镇房屋拆迁管理办法规定的标准取得的拆迁补偿款，免征个人所得税。"

根据《大连市地方税务局关于明确个人所得税征收管理若干具体问题政策适用的通知》（大地税函〔2009〕211 号）第四条规定：个人、个人独资企业和合伙企业因搬迁等原因取得的对生产经营收益性质的补偿金，属于经营性所得，应当按照"个体工商户生产、经营所得"项目征收个人所得税。

以上文件并不冲突，具体执行请请示当地主管税务机关。

9. 加班工资如何缴纳个税？

提问：

我单位实行的是按季度为单位的结算工资周期，基本工资是按月发放，但加班工资是 3 个月发一次，而个税缴纳的月工资标准却是按月基本工资＋3 个月加班工资为标准来缴纳，这就超出月工资收入范围的标准。这样缴纳对吗？

解答精要：

根据《国家税务总局关于调整个人取得全年一次性奖金等计算征收个人所得税方法问题的通知》（国税发〔2005〕9 号）第五条规定："雇员取得除全年一次性奖金以外的其他各种名目奖金，如半年奖、季度奖、加班奖、先进奖、考勤奖等，一律与当月工资、薪金收入合并，按税法规定缴纳个人所得税。"

因此你单位在发放加班工资时，应当将三个月的加班工资和当月基本工资予以合并作为发放当月的工资薪金收入，计算扣缴个人所得税。

10. 如何区分个人所得税"劳务报酬"和"个体工商户生产经营所得"？

提问：

如何界定或区分个人所得税"劳务报酬"和"个体工商户生产经营所得"？假如一个自然人（未办理工商营业执照和税务登记证）临时性为一家公司（或单位）提供代理（或者运输、搬运等）服务以后，取得了收入，应按照哪个税目征收个人所得税？

解答精要：

劳务报酬所得与个体工商户生产经营所得的区别有二：其一，劳务报

酬所得一般不必办理工商营业执照与税务登记，而个体工商户必须办理工商营业执照与税务登记。其二，劳务报酬所得一般为临时性的，个人所得税按次征收，而个体工商户生产经营为持续性的，个人所得税按年征收分期预缴。

因此一个自然人临时性为一家公司或单位提供代理等劳务，应当按劳务报酬所得税目征收个人所得税。

11. 发放给职工的误餐补助是否并入工资并计征个人所得税？

提问：

单位每月发放给职工的误餐补助是否并入工资、薪金，计征个人所得税？

解答精要：

《财政部、国家税务总局关于误餐补助范围确定问题的通知》（财税字〔1995〕82号）规定，对个人因公在城区、郊区工作，不能在工作单位或返回就餐，确实需要在外就餐，根据实际误餐顿数，按合理的标准领取的误餐费不征税。对一些单位以误餐补助名义发给职工的补贴、津贴，应当并入当月工资、薪金所得计征个人所得税。

12. 个人所得税各税目之间如果有亏损，是否可以抵免有收入的税款？

提问：

请问个人所得税各税目之间如果有亏损，是否可以抵免有收入的税款？或者一个税目内是否可以抵免？比如财产转让所得科目里，如果有股权投资损失，同时又有房产转让收益，财产转让收益能否抵免股权投资损失？

解答精要：

我国现行个人所得税制采用的是分类所得税制，分11个应税项目，适用不同的减除费用和税率，分别计征个人所得税。由于在分类所得税制下，每一类所得都要单独征税，因此，不同的所得项目之间不得互相抵免，同一所得项目下不同所得也不可互相抵扣。

13. 3月计提的工资4月发，个税应在哪个月申报？

提问：

3月计提的工资在4月发放，请问个人所得税应在哪个月申报？

解答精要：

按照现行个人所得税法规定，工资、薪金所得个人所得税在次月 15 日内申报缴纳。所以 4 月发的工资，应在 5 月申报。

14. 单位给解聘员工的经济补偿是否缴个税？

提问：

单位与员工签订的劳动合同到期后不再续签，由此给员工一笔经济补偿金。请问，单位给予解聘员工的经济补偿是否缴纳个人所得税？

解答精要：

根据现行个人所得税政策规定，个人因与用人单位解除劳动关系而取得的一次性补偿收入，其收入在当地（设区的市）上年职工平均工资 3 倍数额以内的部分，免征个人所得税。超过的部分，要按照规定计算缴纳个人所得税。上述单位与员工签订的劳动合同到期后不再续签，由此给予员工的经济补偿金，由于双方的劳务合同关系已经终结，单位支付的经济补偿金不符合上述文件精神，因此，实际上不应界定为补偿金，对这部分收入按照规定应该征收个人所得税。

15. 只要是发给员工的福利都要纳入当月的薪酬计算缴纳个人所得税吗？

提问：

是否只要是发给员工的福利，都要纳入当月的薪酬计算缴纳个人所得税？

解答精要：

根据个人所得税法的规定原则，对于发给个人的福利，不论是现金还是实物，均应缴纳个人所得税。但目前对于集体享受的、不可分割的、非现金方式的福利，原则上不征收个人所得税。

16. 单位给出差人员发放的交通费、餐费补贴和每月通讯费补贴，是否计征个人所得税？

提问：

单位给出差人员发放的交通费、餐费补贴和每月通讯费补贴，是否并入当月工资、薪金计征个人所得税？

解答精要：

现行个人所得税法和有关政策规定，单位以现金方式给出差人员发放交通费、餐费补贴应征收个人所得税，但如果单位是根据国家有关一定标准，凭出差人员实际发生的交通费、餐费发票作为公司费用予以报销，可以不作为个人所得征收个人所得税。

关于通讯费补贴，如果所在省市地方税务局报经省级人民政府批准后，规定了通讯费免税标准的，可以不征收个人所得税。如果所在省市未规定通讯费免税标准，单位发放此项津贴，应予以征收个人所得税。

17. 企业赠送礼品免征个税，如何界定征免界限？

提问：

财税〔2011〕50号文件中规定，企业赠送礼品免征个税，如何界定征免界限？

解答精要：

《财政部、国家税务总局关于企业促销展业赠送礼品有关个人所得税问题的通知》（财税〔2011〕50号）第一条规定了企事业单位在促销展业过程中赠送礼品不征个人所得税的情形，包括：（1）企业通过价格折扣、折让方式向个人销售商品（产品）和提供服务。（2）企业在向个人销售商品（产品）和提供服务的同时给予赠品，如通信企业对个人购买手机赠话费、入网费，或者购话费赠手机等。（3）企业对累积消费达到一定额度的个人按消费积分反馈礼品。除上述规定情形外，其他赠送礼品的情形，均需要扣缴个人所得税。

18. 补充医疗保险是否缴纳个人所得税？

提问：

补充医疗保险是否缴纳个人所得税？是否比照补充养老保险方法缴纳个人所得税？

解答精要：

现行个人所得税法和有关政策规定，单位替职工缴纳补充医疗保险，应与当月工资收入合并缴纳个人所得税。目前，暂不能比照企业年金（补充养老保险）的方法缴纳个人所得税。

19. 纳税人从两处以上取得收入应该在哪处缴个人所得税？

提问：

纳税人从两处以上取得收入应该在哪处缴个人所得税？是纳税人自己

选择还是在收入多的那处缴纳?

解答精要:

根据国家税务总局关于印发《个人所得税自行纳税申报办法（试行）》的通知》（国税发〔2006〕162号）第十一条第一款，对从两处或者两处以上取得工资、薪金所得的，纳税人可以自行选择并固定向其中一处任职受雇单位所在地主管税务机关办理相关纳税申报事宜。

20. 在中国境内两处或者两处以上取得工资、薪金所得如何判断?

提问:

在中国境内两处或者两处以上取得工资、薪金所得如何判断？如A员工在总公司任职，总公司发工资，后总公司派A员工到分公司工作，跟分公司不再签订合同，此时，总公司和分公司都各自发工资给A员工，那么A员工是否属于两处取得工资、薪金？如同样的情况，总公司派A员工到的不是分公司工作，而是派到别的不相关的B公司工作，A员工从B公司取得的是属于按“工资、薪金所得”项目还是按“劳务报酬”项目征收个人所得税？是否有相关文件依据?

解答精要:

根据现行个人所得税规定，第一种情况属于两处以上工资薪金。第二种情况要区别情况处理，如果该员工以个人名义到B公司工作，并且未签订劳动合同，按劳务报酬所得征税。如果该员工以A公司的名义到B公司工作，原则上应认定为A、B公司之间的交易，B公司的支付款应属于公司间的服务性支出；如果B公司对该个人属于雇佣关系而发放报酬，为两处以上工资薪金所得。

21. 发放部门奖励如何代扣个人所得税?

提问:

假设按公司文件规定，对公司某部门发放一定数额奖金。但是，部门未提供奖金分配名单（无法并入工资发放），也未确定分配方案，无法代扣代缴个人所得税，请问这种未代扣代缴个人所得税的奖金发放税务机关会如何处理?

解答精要:

《个人所得税法》第八条规定，个人所得税，以所得人为纳税义务人，

以支付所得的单位或者个人为扣缴义务人。

《财政部、国家税务总局关于企业以免费旅游方式提供对营销人员个人奖励有关个人所得税政策的通知》（财税〔2004〕11号）规定，按照我国现行个人所得税法律法规有关规定，对商品营销活动中，企业和单位对营销业绩突出人员以培训班、研讨会、工作考察等名义组织旅游活动，通过免收差旅费、旅游费对个人实施的营销业绩奖励（包括实物、有价证券等），应根据所发生费用全额计入营销人员应税所得，依法征收个人所得税，并由提供上述费用的企业和单位代扣代缴。其中，对企业雇员享受的此类奖励，应当与当前的工资薪金合并，按照“工资、薪金所得”所得项目征收个人所得税，对其他人员享受的此类奖励，应作为当期的劳务收入，按照“劳务报酬所得”项目征收个人所得税。

《个人所得税自行纳税申报办法（试行）》第三十三条规定，纳税人采取伪造、变造、隐匿、擅自销毁账簿、记账凭证，或者在账簿上多列支出或者不列、少列收入，或者经税务机关通知申报而拒不申报或者进行虚假的纳税申报，不缴或者少缴应纳税款的，依照税收征管法第六十三条的规定处理。

根据上述规定，企业部门发放奖金，未提供奖金分配名单，经税务机关通知申报而拒不申报或者进行虚假的纳税申报，不缴或者少缴应纳税款的，应按照偷税行为处理。

企业对于相关部门的奖励，以最后支付给职工个人时代扣代缴个人所得税，但是需要注意，如果没有给相关部门的人员发放，而是以培训班、研讨会、工作考察等名义组织旅游活动，也要按“工资、薪金所得”代扣代缴个人所得税。

CHAPTER

8 第八章 收入与费用确认环节

第一节 收入确认

会计准则中“收入”是指企业在日常活动中形成的、会导致所有者权益增加的、与所有者投入资本无关的经济利益的总流入。

而企业所得税法中的“收入”是指企业以货币形式和非货币形式从各种来源取得的收入。所称企业取得收入的货币形式，包括现金、存款、应收账款、应收票据、准备持有至到期的债券投资以及债务的豁免等。所称企业取得收入的非货币形式，包括固定资产、生物资产、无形资产、股权投资、存货、不准备持有至到期的债券投资、劳务以及有关权益等。企业以非货币形式取得的收入，应当按照公允价值确定收入额。公允价值，是指按照市场价格确定的价值。

一、会计确认收入与税法确认收入的异同

会计准则对建造合同确认收入分为结果能够可靠估计的建造合同和结果不能可靠估计的建造合同两种情况。结果能够可靠估计的建造合同，企业应当根据完工百分比法在资产负债表日确认合同收入。结果不能可靠估计的建造合同，应区别以下两种情况进行会计处理：

（1）合同成本能够收回的，合同收入根据能够收回的实际合同成本予以确认，合同成本在其发生的当期确认合同费用；

（2）合同成本不可能收回的，应在发生时立即确认为合同费用，不确

认合同收入。

企业所得税法及其实施条例对建造合同收入的确认和计量，与会计准则既有相同的地方，又有所区别。相同点在于建造合同如果属于会计准则规定的结果能够可靠估计的情形，都应该按完工百分比法确认收入，但也有细微区别。《企业所得税法实施条例》第二十三条规定，“从事建筑、安装、装配工程业务或者提供其他劳务等，持续时间超过 12 个月的，按照纳税年度内完工进度或者完成的工作量确认收入的实现”。根据该项规定，企业提供的劳务如果持续时间不超过 12 个月，即使跨年度也无需确认收入，而会计准则要求对建造合同收入在资产负债表日按照完工进度确认收入。

同时，根据《国家税务总局关于确认企业所得税收入若干问题的通知》（国税函〔2008〕875 号）第二条规定，企业在各个纳税期末，提供劳务交易的结果能够可靠估计的，应采用完工进度（完工百分比）法确认提供劳务收入。因此，对于跨年度工程，如果持续时间不超过 12 个月，可按照上述文件规定进行预缴，待工程全部完成后结清税款。

因此，根据我国现行税法规定，对于超过 12 个月的跨年度工程，按照纳税年度内完工进度或者完成的工作量确认收入的实现；对于未超过 12 个月的跨年度工程，可按照上述文件规定进行预缴，待工程全部完成后结清税款；也可纳税年度内不确认收入，待工程全部完工后再确认收入。但由于如果建造合同的结果能够可靠估计，会计必须根据完工进度确认合同收入，所以会计与税法不存在差异。

关于收入的确认，企业所得税法和会计准则的最大区别是，税法不认同建造合同的结果不能可靠估计的处理，应区别情况进行纳税调整：一是合同成本能够收回的，合同收入应根据合同规定的建造合同收入计入合同总额。合同收入不能根据能够收回的实际合同成本予以确认，但合同成本在其实际发生的当期在计算应纳税所得额时扣除。二是合同成本不可能收回的，不能直接不确认合同收入，应根据合同规定先确认建造合同收入，计入收入总额，在企业所得税年度纳税申报时作为收入调整项目，进行调增或调减。

二、所得税与流转税应税收入确认时间的比较

（一）与增值税应税收入确认时间的比较

增值税收入确认时间没有企业所得税所谓风险转移的概念，是考虑发

票、结算时点与货物流转环节来确认的。差异主要体现在生产销售生产工期超过12个月的大型设备上，增值税对此的规定是“采取预收账款方式销售货物，为货物发出的当天，当生产销售生产工期超过12个月的大型机械设备、船舶、飞机等货物，为收到预收款或书面合同约定的收款日期的当天”。企业所得税对此的规定是“企业受托加工制造大型机械设备、飞机，以及从事建筑、安装、装配工程业务或者提供其他劳务等，持续时间超过12个月的，按照纳税年度内完工进度或者完成的工作量确认收入的实现”。

但是，企业所得税法同时规定，分期收款方式销售货物的，按照合同约定的收款日期确认收入的实现，而国家税务总局在2011年5月份的问题解答中，对生产工期超过12个月的大型设备制造就是按照分期收款方式确认收入的。笔者认为，此种解答不是很妥。笔者理解，分期收款方式销售货物是针对已经加工完成的货物采取分期收款方式，不能针对正在加工的货物。

(二) 与营业税应税收入确认时间的比较

营业税纳税义务发生时间为纳税人提供应税劳务、转让无形资产或销售不动产并收讫营业收入款项或者取得索取营业收入款项凭据的当天。纳税人转让土地使用权或者销售不动产，采取预收款方式的，其纳税义务发生时间为收到预收账款的当天。纳税人提供建筑业或者租赁业劳务，采取预收款方式的，其纳税义务发生时间为收到预收款的当天。

企业所得税收入确认时点与之区别在于，一是收入是否收到并非企业所得税的确认标准；二是预收账款的时点并不形成企业所得税的确认标准。

案例 8—1

建华建筑公司与客户签订了一项总金额为100万元的建造合同。第一年实际发生工程成本40万元，双方均能履行合同规定的义务，但建华建筑公司在年末时对该项工程的完工进度无法可靠确定。

本例中，该公司不能采用完工百分比法确认收入。由于客户能够履行合同，当年发生的成本均能收回，所以公司可将当年发生的成本金额同时确认为当年的收入和费用，当年不确认利润。其账务处理如下：

借：主营业务成本　　　　400 000

　　贷：主营业务收入　　　　400 000

与税法的差异分析：假定本例中主管税务机关核定的工程完工进度为

50%，那么税法应确认的收入为50（100×50%）万元，该公司当年应调增应纳税所得额10（50—40）万元。企业所得税汇算清缴时，在企业所得税年度纳税申报表附表三《纳税调整项目明细表》第5行“未按权责发生制原则确认的收入”中，“账载金额”栏填400 000，税收金额栏填500 000，调增金额栏填100 000。

如果该公司当年实际发生的工程成本40万元不可能收回，这种情况下，该公司应将40万元确认为当年的费用，不确认收入。其账务处理如下：

借：主营业务成本　　400 000

　贷：工程施工——合同毛利　　400 000

与税法的差异分析：假定税务机关核定的工程完工进度仍为50%，税法应确认的收入仍为50万元。该公司当年应调增应纳税所得额50（50—0）万元。企业所得税汇算清缴时，在企业所得税年度纳税申报表附表三《纳税调整项目明细表》第5行“未按权责发生制原则确认的收入”中，“账载金额”栏填0，税收金额栏填500 000，调增金额栏填500 000。

案例8—2

建华建筑公司与客户签订了一项总金额为100万元的建造合同。第一年实际发生工程成本40万元，双方均能履行合同规定的义务，但该公司在年末时对该项工程的完工进度无法可靠确定。建华建筑公司按照建造合同准则的规定，分别确认了40万元的合同收入和合同费用。

第二年，完工进度无法可靠确定的因素消除。第二年实际发生合同成本30万元，预计为完成合同尚需发生的成本为20万元。如果建造合同的结果不能可靠估计的不确定因素不复存在，就不应该再按照上述规定确认合同收入和费用，而应转为按照完工百分比法确认合同收入和费用，则企业应当计算合同收入和费用如下：

第二年合同完工进度＝(40＋30)÷(40＋30＋20)＝77.78%

第二年确认的合同收入＝100×77.78%－40＝37.78（万元）

第二年确认的合同成本＝(40＋30＋20)×77.78%－40＝30（万元）

第二年确认的合同毛利＝37.78－30＝7.78（万元）

账务处理如下：

借：主营业务成本　　300 000

工程施工——合同毛利 77 800

贷：主营业务收入 377 800

与税法的差异分析：假定税务机关核定的完工进度和企业确定的完工进度相同，那么税法应确认的收入为 27.78（100×77.78%－50）万元，该公司当年应调减应纳税所得额 10（27.78－37.78）万元。企业所得税汇算清缴时，在企业所得税年度纳税申报表附表三《纳税调整项目明细表》第 5 行“未按权责发生制原则确认的收入”中，“账载金额”栏填 377 800，税收金额栏填 277 800，调减金额栏填 100 000。

案例 8—3

2008 年 6 月，建华建筑公司与客户签订了一项总金额为 60 万元的建造合同，预计工程将在 2009 年 1 月完工，2008 年实际发生工程成本 40 万元，完工进度为 80%。账务处理如下：

借：主营业务成本 400 000

工程施工——合同毛利 80 000

贷：主营业务收入 480 000

与税法的差异分析：根据《企业所得税法实施条例》的规定，企业受托加工制造大型机械设备、船舶、飞机，以及从事建筑、安装、装配工程业务或者提供其他劳务等，持续时间超过 12 个月的，按照纳税年度内完工进度或者完成的工作量确认收入的实现。在本例中，建华建筑公司的建造合同虽然跨年度，但是持续时间“不超过 12 个月”，该公司申报 2008 年度企业所得税时，是否可不按完工进度或者完成的工作量确认收入，即建华建筑公司可申报调减应纳税所得额 8（48－40）万元？根据《国家税务总局关于确认企业所得税收入若干问题的通知》（国税函〔2008〕875 号）的规定，在各个纳税期末，提供劳务交易的结果能够可靠估计的，应采用完工进度（完工百分比）法确认提供劳务收入，不再强调提供劳务的持续时间是否超过 12 个月。因此，本例税法与会计不存在差异。

案例 8—4

假设在案例 8—4 中，客户的财务状况发生了严重问题，建华建筑公司预测仅能收回成本，2008 年实际确认的营业收入为 40 万元，未确认合同毛利。

与税法的差异分析：税法在确认收入时，不考虑谨慎性原则，因此建华建筑公司仍然应当确认合同收入 48 万元，即应当调增应纳税所得额 8 万元。建华建筑公司在 2009 年度确认收入时，可相应调减应纳税所得额 8 万元。

第二节 费用确认

一、基本原则

企业实际发生的与取得收入有关的、合理的支出，包括成本、费用、税金、损失和其他支出，准予在计算应纳税所得额时扣除。

（一）实际发生原则

实际发生原则包括真实性、确定性和权责发生制三层含义。真实性，意即支出是真实发生的。一般来说，发票是证明业务真实发生的重要凭据，是合法有效的票据的第一选择，但决不是唯一的凭据，不能认为，没有发票就一律不能在税前扣除。企业发生的支出，相关业务如不属于增值税或者营业税征收范围的，或者不属于《发票管理办法》规定开具发票的行为的，可以根据企业提供的相关的例如合同、支票等作为适当凭据。确定性，意即纳税人可扣除的费用不论何时支付，其金额必须是确定的。权责发生制原则是计算应纳税所得额最基本的原则。这项原则在实施中未被完全认可，原因有二，一是其并不直接等同于会计核算中的权责发生制；二是在实施层面，面临着收付实现制、票据佐证等相关审核原则的挑战。尽管如此，其他原则都是基本原则基础上的特例。

（二）相关性原则

相关性原则是判定支出项目能否在税前扣除的基本原则，其要义是指指支出必须从性质和根源上同收入直接相关，包括以下几层含义：第一，与企业生产经营无关的支出不允许在税前扣除，如企业的非公益性赞助支出、企业为雇员承担的个人所得税、已出售给职工的住房的折旧费用等；第二，属于个人消费性质的支出不允许在税前扣除，如老板、企业高级管理人员的个人娱乐支出、健身费用、家庭消费等。

(三) 合理性原则

合理性原则是对企业随意列支费用的限制。例如：国税函〔2009〕3号文件规定了工资合理性原则的判断条件；又如企业以劳动保护费的名义发给员工高档服装，明显违反合理性原则。

(四) 票据合规原则

票据的重要性与当前的税收治理环境有关。国家税务总局2008年先后下发了国税发〔2008〕40号、国税发〔2008〕80号和国税发〔2008〕88号三个文件，对发票问题进行了强调：不符合规定的发票不得作为税前扣除凭据；企业取得的发票没有开具支付人全称的，不得扣除。

案例 8—5

假设建华建筑公司在2011年所得税汇算清缴时只有一个工程项目，该项目当年会计确认收入1 000万元（假设与企业所得税法收入无差异），业主办理工程结算1 200万元，实际收到工程款1 100万元。

情形一：假定该项目的营业税采取按月固定期限纳税，并且该项目办理工程结算的时间是12月份，实际收到工程款也是在12月份。那么允许税前扣除的营业税是多少？

情形二：假定该项目不是采取固定期限纳税，而是采取按次纳税，那么允许税前扣除的营业税是多少？

分析：

营业税政策规定了纳税人提供建筑业应税劳务，施工单位与发包单位签订书面合同，如合同明确规定付款（包括提供原材料、动力和其他物资，不含预收工程款）日期的，按合同规定的付款日期为纳税义务发生时间；合同未明确付款（同上）日期的，其纳税义务发生时间为纳税人收讫营业收入款项或者取得索取营业款项凭据的当天。未签订书面合同或者书面合同未确定付款日期的，为应税行为完成的当天。纳税人提供建筑业或者租赁业劳务，采取预收款方式的，其纳税义务发生时间为收到预收款的当天。

营业税纳税义务发生时间强调“合同规定的付款日期”和“收讫营业收入款项”（预收工程价款的除外），而建造合同收入强调权责发生制。因为营业税纳税义务发生时间与建造合同收入确认的标准不一致，所以造成了建筑企业实际缴纳的营业税与营业收入不配比。需要注意的是，允许扣

除的税金是指建筑企业按规定实际缴纳的的税金，企业提而未缴的税金不得在税前扣除。

具体到本例中，情形一由于是按月固定纳税，12 月份办理的工程结算，当月产生了纳税义务，但是应该在下月 15 号之前纳税申报，所以在 2011 年 12 月 31 日还没有缴纳应该缴纳的营业税（因为还没到该缴的时间），由于允许扣除的税金是建筑企业按规定实际缴纳的税金，所以尽管该企业应该确认收入，但不能扣除税金。

情形二采取按次纳税，在实际操作中，一般是业主支付工程款时，企业去税务局开发票交税。所以本例中，尽管建华建筑公司确认了 1 000 万元的收入，但是，却按 1 100 万元的实际收款缴纳了营业税，所以允许扣除的税金是 1 100 万元对应的税金。

二、人工费用

（一）工资薪金支出

企业发生的合理的工资薪金支出，准予扣除。所称工资薪金，是指企业每一纳税年度支付给在本企业任职或者受雇的员工的所有现金形式或者非现金形式的劳动报酬，包括基本工资、奖金、津贴、补贴、年终加薪、加班工资，以及与员工任职或者受雇有关的其他支出。

施工企业的工资支出具有自身的特点：一是由于施工企业的人员结构较为复杂，临时工工资较多，劳务承包的现象较为普遍，在确认工资支出的范围时，需要判断雇佣关系，对事实上不具有雇佣关系的人员，其支出不得作为工资支出，而应该作为劳务费支出（需要取得正式发票入账）；二是由于建筑工程工期长、企业资金紧张、人员在项目之间的流动等原因，施工企业的工资发放形式主要是平时只预发一定金额的生活费，年终支付根据人员全年的工作量或工作时间计算的工资总额减除平时预发生活费后的余额。

《企业所得税法》放弃了旧法下计税工资、工效挂钩工资等不平等的地位问题，享受的标准一致。工资薪金的税前扣除有两项确定性的原则：一是实际发放的标准，二是履行了代扣代缴个人所得税的义务。国税函〔2009〕3 号文件中规定的另外四项掌握原则，基本上是形式上的体现，没有实质性的影响力。所谓实际发放，已突破了应纳税所得额计算中的权责发生制原则，相当于收付实现制的应用。

1. 工资薪金的支出对象

税法规定，工资薪金支出的对象是在本单位任职或受雇的员工，以此与独立劳务相区别。雇员取得的工资薪金不征营业税，应采用自制凭证处理，而企业接受外单位个人提供的独立劳务，属于流转税的征收范围，无论是否超过起征点，均需凭税务机关开具的发票据以入账。雇佣关系应同时符合以下条件：

(1) 受雇人员与用人单位签订 1 年以上（含 1 年）劳动合同，存在长期或连续的雇佣或被雇用关系；

(2) 受雇人员因事假、病假、休假等原因不能正常出勤时，仍享受固定或基本工资收入；

(3) 受雇人员与单位其他正式职工享受同等福利、社保、培训及其他待遇；

(4) 受雇人员的职务晋升、职称评定等工作由用人单位负责组织。

上述条件也有例外的情形，如离退休人员返聘、外籍员工按规定可以不缴纳基本养老保险。

《职工薪酬》准则所称的职工比较宽泛，与税法中“任职或受雇的员工”相比，既有重合，又有拓展。兼职人员，未与企业订立劳动合同的临时人员，未与企业订立劳动合同但由企业正式任命的董事会成员、监事会成员，在税法中不能作为工资薪金支出的对象看待。

2. 工资薪金的合理性

根据《国家税务总局关于企业工资薪金及职工福利费扣除问题的通知》（国税函〔2009〕3 号）规定，《企业所得税法实施条例》第三十四条所称的“合理工资薪金”，是指企业按照股东大会、董事会、薪酬委员会或相关管理机构制订的工资薪金制度规定实际发放给员工的工资薪金。税务机关在对工资薪金进行合理性确认时，可按以下原则掌握：

(1) 企业制订了较为规范的员工工资薪金制度；

(2) 企业所制订的工资薪金制度符合行业及地区水平；

(3) 企业在一定时期所发放的工资薪金是相对固定的，工资薪金的调整是有序进行的；

(4) 企业对实际发放的工资薪金，已依法履行了代扣代缴个人所得税义务；

(5) 有关工资薪金的安排，不以减少或逃避税款为目的。

企业雇佣季节工、临时工、实习生，返聘离退休人员以及接受外部劳务派遣用工，也属于企业任职或者受雇员工范畴。根据《关于企业所得税应纳税所得额若干税务处理问题的公告》（国家税务总局公告 2012 年第 15 号），企业因雇用季节工、临时工、实习生、返聘离退休人员以及接受外部劳务派遣用工所实际发生的费用，应区分为工资薪金支出和职工福利费支出，并按《企业所得税法》规定在企业所得税前扣除。其中属于工资薪金支出的，准予计入企业工资薪金总额的基数，作为计算其他各项相关费用扣除的依据。

案例 8—6

建华建筑公司成立于 2008 年 1 月。该公司 2008 年工资提取数为 100 万元，实际发放数为 80 万元，年末应付职工薪酬余额为 20 万元。2009 年提取数为 80 万元，实际发放数为 100 万元，年末应付职工薪酬余额为 0。该公司账务处理如下：

2008 年：

借：管理费用等　　1 000 000

　贷：应付职工薪酬——工资　　1 000 000

借：应付职工薪酬——工资　　800 000

　贷：库存现金　　800 000

2009 年：

借：管理费用等　　800 000

　贷：应付职工薪酬——工资　　800 000

借：应付职工薪酬——工资　　800 000

　贷：库存现金　　800 000

与税法差异分析：

税法规定工资支出应当按实际发放数在税前列支，提取数大于实发数的，应调增应纳税所得额。2008 年，该公司应付工资余额为 20 万元，依据税法规定，应调增应纳税所得额 20 万元，2009 年该公司动用了上年应付工资余额 20 万元，因此应当相应调减应纳税所得额 20 万元。所以，本例正确的纳税调整结果是：对于 2008 年多提的 20 万元工资，会计在 2008 年列支，而税法在 2009 年扣除。需要注意的是，动用负债产生的支出能否在税前扣除，不影响负债计税基础的确认，如果动用负债产生的支出不能完全在税前扣除，则应当另行调增应纳税所得额。

需要说明的是，从合理性考虑，建筑企业在次年汇缴申报前（次年5月31日前）补发报告年度提而未发的工资，应当视同报告年度实发工资。企业在次年汇缴申报前补发报告年度的以前年度的工资，以及企业在汇报申报期后补发以前年度（包括报告年度）的工资，都应当作为补发年度的实发工资。

3. 辞退福利

建筑企业因经营结构调整，缩小经营范围和其他原因，与职工解除劳动合同时，应当按照一定的标准支付一定的补偿。此类补偿支出，会计上称为“辞退福利”。

职工薪酬准则规定的的辞退福利包括两方面的内容：一是在职工劳动合同尚未到期前，不论职工本人是否愿意，企业决定解除与职工的劳动关系而给予的补偿；二是在职工劳动合同尚未到期前，为鼓励职工自愿接受裁减而给予的补偿，职工有权利选择继续在职或接受补偿离职。辞退福利还包括当公司控制权发生变动时，对辞退的管理层人员进行补偿的情况。辞退福利通常采取解除劳动关系时一次性支付补偿的方式，也有通过提高退休后养老金或其他离职后福利的标准，或者在职工不再为企业带来经济利益后，将职工工资支付到辞退后未来某一期间的方式。

在确定企业提供的经济补偿是否为辞退福利时，应当注意以下问题：一是辞退福利与正常退休养老金应当区别开来；二是职工虽然没有与企业解除劳动合同，但未来不再为企业提供服务，不能为企业带来经济利益，企业承诺实质上具有辞退福利性质的经济补偿，比照辞退福利处理。

职工薪酬准则规定，企业在职工劳动合同到期之前解除与职工的劳动关系，或者为鼓励职工自愿接受裁减而提出给予补偿的建议，同时满足下列条件的，应当确认因解除劳动与职工的劳动关系给予补偿而产生的预计负债，同时计入当期管理费用：（1）企业已经制定正式的解除劳动关系计划或提出自愿裁减建议，并即将实施。这里所称正式的辞退计划或建议，应当经过董事会或类似权力机构的批准；“即将实施”是指辞退工作一般应当在一年内实施完毕，但因付款程序等原因使部分付款推迟到一年以后支付的，视为符合辞退福利预计负债确认条件。（2）企业不能单方面撤回解除劳动关系计划或裁减建议。

由于被辞退的职工不再为企业带来未来经济利益，因此，所有辞退福利，均应当于辞退计划满足职工薪酬准则预计负债确认条件的当期一次计入费用，不计入资产成本。

企业应当根据职工薪酬准则和《企业会计准则第13号——或有事项》，严格按照辞退计划条款的规定，合理预计并确认辞退福利产生的负债。辞退福利的计量因辞退计划中职工有无选择权而有所不同。

(1) 对于职工没有选择权的辞退计划，应当根据计划条款规定拟解除劳动关系的职工数量、每一职位的辞退补偿等计提应付职工薪酬（预计负债）。(2) 对于自愿接受裁减的建议，因接受裁减的职工数量不确定，企业应当根据《企业会计准则第13号——或有事项》规定，预计将会接受裁减建议的职工数量，根据预计的职工数量和每一职位的辞退补偿等计提应付职工薪酬（预计负债）。(3) 实质性辞退工作在一年内实施完毕但补偿款项超过一年支付的辞退计划，企业应当选择恰当的折现率，以折现后的金额计量应计入当期管理费用的辞退福利金额，该项金额与实际应支付的辞退福利款项之间的差额，作为未确认融资费用，在以后各期实际支付辞退福利款项时，计入财务费用。

账务处理上，确认因辞退福利产生的预计负债时，借记"管理费用"、"未确认融资费用"科目，贷记"应付职工薪酬——辞退福利"科目；各期支付辞退福利款项时，借记"应付职工薪酬——辞退福利"科目，贷记"银行存款"科目；同时，借记"财务费用"科目，贷记"未确认融资费用"科目。应付辞退福利款项与其折现后金额相差不大的，也可以不予折现。

施工企业支出的辞退福利，属于与生产经营有关的合理的支出，应当允许在税前扣除。但是，当辞退福利具有不确定性时（已提取未支出时），不得在税前扣除，应调增应纳税所得额。待辞退福利实际发生时，再相应调减应纳税所得额。

需要注意的是，辞退福利不属于税法规定的工资薪金支出，因此，不能作为计算税前扣除职工福利费、工会经费、职工教育经费的基数。

案例8—7

建华建筑公司制定了职工内部退养计划，规定企业职工满55周岁必须内部退养。该公司每年都聘请专业的中介机构对企业后续需要支付的内部退养金进行精算测定。2011年，中介机构在原来的测定基础上，测算当年的精算损失为200万元，2011年实际发放内部退养工资400万元。

该公司的账务处理如下：

借：管理费用　　2 000 000

　贷：应付职工薪酬——辞退福利　　2 000 000

借：应付职工薪酬——辞退福利　　4 000 000

　贷：银行存款　　4 000 000

与税法差异分析：

税法规定，计提而未实际支付的的辞退福利不允许税前扣除，所以企业根据中介结构测定的精算损失200万元不能在税前扣除；而实际支出的辞退福利400万元，属于与生产经营有关的合理的支出，应当允许在税前扣除。

年度汇算清缴时，在年度纳税申报表附表三第40行“其他”中，账载金额栏填2 000 000，税收金额栏填4 000 000，调减金额栏填2 000 000。

(二) 职工福利费

企业发生的职工福利费支出，不超过工资薪金总额14%的部分，准予扣除。

根据《国家税务总局关于做好2007年度企业所得税汇算清缴工作的补充通知》(国税函〔2008〕264号) 的规定，企业2008年以前按照规定计提但尚未使用的职工福利费余额，2008年及以后年度发生的职工福利费，应首先冲减上述的职工福利费余额，不足部分按新税法规定扣除；仍有余额的，继续留在以后年度使用。企业2008年以前节余的职工福利费，已在税前扣除，属于职工权益，如果改变用途的，应调整增加企业应纳税所得额。

根据《关于企业加强职工福利费财务管理的通知》(财企〔2009〕242号)，企业职工福利费是指企业为职工提供的除职工工资、奖金、津贴、纳入工资总额管理的补贴、职工教育经费、社会保险费和补充养老保险费(年金)、补充医疗保险费及住房公积金以外的福利待遇支出，包括发放给职工或为职工支付的以下各项现金补贴和非货币性集体福利：

(1) 为职工卫生保健、生活等发放或支付的各项现金补贴和非货币性福利，包括职工因公外地就医费用、暂未实行医疗统筹企业职工医疗费用、职工供养直系亲属医疗补贴、职工疗养费用、自办职工食堂经费补贴或未

办职工食堂统一供应午餐支出，符合国家有关财务规定的供暖费补贴、防暑降温费等。

(2) 企业尚未分离的内设集体福利部门所发生的设备、设施和人员费用，包括职工食堂、职工浴室、理发室、医务所、托儿所、疗养院、集体宿舍等集体福利部门设备、设施的折旧、维修保养费用以及集体福利部门工作人员的工资薪金、社会保险费、住房公积金、劳务费等人工费用。

(3) 职工困难补助，或者企业统筹建立和管理的专门用于帮助、救济困难职工的基金支出。

(4) 离退休人员统筹外费用，包括离休人员的医疗费及离退休人员其他统筹外费用。企业重组涉及的离退休人员统筹外费用，按照《财政部关于企业重组有关职工安置费用财务管理问题的通知》(财企〔2009〕117号) 执行。国家另有规定的，从其规定。

(5) 按规定发生的其他职工福利费，包括丧葬补助费、抚恤费、职工异地安家费、独生子女费、探亲假路费，以及符合企业职工福利费定义但没有包括在本通知各条款项目中的其他支出。

(6) 企业为职工提供的交通、住房、通讯待遇，已经实行货币化改革的，按月按标准发放或支付的住房补贴、交通补贴或者车改补贴、通讯补贴，应当纳入职工工资总额，不再纳入职工福利费管理；尚未实行货币化改革的，企业发生的相关支出作为职工福利费管理，但根据国家有关企业住房制度改革政策的统一规定，不得再为职工购建住房。企业给职工发放的节日补助、未统一供餐而按月发放的午餐费补贴，应当纳入工资总额管理。

根据《国家税务总局关于企业工资薪金及职工福利费扣除问题的通知》(国税函〔2009〕3号) 第三条之规定，《实施条例》第四十条规定的企业职工福利费，包括以下内容：

(1) 尚未实行分离办社会职能的企业，其内设福利部门所发生的设备、设施和人员费用，包括职工食堂、职工浴室、理发室、医务所、托儿所、疗养院等集体福利部门的设备、设施及维修保养费用和福利部门工作人员的工资薪金、社会保险费、住房公积金、劳务费等。

(2) 为职工卫生保健、生活、住房、交通等所发放的各项补贴和非货币性福利，包括企业向职工发放的因公外地就医费用、未实行医疗统筹企业职工医疗费用、职工供养直系亲属医疗补贴、供暖费补贴、职工防暑降温费、职工困难补贴、救济费、职工食堂经费补贴、职工交通补贴等。

(3) 按照其他规定发生的其他职工福利费，包括丧葬补助费、抚恤费、安家费、探亲假路费等。

需要说明的是，《国家税务总局关于企业工资薪金及职工福利费扣除问题的通知》(国税函〔2009〕3号) 第三条仅列举了职工福利费的部分内容。没有列举到的费用项目如确实是属于职工福利性质的费用支出，且符合税法规定的权责发生制原则，以及支出税前扣除的合法性、真实性、相关性、合理性和确定性要求的，可以作为职工福利费按规定在企业所得税前扣除。

《企业财务通则》(财政部第41号令) 规定，企业应当依法为职工支付基本医疗、基本养老、失业、工伤等社会保险费，所需费用直接作为成本(费用) 列支。企业在职工福利费中列支医疗保险的，应当先将与医疗保险有关的提取数和实际发生数从职工福利费的提取数和实际发生数中剔除。

企业发生的职工福利费，应该单独设置账册，进行准确核算。没有单独设置账册准确核算的，税务机关应责令企业在规定的期限内进行改正。逾期仍未改正的，税务机关可对企业发生的职工福利费进行合理的核定。

案例 8—8

建华建筑公司2009年度应付福利费余额为0，2010年职工福利费的提取数为100万元，实际发生数为80万元；2011年，职工福利费的提取数为80万元，实际发生数为100万元。

(1) 假设2010年和2011年职工福利费的税前扣除限额均为150万元，企业所得税汇算清缴时应如何处理?

(2) 假设2010年和2011年职工福利费的税前扣除限额均为70万元，企业所得税汇算清缴时应如何处理?

分析：

允许税前扣除的职工福利费是实际发生数，而不是提取数。在一个纳税年度中，提取数大于实际发生数的，应当调增应纳税所得额。根据暂时性差异的调整原理，实际发生数大于提取数的，应当允许相应调减应纳税所得额。实际发生数大于工资薪金总额14%的部分，应调增应纳税所得额。职工福利费提取数与实际发生数不一致产生的纳税调整，属于暂时性差异，实际发生数大于工资薪金总额的14%产生的纳税调整，属于永久性差异。

(1) 2010年，该公司应付福利费余额为20万元，根据税法规定应调增应纳税所得额20万元；2011年，该公司动用了上年应付福利费余额20万元，因此，应相应调减应纳税所得额20万元，从税法的角度可以理解为该公司在2011年提取并支出了20万元职工福利费。

(2) 2010年，该公司应付福利费提取数大于支出数的20万元，应调增应纳税所得额，实际发生数大于税前扣除限额的10万元，应调增应纳税所得额，即累计应调增应纳税所得额30万元。2011年，该公司应付福利费提取数小于支出数20万元，应调减应纳税所得额，支出数大于税前扣除限额的30万元，应调增应纳税所得额，即累计应调增应纳税所得额10万元。

案例8—9

建华建筑公司中秋期间从某果品公司采购一批水果作为职工福利发放给职工，采购价格为20万元，款项尚未支付，该公司的会计处理如下：

借：管理费用——职工薪酬（福利费）　200 000

　贷：应付账款——应付购货款　200 000

请问：上述业务处理存在哪些问题？

分析：税法规定，企业发生的职工福利费，应该单独设置账册，进行准确核算。企业会计准则规定，职工福利费属于职工薪酬的一部分，因此，不可能通过费用科目进行单独核算，而应该根据职工提供服务的受益对象，分别情况进行处理。但是，企业应当在职工为其提供服务的会计期间，将应付的职工薪酬确认为负债，在负债科目中专门设置“职工福利”科目核算。

根据职工薪酬准则应用指南的有关规定，企业在执行新会计准则后不再按工资总额的14%计提福利费。企业应当根据历史经验数据和当期福利计划，预计当期应计入职工薪酬的福利费金额；每一资产负债表日，企业应当对实际发生的福利费金额和预计金额进行调整。

因此，本例正确的会计处理是：

借：应付职工薪酬——职工福利　200 000

　贷：应付账款——应付购货款　200 000

需要进一步说明的是，实际发生的职工福利费支出，必须符合税法的相关规定才可以在税前扣除。例如企业在职工福利费中列支股东个人的家庭支出，仍然不得在税前扣除，应当调增应纳税所得额。

（三）“五险一金”

《企业所得税法实施条例》第三十五条规定，企业依照国务院有关主管部门或者省级人民政府规定的范围和标准为职工缴纳的基本养老保险费、基本医疗保险费、失业保险费、工伤保险费、生育保险费等基本社会保险费和住房公积金，准予扣除。基本社会保险费和住房公积金的扣除范围和标准以国务院有关主管部门和省级人民政府的规定为依据，超过这个范围和标准的部分不得在税前扣除。

基本社会保险和住房公积金的缴纳基数是依照职工的月平均工资来计算的，按工资总额计算的上一年度月平均工资为计算基数，同时设定了缴纳的最高限额。因此，其与企业所得税的工资薪金口径没有清晰的对应关系，更与实际发放的工资薪金缺乏关联度。

需要注意的是，允许扣除的基本保险和住房公积金仅指为职工缴纳的基本保险和住房公积金，为非职工（包括不属于职工的投资者）缴纳的基本保险和住房公积金不得在税前扣除。

（四）补充养老保险和补充医疗保险

《企业所得税法实施条例》第三十五条规定，企业为投资者或者职工支付的补充养老保险费、补充医疗保险费，在国务院财政、税务主管部门规定的范围和标准内，准予扣除。

依据《财政部、国家税务总局关于补充养老保险、补充医疗保险有关企业所得税政策问题的通知》（财税〔2009〕27号），自2008年1月1日起，企业根据国家有关政策规定，为在本企业任职或者受雇的全体员工支付的补充养老保险费、补充医疗保险费，分别在不超过职工工资总额5%标准内的部分，在计算应纳税所得额时准予扣除；超过的部分，不予扣除。

补充养老保险费和补充医疗保险费，是有别于基本社会保险费的强制性要求的，属于鼓励类的范畴。对其扣除的标准界定了不超过职工工资总额5%的限制。当前补充养老保险费的主要形式是年金，补充医疗保险费存在的情形比较多，由此也引起了对其如何认可的争议。

由于两者在个人所得税上，无论是个人承担部分，还是公司缴纳的部分，都视为个人取得所得进行计算缴纳个人所得税，使本应受到鼓励的年金政策在众多企业中受到抑制。按照现行个人所得税法和有关政策规定，单位替职工缴纳补充医疗保险，应与当月工资收入合并缴纳个人所得税，

目前，暂不能比照企业年金（补充养老保险）的方法缴纳个人所得税。

（五）工会经费

企业拨缴的工会经费，不超过工资薪金总额2%的部分，准予扣除。

根据《工会法》、《中国工会章程》和财政部颁布的《工会会计制度》，以及财政票据管理的有关规定，全国总工会决定从2010年7月1日起，启用财政部统一印制并套印财政部票据监制章的《工会经费收入专用收据》，同时废止《工会经费拨缴款专用收据》。自2010年7月1日起，企业拨缴的职工工会经费，不超过工资薪金总额2%的部分，凭工会组织开具的《工会经费收入专用收据》在企业所得税税前扣除。

根据《国家税务总局关于税务机关代收工会经费企业所得税税前扣除凭据问题的公告》（国家税务总局公告2011年第30号），自2010年1月1日起，在委托税务机关代收工会经费的地区，企业拨缴的工会经费，也可凭合法、有效的工会经费代收凭据依法在税前扣除。

（六）职工教育经费

除国务院财政、税务主管部门另有规定外，企业发生的职工教育经费支出，不超过工资薪金总额2.5%的部分，准予扣除；超过部分，准予在以后纳税年度结转扣除。对于在2008年以前已经计提但尚未使用的职工教育经费余额，2008年及以后新发生的职工教育经费应先从余额中冲减。仍有余额的，留在以后年度继续使用。

温馨提示

关于职工福利费、五险一金、补充养老保险、补充医疗保险、工会经费、职工教育经费计算基数所称的“工资薪金总额”，是指企业按规定实际发放的工资薪金总和，不包括企业的职工福利费、职工教育经费、工会经费以及养老保险费、医疗保险费、失业保险费、工伤保险费、生育保险费等社会保险费和住房公积金。属于国有性质的企业，其工资薪金，不得超过政府有关部门给予的限定数额；超过部分，不得计入企业工资薪金总额，也不得在计算企业应纳税所得额时扣除。

（七）其他商业保险

根据《企业所得税法实施条例》第三十六条的规定，除企业依照国家有关规定为特殊工种支付的人身安全保险费和国务院财政、税务主管部门规定可以扣除的其他商业保险费外，企业为投资者或者职工支付的商业保险费，不得扣除。企业依照国家有关规定为特殊工种支付的人身安全保险费，其依据必须是法定的，即是国家其他法律法规强制规定企业应当为其职工投保的人身安全保险，如果不是国家法律法规所强制性规定的，企业自愿为其职工投保的所谓人身安全保险而发生的保险费支出是不准予税前扣除的。

温馨提示

发生、支付（拨缴）的辨析

以上我们分析了人工费用的七个构成项目，我们应该注意到人工费用的各个构成项目能否税前扣除，有的遵循实际支付原则，而有的遵循实际发生原则（详见下表）。笔者认为，实际发生，并不等同于实际支付。企业只要取得了能够证明真实发生的凭据（如发票），即使年末未支出，仍应认为实际发生了某项费用。

序号	人工费用项目	税前扣除要求
1	工资薪金	实际发放
2	基本保险和住房公积金	实际缴纳
3	工会经费	实际拨缴
4	补充养老保险和补充医疗保险	实际支付
5	其他商业保险	实际支付
6	职工福利费	发生
7	职工教育经费	发生

三、材料费用

施工企业的建筑安装活动中需要耗费大量的材料，材料品种非常多，大堆材料比重大，各工程往往在同一施工现场，同一时间进行施工。建造合同成本的材料费用主要包括施工生产过程中耗用的构成工程实体或有助于形成工程实体的原材料、辅助材料、构配件、零件、半成品的成本和周转材料的摊销及租赁费用。周转材料是指企业在施工过程中能多次使用并可基本保持原来的实物形态而逐渐转移其价值的材料，如施工中使用的模板、挡板和脚手架等。

（一）存货的概念及其内容

根据《企业所得税法实施条例》规定，存货是指企业在日常生产经营中持有以备出售的产成品、商品，处于生产过程中的在产品及在生产及提供劳务过程中耗用的材料、物料等。从存货的概念看，企业所得税法规定与会计规定完全一致。

结合建筑业自身特点，建筑业存货主要包括库存材料、周转材料、低值易耗品、半成品（在建工程）、产成品等。

1. 库存材料。指建筑企业施工生产过程中一次性消耗的主要材料、结构件、机械配件和其他材料。

（1）主要材料。指用于工程或产品并构成工程或产品实体的各种材料，如木材、黑色金属材料、有色金属材料、硅酸盐材料等。

（2）结构件。指经过吊装、拼砌和安装而构成房屋建筑物实体的各种金属的、钢筋混凝土的、混凝土和木质的结构件。

（3）机械配件。指施工机械、生产设备、运输设备等机械设备替换、维修使用的各种零件、配件及其备品配件。

（4）其他材料。指不构成工程实体，但有助于工程或产品形成的各种材料，如燃料、油料。

2. 低值易耗品。指使用年限较短或单位价值较低而没有列入固定资产管理的各类劳动资料。其主要包括各种工具、仪器、家具、办公用品、劳保用品等。

3. 周转材料。指能够在施工生产过程中反复使用，逐渐转移其价值但不改变其实物形态的施工材料。其主要包括钢模板、木模板、脚手架、沥青锅及其他周转材料。

4. 半成品（在建工程）。指建筑业企业尚未完成的工程，以及附属工业企业辅助生产单位的正在生产的半成品。建筑业企业建造的资产类似于工业企业的在产品，性质上属于建筑业企业的存货。

5. 产成品。指建筑业企业待工程结算的已完工程、附属工业企业或辅助生产单位已验收入库的产成品。

（二）存货的计量

根据《企业所得税法》及其实施条例有关规定，存货按照以下方法确定成本：一是通过支付现金方式取得的存货，以购买价款和支付的相关税费为成本；二是通过支付现金以外的方式取得的存货，以该存货的公允价值和支付的相关税费为成本。

《企业会计准则》根据存货的不同取得形式，将存货的计量分为以下几种情形。

1. 外购存货的计量

企业外购存货主要包括原材料和商品。外购存货的成本即存货的采购成本，指企业物资从采购到入库前所发生的全部支出，包括购买价款、相关税费、运输费、装卸费、保险费以及其他可归属于存货采购成本的费用。

(1) 存货的购买价款，是指企业购入的材料或商品的发票账单上列明的价款，但不包括按规定可以抵扣的增值税额。

(2) 存货的相关税费，是指企业购买、自制或委托加工存货发生的进口关税、消费税、资源税和不能抵扣的增值税进项税额等应计入存货采购成本的税费。

(3) 其他可归属于存货采购成本的费用，即采购成本中除上述各项以外的可归属于存货采购成本的费用，如在存货采购过程中发生的仓储费、包装费、运输途中的合理损耗、入库前的挑选整理费用等。这些费用能分清负担对象的，应直接计入存货的采购成本；不能分清负担对象的，应选择合理的分配方法，分配计入有关存货的采购成本，可按所购存货的数量或采购价格比例进行分配。

对于采购过程中发生的物资毁损、短缺等，除合理的途耗应当作为存货的其他可归属于存货采购成本的费用计入采购成本外，应区别不同情况进行会计处理：

(1) 从供货单位、外部运输机构等收回的物资短缺或其他赔款，应冲减所购物资的采购成本。

(2) 因遭受意外灾害发生的损失和尚待查明原因的途中损耗，暂作为待处理财产损溢进行核算，查明原因后再作处理。

2. 加工取得的存货的计量

企业通过进一步加工取得的存货主要包括产成品、在产品、半成品、委托加工物资等，其成本由采购成本、加工成本构成。某些存货还包括使存货达到目前场所和状态所发生的其他成本，如可直接认定的产品设计费用等。通过进一步加工取得的存货的成本中采购成本是由所使用或消耗的原材料采购成本转移而来的，因此，计量加工取得的存货的成本，重点是要确定存货的加工成本。

存货加工成本，由直接人工和制造费用构成，其实质是企业在进一步加工存货的过程中追加发生的生产成本，不包括直接由材料存货转移来的价值。其中，直接人工，是指企业在生产产品过程中直接从事产品生产的工人的职工薪酬。直接人工和间接人工的划分依据通常是生产工人是否与所生产的产品直接相关（即可否直接确定其服务的产品对象）。制造费用是指企业为生产产品和提供劳务而发生的各项间接费用。制造费用是一种间接生产成本，包括企业生产部门（如生产车间）管理人员的职工薪酬、折旧费、办公费、水电费、机物料消耗、劳动保护费、季节性和修理期间的停工损失等。

企业在加工存货过程中发生的直接人工和制造费用，如果能够直接计入有关的成本核算对象，则应直接计入该成本核算对象。否则，应按照合理方法分配计入有关成本核算对象。分配方法一经确定，不得随意变更。

(1) 直接人工的分配

如果企业生产车间同时生产几种产品，则其发生的直接人工应采用合理方法分配计入各产品成本中。由于工资形成的方式不同，直接人工的分配方法也不同。比如，按计时工资或者按计件工资分配直接人工。

(2) 制造费用的分配

由于企业各个生产车间或部门的生产任务、技术装备程度、管理水平和费用水准各不相同，因此，制造费用的分配一般应按生产车间或部门先进行归集，然后根据制造费用的性质，合理选择分配方法。也就是说，企业所选择的制造费用分配方法，必须与制造费用的发生具有较密切的相关性，并且使分配到每种产品上的制造费用金额科学合理，同时还应当适当考虑计算手续的简便。在各种产品之间分配制造费用的方法，通常有按生产工人工资、按生产工人工时、按机器工时、按耗用原材料的数量或成本、按直接成本（原材料、燃料、动力、生产工人工资等职工薪酬之和）及按产成品产量等。

月末，企业应当根据在产品数量的多少、各月在产品数量变化的大小、各项成本比重大小，以及定额管理基础的好坏等具体条件，采用适当的分配方法将直接人工、制造费用以及直接材料等生产成本在完工产品与在产品之间进行分配。常用的分配方法有：不计算在产品成本法、在产品按固定成本计价法、在产品按所消耗直接材料成本计价法、约当量比例法、在产品按定额成本计价法、定额比例法等。

企业在进行成本计算时，应当根据其生产经营特点、生产经营组织类型和成本管理要求，确定成本计算方法。成本计算的基本方法有品种法、分批法和分步法三种。企业具体选用哪种分配方法分配制造费用，由企业自行决定。分配方法一经确定，不得随意变更。如需变更，应当在财务报表附注中予以说明。

3. 其他方式取得的存货的计量

企业取得存货的其他方式主要包括接受投资者投资、非货币性资产交换、债务重组、企业合并等。

（1）投资者投入存货的成本

投资者投入存货的成本应当按照投资合同或协议约定的价值确定，但合同或协议约定价值不公允的除外。在投资合同或协议约定价值不公允的情况下，按照该项存货的公允价值作为其入账价值。

（2）通过非货币性资产交换、债务重组、企业合并等方式取得的存货的成本

企业通过非货币性资产交换、债务重组、企业合并等方式取得的存货，其成本应当分别按照《企业会计准则第 7 号——非货币性资产交换》、《企业会计准则第 12 号——债务重组》、《企业会计准则第 20 号——企业合并》等的规定确定。但是，该项存货的后续计量和披露应当执行存货准则的规定。

（3）盘盈存货的成本

盘盈的存货应按其重置成本作为入账价值，并通过“待处理财产损溢”科目进行会计处理，按管理权限报经批准后冲减当期管理费用。

（三）存货成本的结转方法

《企业所得税法实施条例》规定，企业使用或者销售存货，按照规定计算的存货成本，准予在计算应纳税所得额时扣除。企业使用或者销售的存货的成本计算方法，可以在先进先出法、加权平均法、个别计价法中选用一种。计价方法一经选用，不得随意变更。

《企业会计准则》规定，企业不能采用后进先出法确认发出、领用存货的实际成本，除此以外的成本结转方法，可以继续使用。采用按计划成本计价进行材料日常核算的企业，在计算各受益成本中的材料费用时，必须

将耗用材料的计划成本调整为实际成本。材料计划成本与实际成本的差异，一般应当按照材料类别进行核算，不能将所有材料都使用一个综合差异率。材料的类别由主管部门或企业根据本单位实际情况和加强管理的要求自行确认。材料成本差异的计算必须与成本计算期相同，按期分摊，不得在年末一次计算。耗用材料应负担的材料成本差异，除委托外部加工材料可以按上期的差异率计算外，都应当使用当期的实际差异率。

施工现场储备的材料，应当作为企业库存材料处理，不得计入合同成本。实际耗用的材料，必须按照成本计算期内实际耗用的数量计算，不得以领代用。已领用的材料，下期不用的，应及时办理退料手续，下期继续使用的，要办理“假退料”手续。

工程竣工后，应将剩余材料退回仓库，已经计入合同成本的，要冲减合同成本。现场回收的可利用废料，按可利用价值，冲减合同成本。

有关发出和领用存货成本的结转方法，税法与会计准则的规定完全一致。

(四) 周转材料的成本摊销方法

《企业所得税法》尚未规定周转材料的成本摊销方法。根据《企业所得税法》第二十一条规定，在税法没有明确规定的情况下，可遵循企业会计核算的规定。根据《企业会计准则指南——会计科目和主要账务处理》，企业应当根据具体情况对周转材料采用一次转销法、分期摊销法、分次摊销法或者定额摊销法。

1. 一次摊销法。一般应限于易腐、易糟的周转材料，于领用时一次计入成本、费用。

2. 分期摊销法。根据周转材料的预计使用期限分期摊入成本、费用。通常情况下，该办法适用于脚手架、跳板、枕木等周转材料的摊销。

$$\text{周转材料每期摊销额}=\frac{\text{周转材料原值}\times(1-\text{预计残值率})}{\text{预计使用期数}}$$

3. 分次摊销法。根据周转材料的预计使用次数摊入成本、费用。通常情况下，该办法适用于预制构件所使用的模板、挡板等材料。

$$\text{周转材料分次摊销额}=\frac{\text{周转材料原值}\times(1-\text{预计残值率})}{\text{预计使用次数}}$$

4. 定额摊销法。根据实际完成的实物工作量和预算定额规定的周转材料消耗定额，计算本期摊销额。通常情况下，该办法适用于有预算定额的模板、沥青桶等周转材料。

$$\text{周转材料本期摊销额}=\begin{matrix}\text{本期完成的建}\\\text{筑安装工程量}\end{matrix}\times\begin{matrix}\text{单位工程量周转}\\\text{材料消耗定额}\end{matrix}$$

案例 8—10

建华建筑公司所属某项目部 2011 年 3 月份采购 6 套钢模板并于当月投入使用，每套模板的采购价格为 5 万元，预计使用 50 次，假设钢模板的预计残值是 0。

该公司的账务处理如下：

(1) 采购钢模板时

借：周转材料——在库周转材料　　300 000

　贷：银行存款等　　300 000

(2) 领用钢模板时

借：周转材料——在用周转材料　　300 000

　贷：周转材料——在库周转材料　　300 000

(3) 本月摊销周转材料时

借：工程施工——合同成本——直接材料费　　6 000

　贷：周转材料——周转材料摊销　　6 000

(五) 低值易耗品的成本的摊销方法

同周转材料一样，企业所得税法及其实施条例也未规定其成本摊销方法。施工企业可以遵循会计核算规定对低值易耗品进行税务处理。施工企业低值易耗品的摊销方法一般包括如下三种：

1. 一次摊销法。对其价值较小的，可在领用时一次计入成本、费用。玻璃器皿等易碎物品可不论其价值大小，在领用时一次计入成本。

2. 分期摊销法。价值较大的，可根据耐用期限分期摊入成本、费用。

3. 五五摊销法。即在领用时摊销低值易耗品价值的 50%，报废时再摊销 50%。

由于低值易耗品价值较小，在确认资产摊销金额时，基于会计核算重要性原则考虑，残值可以忽略不计。

(六) 税法与会计的差异分析

1. 存货入账价值与计税基础。《企业所得税法》的存货计税基础的规

定与《企业会计准则》对存货入账价值的规定基本一致，除非非货币性资产交换不具有商业实质。

2. 发出存货成本的结转方法。有关发出和领用存货成本的结转方法，《企业所得税法》与《企业会计准则》的规定完全一致。

3. 存货跌价准备。税法规定，企业持有各项资产期间资产增值或者减值，除国务院财政、税务主管部门规定可确认损益外，不得调整该资产的计税基础。即税收没有特殊规定的，企业按照会计核算有关规定计提的存货跌价准备不得税前扣除。

4. 对存货损失的处理。依照企业会计核算规定，企业发生的存货盘亏、毁损、报废净损失，经企业有关管理部门核准后，可直接计入管理费用或营业外支出。但依照税收管理的有关规定，企业发生的存货盘亏、毁损、报废净损失，应按规定的程序和要求向主管税务机关申报后方能在税前扣除。未经申报的损失，不得在税前扣除。

案例 8—11

建华建筑公司签订了一项总金额为100万元的固定造价合同，最初预计总成本为90万元，第一年实际发生成本为63万元，年末预计为完成合同尚需发生成本42万元，该合同的结果能够可靠估计。

该公司在年末应进行如下会计处理：

第一年完工进度＝63÷(63＋42)×100%＝60%

第一年确认的合同收入＝合同总收入×60%＝100×60%＝60（万元）

第一年应确认的合同费用＝预计总成本×60%＝(63＋42)×60%＝63（万元）

第一年应确认的合同毛利＝收入－费用＝60－63＝－3（万元）

第一年预计的合同损失＝[(63＋42)－100]×(1－60%)＝2（万元）

借：主营业务成本	630 000	
贷：主营业务收入		600 000
工程施工——合同毛利		30 000
借：资产减值损失	20 000	
贷：存货跌价准备		20 000

从税务处理的角度看，该公司在纳税年度终了后确认的2万元存货跌价准备不得税前扣除，企业存货减值准备计提当年应纳税调整增加2万元。

四、机械使用费

企业在施工过程中使用的机械有租赁的和自有的，应采取不同方法核算。

（一）外租机械费用

从外单位或本企业其他内部独立核算单位租用的施工机械所支付的租赁费，一般可以根据“机械租赁费结算单”结算金额，直接计入有关合同成本；如果租赁费由几个成本核算对象共同负担的，应根据所支付的租赁费总额和各个成本核算对象实际使用台班数分配计入各有关成本核算对象。计算公式如下：

$$平均台班租赁费=\frac{支付的租赁费总额}{租入机械作业台班数}$$

$$\begin{matrix}某合同工程应\\负担的租赁费\end{matrix}=该合同工程实际使用台班数\times平均台班租赁费$$

根据现行税法规定，企业租入的固定资产产生的日常耗费可以在所得税前扣除。

（二）自有机械费用

企业使用自有施工机械或运输设备进行机械作业所发生的各项费用，通过“机械作业”科目进行归集核算后，期末，应将发生的机械使用费按一定的方法（如台班分配法、预算分配法和作业量分配法）分配计入各合同成本。使用自有机械发生的费用包括人工费、燃料及动力、折旧及修理、其他直接费、间接费用等。人工费核算机上操作人员工资、福利费等；燃料与动力核算施工机械、运输设备所耗用的燃料、电等；折旧及修理核算折旧费、大修理费、经常修理费、更换部件等；其他直接费核算润滑、擦拭、运输装卸、养路牌照等；间接费用核算为组织和管理机械作业所发生的费用。

本节重点介绍使用自有机械的固定资产折旧费及修理费。

《企业会计准则》有关固定资产的概念与企业所得税法规定一致，即固定资产是指企业为生产产品、提供劳务、出租或者经营管理而持有的、持续时间超过 12 个月的非货币性资产，包括房屋、建筑物、机器、机械、运输工具以及其他与生产经营活动有关的设备、器具、工具等。

1. 计提折旧资产的范围

《企业所得税法》第十一条规定，在计算应纳税所得额时，企业按照规定计算的固定资产折旧，准予扣除。下列固定资产不得计算折旧扣除：

（1）房屋、建筑物以外未投入使用的固定资产；

（2）以经营租赁方式租入的固定资产；

（3）以融资租赁方式租出的固定资产；

（4）已足额提取折旧仍继续使用的固定资产；

（5）与经营活动无关的固定资产；

（6）单独估价作为固定资产入账的土地；

（7）其他不得计算折旧扣除的固定资产。

会计准则规定，企业对除已提足折旧仍继续使用的固定资产和单独计价入账的土地以外的所有固定资产计提折旧；而税法折旧的范围要比会计准则规定小的多，在会计准则的规定范围中，仍要剔出以下资产：

（1）房屋建筑物以外未投入使用的固定资产，即房屋建筑物不管是否使用都要计提折旧，而其他固定资产会计要计提折旧，而税法不允许计提折旧。如已经提取，要进行纳税调整。

（2）与经营活动无关的固定资产，会计没有明确不得计提折旧，而税法不允许计提折旧。

（3）其他不得计算折旧扣除的固定资产。会计上明确没有其他的情形。

总之，会计准则规定是担心少提折旧，而税法规定是担心多提折旧。

2. 计提折旧资产的计税基础

根据《企业所得税法实施条例》第五十六条之规定，企业的各项资产包括固定资产以历史成本为计税基础。所称历史成本，是指企业取得该项资产时实际发生的支出。

（1）外购的固定资产，以购买价款和支付的相关税费以及直接归属于使该资产达到预定用途发生的其他支出为计税基础；

（2）自行建造的固定资产，以竣工结算前发生的支出为计税基础；

（3）融资租入的固定资产，以租赁合同约定的付款总额和承租人在签订租赁合同过程中发生的相关费用为计税基础，租赁合同未约定付款总额的，以该资产的公允价值和承租人在签订租赁合同过程中发生的相关费用为计税基础；

（4）盘盈的固定资产，以同类固定资产的重置完全价值为计税基础；

（5）通过捐赠、投资、非货币性资产交换、债务重组等方式取得的固定资产，以该资产的公允价值和支付的相关税费为计税基础；

(6) 改建的固定资产，除《企业所得税法》第十三条第（一）项和第（二）项规定的支出外，以改建过程中发生的改建支出增加计税基础。

企业持有各项资产期间资产增值或者减值，除国务院财政、税务主管部门规定可以确认损益外，不得调整该资产的计税基础。意即调整各类资产的计税基础，第一要经国务院财政、税务主管部门批准，第二，必须进入损益。例如，中国铁建 2008 年股改上市资产评估增值 689 872.63 万元，经国务院批准确认了损益，但因中国铁道建筑总公司是国有独资企业，这部分评估增值应缴纳的企业所得税不征收入库，直接转计中国铁道建筑总公司的资本公积，作为国有资本。因为，已经进行了上述处理，所以，中国铁建股份有限公司及所属子公司可以按照评估增值后的资产计提折旧（或摊销），并在企业所得税前扣除。

3. 计提折旧的方法及最低年限

《企业所得税法实施条例》第五十九条规定，固定资产按照直线法计算的折旧，准予扣除。企业应当自固定资产投入使用月份的次月起计算折旧；停止使用的固定资产，应当自停止使用月份的次月起停止计算折旧。

企业应当根据固定资产的性质和使用情况，合理确定固定资产的预计净残值。固定资产的预计净残值一经确定，不得变更。

《企业所得税法实施条例》第六十条规定，除国务院财政、税务主管部门另有规定外，固定资产计算折旧的最低年限如下：

(1) 房屋、建筑物，为 20 年；

(2) 飞机、火车、轮船、机器、机械和其他生产设备，为 10 年；

(3) 与生产经营活动有关的器具、工具、家具等，为 5 年；

(4) 飞机、火车、轮船以外的运输工具，为 4 年；

(5) 电子设备，为 3 年。

温馨提示

企业根据固定资产的属性和使用情况，按照自己会计核算要求自行确定的固定资产折旧年限长于《企业所得税法实施条例》第六十条规定的固定资产最低折旧年限的，在计算缴纳企业所得税时不得按照会计核算计算的折旧额与税法规定的最低折旧年限计算的折旧额的差额调减当年应纳税所得额。

新税法实施前已投入使用的固定资产，企业已按原税法规定预计净残值并计提的折旧，不做调整。新税法实施后，对此类继续使用的固定资产，可以重新确定其残值，并就其尚未计提折旧的余额，按照新税法规定的折旧年限减去已经计提折旧的年限后的剩余年限，按照新税法规定的折旧方法计算折旧。新税法实施后，固定资产原确定的折旧年限不违背新税法规定原则的，也可以继续执行。

根据《国家税务总局关于企业固定资产加速折旧所得税处理有关问题的通知》（国税发〔2009〕81号），企业拥有并用于生产经营的主要或关键的固定资产，由于以下原因确需加速折旧的，可以缩短折旧年限或者采取加速折旧的方法：（1）由于技术进步，产品更新换代较快的；（2）常年处于强震动、高腐蚀状态的。

企业采取缩短折旧年限方法的，对其购置的新固定资产，最低折旧年限不得低于《实施条例》第六十条规定的折旧年限的60%；若为购置已使用过的固定资产，其最低折旧年限不得低于《实施条例》规定的最低折旧年限减去已使用年限后剩余年限的60%。最低折旧年限一经确定，一般不得变更。对于采取缩短折旧年限的固定资产，足额计提折旧后继续使用而未进行处置（包括报废等情形）超过12个月的，今后对其更新替代、改造改建后形成的功能相同或者类似的固定资产，不得再采取缩短折旧年限的方法。

采取加速折旧方法的，可以采用双倍余额递减法或者年数总和法。加速折旧方法一经确定，一般不得变更。

4. 税法折旧与会计折旧的差异

（1）计提折旧理念的差异

税法规定，固定资产按照直线法计算的折旧，准予扣除。即除符合可以加速折旧的情形外，税法只认可直线法。而会计准则规定，企业应当根据与固定资产有关的经济利益的预期实现方式合理选择折旧方法。可选用的折旧方法包括年限平均法、工作量法、双倍余额递减法和年数总和法等。与税法规定相比，会计准则计提折旧的理念要更加科学。

（2）计提折旧的时间跨度差异

会计准则规定，固定资产应自达到预定可使用状态时开始计提折旧，终止确认时或划分为持有待售非流动资产时停止计提折旧。税法规定，企业应当自固定资产投入使用月份的次月起计算折旧；停止使用的固定资产，应当自停止使用月份的次月起停止计算折旧。区别在两个方面：

开始计提折旧的差异：会计是达到预定可使用状态，税法是投入使用月份的次月，表现在实务上的差异就是某些固定资产已经达到可使用状况，但未投入使用情形下，会计需要计提折旧而税法不允许计提折旧的情况；

停止计提折旧的差异：表现在税法没有固定资产划分为持有待售非流动资产这种提法，但一旦划分为这种资产，固定资产也不再使用，税法也不允许计提折旧，与会计实质上是相同的。

（3）计提折旧年限的差异

会计准则没有规定折旧年限，而税法规定了折旧年限。

（4）计税基础的差异

税法按历史成本作为计税基础，除国务院财政、税务主管部门规定可以确认损益外，不得调整该资产的计税基础。会计准则规定应计折旧额是指应当计提折旧的固定资产的原价扣除其预计净残值后的金额。已计提减值准备的固定资产，还应当扣除已计提的固定资产减值准备累计金额。

温馨提示

关于购入旧的固定资产计提折旧的计税基础问题

企业因生产经营活动需要购入旧的固定资产，是因为该项资产仍有使用价值，尚具有使用年限。企业取得已经使用过的旧的固定资产，一般可以按其尚可使用年限确定折旧年限，尚可使用年限可根据资产的磨损程度、使用状况合理确定。企业外购的固定资产，以购买价款和支付的相关税费以及直接归属于使该资产达到预定用途发生的其他支出为计税基础。外购的旧固定资产，在原企业即使已提足折旧了，仍可以按新的计税基础在尚可使用年限内计提折旧。

温馨提示

关于固定资产投入使用后计税基础确定问题

根据《国家税务总局关于贯彻落实企业所得税若干税收问题的通知》（国税函〔2010〕79号）第五款之规定，对关于固定资产投入使用后计税

基础确定问题进行了明确，如下：

企业固定资产投入使用后，由于工程款项尚未结清未取得全额发票的，可暂按合同规定的金额计入固定资产计税基础计提折旧，待发票取得后进行调整。但该项调整应在固定资产投入使用后12个月内进行。

5. 固定资产的后续支出

固定资产投入使用以后，可能会在某种程度上发生损坏，或者说不能正常投入使用，因此有必要对固定资产进行改建或者大修理。

《企业所得税法》规定，固定资产的改建支出，是指改变房屋或者建筑物结构，延长使用年限等发生的支出。已足额提取折旧的固定资产的改建支出，作为长期待摊费用，按照固定资产尚可使用年限分期摊销。租入固定资产的改建支出，按照合同约定的剩余租赁期限分期摊销。

除已足额提取折旧的固定资产和租入固定资产外，改建的固定资产，以改建过程中发生的改建支出增加计税基础，改建的固定资产延长使用年限的，应适当延长使用年限。

固定资产的大修理支出，应作为长期待摊费用，按照固定资产尚可使用年限分期摊销。企业所得税法所称的固定资产的大修理支出，应同时符合下列条件：一是修理支出达到取得固定资产时的计税基础50%以上；二是修理后固定资产的使用年限延长2年以上。即，固定资产大修理支出作为长期待摊费用按其尚可使用年限分期摊销，必须同时具备《企业所得税法实施条例》第六十九条规定的价值标准和时间标准两个条件。如不同时具备，则应作为当期费用扣除。

与税法的差异体现在，《企业会计准则》将与固定资产有关的后续支出，包括更新改造及大修理支出的处理原则确定为：符合固定资产确认条件的，应当计入固定资产成本，同时将被替换部分的账面价值扣除；不符合固定资产确认条件的，应当计入当期损益。

案例8—12

建华建筑公司购置的一台混凝土搅拌机，其初始取得时计税基础为300万元，2010年发生修理支出145万元，预计修理后延长使用年限3年。请问：2010年发生的大修理支出会计和税法分别应该如何处理？

分析：

由于2010年发生的修理支出延长了固定资产的使用年限，符合固定资产确认条件，所以应该将这笔支出资本化，计入固定资产成本，同时按照延长后的尚可使用年限计提折旧。

从税法有关大修理支出资本化的条件来看，由于本项支出没有达到作为长期待摊费用的价值标准（即修理支出未达到取得固定资产时的计税基础的50%以上），所以，该企业2010年发生的修理费用145万元可以直接计入当期损益。

案例8—13

建华建筑公司主要从事土石方工程施工，共有13台土石方运输设备，每台采购价格为20万元。按照税法规定，该类型固定资产的最低折旧年限为4年，该企业实际执行的折旧年限为5年。假设固定资产的预计残值率为5%。由于2011年度企业生产任务不足，其中有5台运输设备全年闲置。该公司在2011年所得税汇算清缴时，对上述运输设备折旧费用的处理是：由于该运输设备的会计折旧年限比税法折旧年限多1年，属于纳税调整项目，该企业的会计折旧为13×20×(1－5%)÷5＝49.4（万元），税法属于扣除的折旧为13×20×(1－5%)÷4＝61.75（万元），故应调减应纳税所得额61.75－49.4＝12.35（万元）。

请问：该企业的上述处理有无不妥？为什么？

分析：

本例实际上涉及所得税汇算清缴的两个政策问题：一是如果企业制定的固定资产折旧年限长于税法规定的最低折旧年限，是否属于纳税调整项目？二是闲置的固定资产能否计提折旧税前扣除？

第一个问题，企业根据与固定资产有关的经济利益的预期实现方式确定的固定资产的折旧年限可能长于税法规定的最低折旧年限，根据现行税法规定，在计算缴纳企业所得税时不得按照会计核算计算的折旧额与税法规定的最低折旧年限计算的折旧额的差额调减当年应纳税所得额。

第二个问题，根据《企业所得税法实施条例》第五十九条规定，企业应当自固定资产投入使用的次月起计算折旧；停止使用的固定资产，应当自停止使用月份的次月起停止计算折旧。所以按照现行税法规定，企业闲置的固定资产不能计算折旧。

所以，本例的正确的税务处理是：

企业的会计折旧为：13×20×(1－5%)÷5＝49.4（万元）

允许税前扣除的折旧为：(13－5)×20×(1－5%)÷5＝30.4（万元）

应调增应纳税所得额：49.4－30.4＝19（万元）

案例 8—14

2010 年 1 月，建华建筑公司与沈阳红太阳建筑公司签订一份建筑安装合同，由沈阳红太阳建筑公司为建华建筑公司建筑一套面积为 10 000 平方米的办公楼，合同价格为 2 000 万元；同时，沈阳红太阳建筑公司为建华建筑公司现在租用的尚有三年才到期的临时办公楼进行装修，装修价格为 300 万元。新建办公楼于 2010 年 11 月建设完工并投入使用，预计使用年限为 20 年，预计净残值率为 5%。临时办公楼装修也于当年 9 月完工，预计使用年限与剩余租赁期限相同。

由于建华建筑公司的资金困难，建华建筑公司只支付了上述工程款的 80%，即 1 840 万元（2 300×80%），沈阳红太阳建筑公司也给建华建筑公司开具了 1 840 万元的建安发票。

(1) 2010 年，建华建筑公司就上述业务如何进行会计和税务处理？

(2) 2011 年，建华建筑公司陷入更进一步的经济困难，仍未支付上述款项，如何进行会计和税务处理？

分析：

本例涉及企业采取出包方式建造固定资产和对租用固定资产进行改良的支出。

(1) 2010 年，企业采取出包方式建造的固定资产自固定资产达到预定使用状态开始计提折旧，因此，本例中应于 2010 年 11 月确认固定资产 2 000万元，并于 2010 年 12 月开始计提折旧。当年应该计提的折旧为：

2 000×(1－5%)÷20÷12×1＝7.916 7（万元）

税法规定，企业固定资产投入使用后，由于工程款项尚未结清未取得全额发票的，可暂按合同规定的金额计入固定资产计税基础计提折旧，待发票取得后进行调整。因此，税法允许扣除的折旧与会计相同。

对租用固定资产的改良支出，按照《企业会计准则》的固定，应作为“长期待摊费用”处理。在剩余租赁期与租赁资产尚可使用年限两者中较短的期间内，采用合理的方法进行摊销。2010 年应摊销的费用为：

300÷3÷12×3＝25（万元）

税法规定，企业发生的租入固定资产的改扩建支出，作为“长期待摊费用”，按照固定资产尚可使用年限分期摊销。但根据《国家税务总局关于加强企业所得税管理的意见》（国税发〔2008〕88号）规定“加强发票核实工作，不符合规定的发票不得作为税前扣除凭据”，企业改建支出尚未取得发票的不允许摊销。因此，本例2010年允许扣除的摊销费用为：

300×80%÷3÷12×3=20（万元）

综上，2010年，应调增应纳税所得额5（25—20）万元。

(2) 2011年，企业采取出包方式建造的固定资产会计计提折旧金额为：

2 000×(1—5%)÷20=95（万元）

税法规定，如果固定资产投入使用12个月后企业仍未取得发票的，原来已提取的折旧应作纳税调增，以后按合同金额计提的折旧也不能税前扣除。所以本例中税法允许扣除的折旧应为：2 000×80%×(1—5%)÷20=76（万元），同时对原来未取得发票的部分提取的折旧作纳税调增：2 000×20%×(1—5%)÷20÷12×1=1.58（万元）

2011年该项业务应作纳税调增为：95—76+1.58=20.58（万元）

对租入固定资产的改良支出，2011年会计应摊销的金额为：300÷3÷12×3=25（万元）

税法允许扣除的摊销额为：300×80%÷3÷12×3=20（万元）

2011年该项业务应作纳税调增为：25—20=5（万元）

五、管理费用

(一) 劳动保护费

《企业所得税法实施条例》第四十八条规定，企业发生的合理的劳动保护支出，准予扣除。原内资、外资税法均未明确规定企业的劳动保护支出，可以税前扣除。考虑到一些企业的特殊情况，也鼓励企业加大劳动保护投入，支持安全生产，维护职工合法权益，本条明确规定了，企业实际发生的合理的劳动保护支出，准予扣除。本条的规定，可从以下几方面来理解：

1. 必须是企业已经实际发生的支出

这是税前扣除的基本原则，企业只有实际发生的费用支出，才准予税前扣除。

2. 必须是合理的支出

之所以加上“合理的”条件限制，主要是防止有些企业可能借此逃避税收，也为税务机关在实际税收征管中行使相应的调整权预留法律依据。考虑到不同行业、不同环境下的企业生产经营活动千差万别，无法对其劳动保护支出作统一的界定，同时为了保持条例的整体性和稳定性，在通过其他规定来具体认定“合理的”范围而不影响执行的前提下，条例没有对“合理的”范围作具体界定。

3. 必须是劳动保护支出

本条规定的劳动保护支出，需要满足以下条件，一是必须是确因工作需要，如果企业所发生的所谓的支出，并非出于工作的需要，那么其支出就不得予以扣除；二是为其雇员配备或提供，而不是给其他与其没有任何劳动关系的人配备或提供；三是限于工作服、手套、安全保护用品、防暑降温品等，如高温冶炼企业职工、道路施工企业的防暑降温品，采煤工人的手套、头盔等用品。

企业员工工作时统一着装所发生的工作服饰费用是否允许税前扣除，此前一直是有争议的。特别是一些银行工作人员的西服工装究竟属于“职工福利费”还是“劳保用品”，存在争议。根据《关于企业所得税若干问题的公告》（国家税务总局 2011 年第 34 号公告）第二条规定，企业根据其工作性质和特点，由企业统一制作并要求员工工作时统一着装所发生的工作服饰费用，根据《企业所得税法实施条例》第二十七条的规定，可以作为企业合理的支出给予税前扣除。此次 34 号公告回避了“福利费”还是“劳保”之争，而是根据《企业所得税法实施条例》第二十七条的规定，将“工装”定性为“合理的支出”允许扣除，消除了争议。

（二）差旅费

差旅费，是指出差期间因办理公务而产生的交通费、住宿费和公杂费等各项费用。差旅费开支范围包括：城市间交通费、住宿费、伙食补助费和公杂费等。差旅费的证明材料包括：出差人员姓名、地点、时间、任务、支付凭证等。

1. 出差人员乘坐交通工具的人身意外保险

根据相关规定，企业相关人员因公乘坐交通工具随票购买的人身意外保险，可按差旅费对待，在计征企业所得税时准予扣除。

2. 差旅费补贴

企业可以参照国家有关规定制订差旅费补助标准，按照这个标准发放的差旅费补助，可以税前扣除。

3. 非本单位员工为本单位办理相关事宜发生的出差费用

根据相关规定，非本单位员工的差旅费支出应由员工所属单位根据相关规定税前列支，不可在本单位税前扣除。

4. 乘坐飞机的电子客票行程单

根据国家税务总局、中国民用航空局联合制定的《航空运输电子客票行程单管理办法（暂行）》（国税发〔2008〕54 号），《行程单》作为旅客购买电子客票的付款凭证或报销凭证，同时具备提示旅客行程的作用。《行程单》纳入税务发票管理范围，中国民用航空局经国家税务总局授权，负责全国《行程单》的印制、领购、发放、开具、保管和缴销等管理工作。不符合规定的《行程单》，不得作为会计核算的原始凭证，任何单位和个人有权拒收，并向开票单位所属民航地区管理局及其派出机构或所辖地区相关主管税务机关举报。符合规定的《航空运输电子客票行程单》可以作为发票报销。

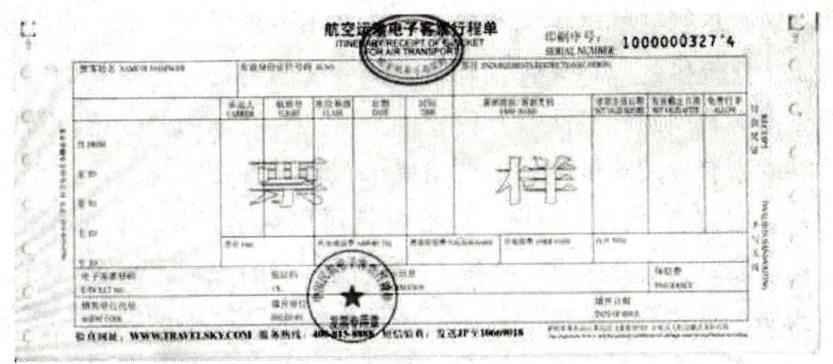
航空运输电子客票行程单

印刷序号：1000000327 4

SERIAL NUMBER

票 样

WWW.TRAVELSKY.COM

（三）业务招待费

企业发生的与生产经营活动有关的业务招待费支出，按照发生额的60%扣除，但最高不得超过当年销售（营业）收入的5‰。之所以这样规定，是因为企业的业务招待难以准确划分商业招待和个人消费。业务招待费支出是各国公司税法中滥用扣除最严重的领域。进行业务上的招待是一个十分正常的商业做法，但是，毫无疑问商业招待又不可避免包括个人消费的成分。在许多情况下，实际上根本无法将商业招待与个人消费区分开。

业务招待费税前扣除管理的具体要求主要包括：

一是加强业务招待费的真实性管理。业务招待费的真实性管理一方面有赖于完善申报制度，另一方面需要对真实性容易出问题的项目加强纳税检查。纳税人申报扣除的业务招待费，在主管税务机关要求提供证明材料的情况下，应能够提供证明真实性的足够的有效凭证或资料。否则，不得扣除。这一规定的意义是多方面的，首先，明确赋予纳税人对所申报扣除费用的真实性自我举证的责任，虽然税务机关一般情况下会认同纳税人申报的扣除费用，但如果税务机关发现业务招待费用支出有不正常现象，或者在纳税检查中发现有不真实的业务招待支出，税务机关有权据此条款要求纳税人在一定期间提供证明真实性足够的有效的凭证或资料，逾期不能提供资料的，税务机关可以直接否定纳税人已申报业务招待费的扣除权。

其次，这样规定并没有直接要求纳税人在每次申报时都将有关全部资料提供给税务机关，因为这样做可能给纳税人带来很大的麻烦和工作量，同时，税务机关也没有力量去处理这些资料。

第三，暗示着在《税收征管法》规定的追溯期内，纳税人必须对其申报的业务招待费的真实性负责，必须为其申报的业务招待费准备足够有效的证明材料，尽管这些材料税务机关可能并不要求提供，但一旦要求提供而纳税人无法提供的，将失去扣除权。需要说明的是，此条款的实质在于保证业务招待费用的真实性，有关凭证资料只要对证明业务招待费的真实性是足够的和有效的即可，并不严格要求提供某种特定凭证，这也为纳税人的经营管理留有一定的余地。凭证资料可以包括发票、被取消的支票、收据、销售账单、会计账目、纳税人或其他方面的证词，越客观的证词越有效。比如，给客户业务员的礼品，大多数情况下并不能取得发票等特定凭证，但只要有接受礼品者的证明，并且接受礼品者与企业确实存在商业业务关系，即可承认该项支出的真实性。一般情况下，税法并不强迫企业在送给客户业务人员礼品时要求有关人员签字，但是，如果税务机关要求证明真实性，企业也可以事后追补证据。

二是业务招待费支出的税前扣除的管理必须符合税前扣除的一般条件和原则。

1. 企业开支的业务招待费必须是正常和必要的。这一规定虽然没有定量指标，但有一般商业常规做参考。有的开支明显不符合常规，比如，企业对某个客户业务员的礼品支出与所成交的业务额或业务的利润水平严重不相吻合；再比如，企业向无业务关系的特定范围人员所赠送礼品，而且不属于业务宣传性质（业务宣传的礼品支出一般是随机的或与产品销售相关联的），这类情况不能税前扣除。

2. 业务招待费支出一般要求与经营活动“直接相关”。由于商业招待与个人消费的界线不好掌握，所以一般情况下必须证明业务招待与经营活动的直接相关性，比如是因企业销售业务的真实的商谈而发生的费用。

3. 必须有大量足够有效凭证证明企业相关性的陈述：比如费用金额，招待、娱乐旅行的时间和地点、商业目的，企业与被招待人之间的业务关系等。

4. 特别要注意的是，虽然纳税人可以证明费用已经真实发生，但费用金额无法证明，主管税务机关有权根据实际情况合理推算最确切的金额。如果纳税人不同意，则有证明的义务。出于国家税收利益的需要，也出于商务招待与个人消费难以明确区分的特性，借鉴国外许多国家的通行做法，我们规定按发生额的60%扣除，同时增加了一个最高扣除比例限制（即最高不得超过当年销售或者营业收入的5‰）。

(四) 母子公司间提供服务支付费用

根据《国家税务总局关于母子公司间提供服务支付费用有关企业所得税处理问题的通知》（国税发〔2008〕86号）文件精神，母子公司间提供服务支付费用有关企业所得税处理问题按以下政策执行：

(1) 母公司为其子公司（以下简称子公司）提供各种服务而发生的费用，应按照独立企业之间公平交易原则确定服务的价格，作为企业正常的劳务费用进行税务处理。

母子公司未按照独立企业之间的业务往来收取价款的，税务机关有权予以调整。

(2) 母公司向其子公司提供各项服务，双方应签订服务合同或协议，明确规定提供服务的内容、收费标准及金额等，凡按上述合同或协议规定所发生的服务费，母公司应作为营业收入申报纳税；子公司作为成本费用在税前扣除。

(3) 母公司向其多个子公司提供同类项服务，其收取的服务费可以采取分项签订合同或协议收取；也可以采取服务分摊协议的方式，即，由母公司与各子公司签订服务费用分摊合同或协议，以母公司为其子公司提供服务所发生的实际费用并附加一定比例利润作为向子公司收取的总服务费，

在各服务受益子公司（包括盈利企业、亏损企业和享受减免税企业）之间按《中华人民共和国企业所得税法》第四十一条第二款规定（即企业与其关联方共同开发、受让无形资产、或者共同提供、接受劳务发生的成本，在计算应纳税所得额时应当按照独立交易原则进行分摊）合理分摊。

（4）母公司以管理费形式向子公司提取费用，子公司因此支付给母公司的管理费，不得在税前扣除。

（5）子公司申报税前扣除向母公司支付的服务费用，应向主管税务机关提供与母公司签订的服务合同或者协议等与税前扣除该项费用相关的材料。不能提供相关材料的，支付的服务费用不得税前扣除。

（五）研究开发费用

1. 研究开发活动

根据《企业研究开发费用税前扣除管理办法（试行）》（国税发〔2008〕116 号），研究开发活动是指企业为获得科学与技术（不包括人文、社会科学）新知识，创造性运用科学技术新知识，或实质性改进技术、工艺、产品（服务）而持续进行的具有明确目标的研究开发活动。所称创造性运用科学技术新知识，或实质性改进技术、工艺、产品（服务），是指企业通过研究开发活动在技术、工艺、产品（服务）方面的创新取得了有价值的成果，对本地区（省、自治区、直辖市或计划单列市）相关行业的技术、工艺领先具有推动作用，不包括企业产品（服务）的常规性升级或对公开的科研成果直接应用等活动（如直接采用公开的新工艺、材料、装置、产品、服务或知识等）。

2. 允许加计扣除的研发费用开支范围

企业从事《国家重点支持的高新技术领域》和国家发展改革委员会等部门公布的《当前优先发展的高技术产业化重点领域指南（2007 年度）》规定项目的研究开发活动，其在一个纳税年度中实际发生的下列费用支出，允许在计算应纳税所得额时按照规定实行加计扣除。

（1）新产品设计费、新工艺规程制定费以及与研发活动直接相关的技术图书资料费、资料翻译费。

（2）从事研发活动直接消耗的材料、燃料和动力费用。

（3）在职直接从事研发活动人员的工资、薪金、奖金、津贴、补贴。

（4）专门用于研发活动的仪器、设备的折旧费或租赁费。

（5）专门用于研发活动的软件、专利权、非专利技术等无形资产的摊销费用。

(6) 专门用于中间试验和产品试制的模具、工艺装备开发及制造费。

(7) 勘探开发技术的现场试验费。

(8) 研发成果的论证、评审、验收费用。

对企业共同合作开发的项目，凡符合上述条件的，由合作各方就自身承担的研发费用分别按照规定计算加计扣除。对企业委托给外单位进行开发的研发费用，凡符合上述条件的，由委托方按照规定计算加计扣除，受托方不得再进行加计扣除。对委托开发的项目，受托方应向委托方提供该研发项目的费用支出明细情况，否则，该委托开发项目的费用支出不得实行加计扣除。

3. 集团成员间公司研发费用的分摊

企业集团根据生产经营和科技开发的实际情况，对技术要求高、投资数额大，需要由集团公司进行集中开发的研究开发项目，其实际发生的研究开发费，可以按照合理的分摊方法在受益集团成员公司间进行分摊。

企业集团采取合理分摊研究开发费的，企业集团应提供集中研究开发项目的协议或合同，该协议或合同应明确规定参与各方在该研究开发项目中的权利和义务、费用分摊方法等内容。如不提供协议或合同，研究开发费不得加计扣除。

企业集团采取合理分摊研究开发费的，企业集团集中研究开发项目实际发生的研究开发费，应当按照权利和义务、费用支出和收益分享一致的原则，合理确定研究开发费用的分摊方法。

企业集团采取合理分摊研究开发费的，企业集团母公司负责编制集中研究开发项目的立项书、研究开发费用预算表、决算表和决算分摊表。

4. 加计扣除的方法

《企业所得税法》第三十条第（一）款规定，开发新技术、新产品、新工艺发生的研究开发费用，可以在计算应纳税所得额时加计扣除。《企业所得税法实施条例》第九十五条规定，《企业所得税法》第三十条第（一）项所称研究开发费用的加计扣除，是指企业为开发新技术、新产品、新工艺发生的研究开发费用，未形成无形资产计入当期损益的，在按照规定据实扣除的基础上，按照研究开发费用的50%加计扣除；形成无形资产的，按照无形资产成本的150%摊销。企业根据财务会计核算和研发项目的实际情

况，对发生的研发费用进行收益化或资本化处理的，可按下述规定计算加计扣除：

（1）研发费用计入当期损益未形成无形资产的，允许再按其当年研发费用实际发生额的50%，直接抵扣当年的应纳税所得额。

（2）研发费用形成无形资产的，按照该无形资产成本的150%在税前摊销。除法律另有规定外，摊销年限不得低于10年。

企业申请研究开发费加计扣除时，应向主管税务机关报送如下资料：

（1）自主、委托、合作研究开发项目计划书和研究开发费预算。

（2）自主、委托、合作研究开发专门机构或项目组的编制情况和专业人员名单。

（3）自主、委托、合作研究开发项目当年研究开发费用发生情况归集表。

（4）企业总经理办公会或董事会关于自主、委托、合作研究开发项目立项的决议文件。

（5）委托、合作研究开发项目的合同或协议。

（6）研究开发项目的效用情况说明、研究成果报告等资料。

5. 财务核算的要求

《企业研究开发费用税前扣除管理办法（试行）》（国税发〔2008〕116号）适用于财务核算健全并能准确归集研究开发费用的居民企业（以下简称企业）。企业必须对研究开发费用实行专账管理，同时必须按照本办法附表的规定项目，准确归集填写年度可加计扣除的各项研究开发费用实际发生金额。企业应于年度汇算清缴所得税申报时向主管税务机关报送本办法规定的相应资料。申报的研究开发费用不真实或者资料不齐全的，不得享受研究开发费用加计扣除，主管税务机关有权对企业申报的结果进行合理调整。

企业在一个纳税年度内进行多个研究开发活动的，应按照不同开发项目分别归集可加计扣除的研究开发费用额。企业未设立专门的研发机构或企业研发机构同时承担生产经营任务的，应对研发费用和生产经营费用分开进行核算，准确、合理地计算各项研究开发费用支出，对划分不清的，不得实行加计扣除。企业研究开发费各项目的实际发生额归集不准确、汇总额计算不准确的，主管税务机关有权调整其税前扣除额或加计扣除额。

表 8—1 ______________研发项目

可加计扣除研究开发费用情况归集表
（已计入无形资产成本的费用除外）

纳税人名称（公章）： 纳税人识别号： 金额单位：元

（ 季度）

序号	费用项目	发生额
1	一、研发活动直接消耗的材料、燃料和动力费用	
2	1. 材料	
3	2. 燃料	
4	3. 动力费用	
5		
6	二、直接从事研发活动的本企业在职人员费用	
7	1. 工资、薪金	
8	2. 津贴、补贴	
9	3. 奖金	
10		
12	三、专门用于研发活动的有关折旧费 （按规定一次或分次摊入管理费的仪器和设备除外）	
13	1. 仪器	
14	2. 设备	
15		
16	四、专门用于研发活动的有关租赁费	
17	1. 仪器	
18	2. 设备	
19		
20	五、专门用于研发活动的有关无形资产摊销费	
21	1. 软件	
22	2. 专利权	
23	3. 非专利技术	
24		
25	六、专门用于中间试验和产品试制的模具、工艺装备开发及制造费	
26		
27	七、研发成果论证、鉴定、评审、验收费用	
28		
29	八、与研发活动直接相关的其他费用	
30	1. 新产品设计费	
31	2. 新工艺规程制定费	
32	3. 技术图书资料费	
33	4. 资料翻译费	
34		
35	合计数（1＋2＋3…＋34）	
36	从有关部门和母公司取得的研究开发费专项拨款	
37	加计扣除额（35－36）×50％	

（六）资产减值准备

根据《企业所得税法》第十条规定，未经核定的准备金支出不得扣除。新《企业所得税法》实施后，非金融企业坏账准备金不予计提，坏账发生后根据有关规定可在企业所得税税前扣除。

（七）企业手续费及佣金支出

根据《财政部、国家税务总局关于企业手续费及佣金支出税前扣除政策的通知》（财税〔2009〕29号），企业发生的手续费及佣金支出税前扣除政策问题如下：

1. 企业发生与生产经营有关的手续费及佣金支出，不超过以下规定计算限额以内的部分，准予扣除；超过部分，不得扣除。

（1）保险企业：财产保险企业按当年全部保费收入扣除退保金等后余额的15%（含本数，下同）计算限额；人身保险企业按当年全部保费收入扣除退保金等后余额的10%计算限额。

（2）其他企业：按与具有合法经营资格中介服务机构或个人（不含交易双方及其雇员、代理人和代表人等）所签订服务协议或合同确认的收入金额的5%计算限额。

2. 企业应与具有合法经营资格中介服务企业或个人签订代办协议或合同，并按国家有关规定支付手续费及佣金。除委托个人代理外，企业以现金等非转账方式支付的手续费及佣金不得在税前扣除。企业为发行权益性证券支付给有关证券承销机构的手续费及佣金不得在税前扣除。

3. 企业不得将手续费及佣金支出计入回扣、业务提成、返利、进场费等费用。

4. 企业已计入固定资产、无形资产等相关资产的手续费及佣金支出，应当通过折旧、摊销等方式分期扣除，不得在发生当期直接扣除。

5. 企业支付的手续费及佣金不得直接冲减服务协议或合同金额，并如实入账。

6. 企业应当如实向当地主管税务机关提供当年手续费及佣金计算分配表和其他相关资料，并依法取得合法真实凭证。

（八）广告费和业务宣传费

企业发生的符合条件的广告费和业务宣传费支出，除国务院财政、税务主管部门另有规定外，不超过当年销售（营业）收入15%的部分，准予扣除；超过部分，准予在以后纳税年度结转扣除。

“符合条件”的限定，主要是考虑到目前广告和业务宣传费的形式和种类繁多，很难控制，若允许所有的广告费和业务宣传费支出税前扣除，将严重侵蚀企业所得税的税基，国家的税收利益无法得以保障。《企业所得税法实施条例》坚持了“符合条件”的限制条件，但又没有在条例中予以具体明确“符合条件”的内容，主要是考虑到条例整体框架和结构的协调性，且这是具体的实践操作问题，宜由相应的规章去规范。但可以肯定的是，今后的“符合条件”的广告费和业务宣传费支出将从广告的制定主体、播放渠道、相应票据依据等多方面予以明确，以便基层税务部门和企业把握政策。

（九）安全生产费

为了建立企业安全生产投入长效机制，加强安全生产费用管理，保障企业安全生产资金投入，维护企业、职工以及社会公共利益，根据《中华人民共和国安全生产法》等有关法律法规和国务院有关决定，财政部、国家安全生产监督管理总局联合制定了《企业安全生产费用提取和使用管理办法》。本办法所称安全生产费用（以下简称安全费用）是指企业按照规定标准提取在成本中列支，专门用于完善和改进企业或者项目安全生产条件的资金。安全费用按照“企业提取、政府监管、确保需要、规范使用”的原则进行管理。

根据该办法，建设工程施工企业以建筑安装工程造价为计提依据。各建设工程类别安全费用提取标准如下：

（1）矿山工程为2.5%；

（2）房屋建筑工程、水利水电工程、电力工程、铁路工程、城市轨道交通工程为2.0%；

（3）市政公用工程、冶炼工程、机电安装工程、化工石油工程、港口与航道工程、公路工程、通信工程为1.5%。

建设工程施工企业提取的安全费用列入工程造价，在竞标时，不得删减，列入标外管理。国家对基本建设投资概算另有规定的，从其规定。总包单位应当将安全费用按比例直接支付分包单位并监督使用，分包单位不再重复提取。

根据《国家税务总局关于煤矿企业维简费和高危行业企业安全生产费用企业所得税税前扣除问题的公告》（2011年第26号），煤矿企业维简费和

高危行业企业安全生产费用支出企业所得税税前扣除政策如下：

1. 煤矿企业实际发生的维简费支出和高危行业企业实际发生的安全生产费用支出，属于收益性支出的，可直接作为当期费用在税前扣除；属于资本性支出的，应计入有关资产成本，并按企业所得税法规定计提折旧或摊销费用在税前扣除。企业按照有关规定预提的维简费和安全生产费用，不得在税前扣除。

2. 本公告实施前（即 2011 年 5 月 1 日前），企业按照有关规定提取的、且在税前扣除的煤矿企业维简费和高危行业企业安全生产费用，相关税务问题按以下规定处理：

（1）本公告实施前提取尚未使用的维简费和高危行业企业安全生产费用，应用于抵扣本公告实施后的当年度实际发生的维简费和安全生产费用，仍有余额的，继续用于抵扣以后年度发生的实际费用，至余额为零时，企业方可按本公告第一条规定执行。

（2）已用于资产投资、并计入相关资产成本的，该资产提取的折旧或费用摊销额，不得重复在税前扣除。已重复在税前扣除的，应调整作为 2011 年度应纳税所得额。

（3）已用于资产投资、并形成相关资产部分成本的，该资产成本扣除上述部分成本后的余额，作为该资产的计税基础，按照企业所得税法规定的资产折旧或摊销年限，从本公告实施之日（2011 年 5 月 1 日）的次月开始，就该资产剩余折旧年限计算折旧或摊销费用，并在税前扣除。

六、财务费用

根据《企业所得税法》及《企业所得税法实施条例》第三十八条的规定，企业在生产经营活动中发生的下列利息支出，准予扣除：（1）非金融企业向金融企业借款的利息支出、金融企业的各项存款利息支出和同业拆借利息支出、企业经批准发行债券的利息支出。（2）非金融企业向非金融企业借款的利息支出，不超过按照金融企业同期同类贷款利率计算的数额的部分。

（一）企业关联方利息支出

《企业所得税法实施条例》第三十八条第（二）款规定，非金融企业向非金融企业借款的利息支出，不超过按照金融企业同期同类贷款利率计算的数额的部分。

根据《财政部、国家税务总局关于企业关联方利息支出税前扣除标准有关税收政策问题的通知》（财税〔2008〕121号），企业关联方利息支出的扣除政策如下：

（1）在计算应纳税所得额时，企业实际支付给关联方的利息支出，不超过以下规定比例和税法及其实施条例有关规定计算的部分，准予扣除，超过的部分不得在发生当期和以后年度扣除。

企业实际支付给关联方的利息支出，除符合财税〔2008〕121号文件第二条规定外，其接受关联方债权性投资与其权益性投资比例为：金融企业，为5∶1；其他企业，为2∶1。

（2）企业如果能够按照税法及其实施条例的有关规定提供相关资料，并证明相关交易活动符合独立交易原则的；或者该企业的实际税负不高于境内关联方的，其实际支付给境内关联方的利息支出，在计算应纳税所得额时准予扣除。

（3）企业同时从事金融业务和非金融业务，其实际支付给关联方的利息支出，应按照合理方法分开计算；没有按照合理方法分开计算的，一律按照财税〔2008〕121号文件第一条有关其他企业的比例计算准予扣除的利息支出。

（4）企业自关联方取得的不符合规定的利息收入应按照有关规定缴纳企业所得税。

（二）企业向自然人借款的利息支出

根据《关于企业向自然人借款的利息支出企业所得税税前扣除问题的通知》（国税函〔2009〕777号），企业向自然人借款的利息支出企业所得税税前扣除政策如下：

1. 企业向股东或其他与企业有关联关系的自然人借款的利息支出，应根据《中华人民共和国企业所得税法》（以下简称税法）第四十六条及《财政部、国家税务总局关于企业关联方利息支出税前扣除标准有关税收政策问题的通知》（财税〔2008〕121号）规定的条件，计算企业所得税扣除额。

2. 企业向除第一条规定以外的内部职工或其他人员借款的利息支出，其借款情况同时符合以下条件的，其利息支出在不超过按照金融企业同期同类贷款利率计算的数额的部分，根据税法第八条和税法实施条例第二十七条规定，准予扣除。

（1）企业与个人之间的借贷是真实、合法、有效的，并且不具有非法集资目的或其他违反法律、法规的行为；

（2）企业与个人之间签订了借款合同。

（三）金融企业同期同类贷款利率确定

根据《关于企业所得税若干问题的公告》（国家税务总局 2011 年第 34 号公告）第一条规定，非金融企业向非金融企业借款的利息支出，不超过按照金融企业同期同类贷款利率计算的数额的部分，准予税前扣除。鉴于目前我国对金融企业利率要求的具体情况，企业在按照合同要求首次支付利息并进行税前扣除时，应提供“金融企业的同期同类贷款利率情况说明”，以证明其利息支出的合理性。

“金融企业的同期同类贷款利率情况说明”中，应包括在签订该借款合同当时，本省任何一家金融企业提供同期同类贷款利率情况。该金融企业应为经政府有关部门批准成立的可以从事贷款业务的企业，包括银行、财务公司、信托公司等金融机构。“同期同类贷款利率”是指在贷款期限、贷款金额、贷款担保以及企业信誉等条件基本相同的情况下，金融企业提供贷款的利率。既可以是金融企业公布的同期同类平均利率，也可以是金融企业对某些企业提供的实际贷款利率。

在国税总局 2011 年第 34 号公告发布之前，对于同期同类贷款利率的规定各地各有规定，为纳税人带来不便。34 号公告统一了政策的执行口径，对同期贷款利率的确定科学有效。

（四）企业投资者投资未到位而发生的利息支出

根据《关于企业投资者投资未到位而发生的利息支出企业所得税前扣除问题的批复》（国税函〔2009〕312 号），凡企业投资者在规定期限内未缴足其应缴资本额的，该企业对外借款所发生的利息，相当于投资者实缴资本额与在规定期限内应缴资本额的差额应计付的利息，其不属于企业合理的支出，应由企业投资者负担，不得在计算企业应纳税所得额时扣除。

具体计算不得扣除的利息，应以企业一个年度内每一账面实收资本与借款余额保持不变的期间作为一个计算期，每一计算期内不得扣除的借款利息按该期间借款利息发生额乘以该期间企业未缴足的注册资本占借款总额的比例计算，公式为：

$$\begin{array}{c}\text{企业每一计算期不得}\\\text{扣除的借款利息}\end{array}=\begin{array}{c}\text{该期间借}\\\text{款利息额}\end{array}\times\frac{\text{该期间未缴足注册资本额}}{\text{该期间借款额}}$$

企业一个年度内不得扣除的借款利息总额为该年度内每一计算期不得扣除的借款利息额之和。

（五）实际利率法确认利息收入费用

根据《关于执行〈企业会计准则〉有关企业所得税政策问题的通知》（财税〔2007〕80号），企业对持有至到期投资、贷款等按照新会计准则规定采用实际利率法确认的利息收入，可计入当期应纳税所得额。对于采用实际利率法确认的与金融负债相关的利息费用，应按照现行税收有关规定的条件，未超过同期银行贷款利率的部分，可在计算当期应纳税所得额时扣除，超过的部分不得扣除。

（六）公允价值变动损益

企业以公允价值计量的金融资产、金融负债以及投资性房地产等，持有期间公允价值的变动不计入应纳税所得额，在实际处置或结算时，处置取得的价款扣除其历史成本后的差额应计入处置或结算期间的应纳税所得额。

（七）统借统还利息支出

统借统还是指"集团公司统一融资，所属企业申请使用"的资金管理模式，即集团公司统一向金融机构借款，所属企业按一定的程序申请使用，并按同期银行贷款利率将利息支付给集团公司，由集团公司统一与金融机构结算的资金集中管控模式。

1. 统借统贷利息支付政策法律依据

（1）国家税务总局的有关规定。

《财政部、国家税务总局关于非金融机构统借统还业务征收营业税问题的通知》（财税字〔2000〕7号）第一条规定："为缓解中小企业融资难的问题，对企业主管部门或企业集团中的核心企业等单位（以下简称统借方）向金融机构借款后，将所借资金分拨给下属单位（包括独立核算单位和非独立核算单位），并按支付给金融机构的借款利率水平向下属单位收取用于归还金融机构的利息不征收营业税。"第二条规定："统借方将资金分拨给下属单位，不得按高于支付给金融机构的借款利率水平向下属单位收取利息，否则，将视为具有从事贷款业务的性质，应对其向下属单位收取的利息全额征收营业税。"

国家税务总局《关于中国农业生产资料集团公司所属企业借款利息税

前扣除问题的通知》(国税函〔2002〕837号)规定:“集团公司统一向金融机构借款,所属企业申请使用,只是资金管理方式的变化,不影响所属企业使用银行信贷资金的性质,不属于关联企业之间的借款……凡集团公司能够出具从金融机构取得贷款的证明文件,其所属企业使用集团公司转贷的金融机构借款支付的利息,不高于金融机构同类同期贷款利率的部分,允许在税前全额扣除。”

《房地产开发经营业务企业所得税处理办法》(国税发〔2009〕31号)第二十一条规定:“企业集团或其成员企业统一向金融机构借款分摊集团内部其他成员企业使用的,借入方凡能出具从金融机构取得借款的证明文件,可以在使用借款的企业间合理地分摊利息费用,使用借款的企业分摊的合理利息准予在税前扣除。”该文件将统借方由集团企业扩大至其他成员企业。

(2)地方政府的有关税收政策规定。

《广西自治区地方税务局关于集团公司借款利息税前扣除问题的批复》(桂地税字〔2009〕106号)规定:“广西水利电业集团有限公司在实行集团化统一管理的模式下,由该公司统一向银行申请项目贷款,所属企业申请使用,并按照银行贷款利率收取利息归还银行。根据国税函〔2002〕837号文规定,对其所属企业按照银行贷款利率所支付的利息支出,准予在企业所得税前扣除。”

《天津市地税国税关于企业所得税税前扣除有关问题的通知》(津地税企所〔2010〕5号)第六条资金拆借利息的税前扣除问题规定:“实行统贷统还办法的企业,集团公司与所属子公司应签订资金使用协议,子公司按照协议实际占用资金支付给集团公司的利息与集团公司向金融机构贷款利率一致的部分,准予扣除。”

《辽宁省地方税务局关于印发企业所得税若干业务问题的通知》(辽地税发〔2010〕3号)文件第二条关于企业统一借款转借集团内部其他企业单位使用税前扣除问题规定:“企业集团或其成员企业统一向金融机构借款,分摊集团内部其他成员企业使用的,凡能出具从金融机构取得借款的证明文件,并在使用借款的企业间合理分摊利息费用的,使用借款的企业分摊的合理利息准予在税前扣除。但企业集团或其成员企业不得重复扣除。”

《河北省地方税务局关于企业所得税若干业务问题的通知》(冀地税发〔2009〕48号)第八条规定:对集团公司和所属企业采取“由集团公司统一向金融机构借款,所属企业按一定程序申请使用,并按同期银行贷款利率将利息支付给集团公司，由集团公司统一与金融机构结算”的信贷资金管理方式的，不属于关联企业之间借款。凡集团公司能够出具从金融机构取得贷款的证明文件，其所属企业使用集团公司转贷的金融机构借款支付的利息，不高于贷款银行同类同期贷款利率计算数额的部分，允许在企业所得税前扣除。

《吉林省地方税务局关于明确继续执行的企业所得税有关业务问题的通知》（吉地税发〔2009〕52 号）第六条规定：企业集团或行业主管部门（以下简称总机构）对下属企业实施紧密型管理，采取由总机构统一向银行借款，然后划拨给下属企业分别使用的，总机构按使用银行借款金额分配给下属企业的利息可承认扣除。向下属企业分配的利息金额是否正确合理由总机构所在地主管地税机关审查确认并出具适当的证明资料。

2. 统借统贷利息支付的所得税处理

（1）可以全额税前扣除。

按照上述文件的规定，下属各公司向集团公司拆借统借来的资金并支付利息，满足以下 3 个条件就可全额扣除：

一是不高于金融机构同类同期贷款利率计算的数额以内的部分；

二是集团公司能够出具从金融机构取得贷款的证明文件；

三是借款符合统一借款的概念。

不论下属公司向集团公司借款多少，只要满足以上 3 个条件，支付的利息就可全额扣除，而不被视为关联企业之间的借款，不受关联债资比例的限制。

（2）统借统贷不受财税〔2008〕121 号文件关于关联方债资比例的约束。

《企业所得税法实施条例》第一百一十九条对债权性投资和权益性投资的范围进行了原则性地界定。根据该条规定，从关联方获得的债权性投资是指企业从关联方获得的需要偿还本金和支付利息或者需要以其他具有利息性质的方式予以补偿的融资，而关联方之间的统借统贷虽从名义上看属于从关联方获得的需要偿还本金和支付利息的方式予以补偿的融资，但从实质上看还是属于向金融机构的融资，并且没有被列入关联方间接债权性投资的范围。因此，统借统贷不属于关联债权投资，不受财税〔2008〕121 号文件关于关联方债资比例的约束。

3. 统借统贷利息支付的营业税的处理

根据《财政部、国家税务总局关于非金融机构统借统还业务征收营业税问题的通知》（财税字〔2000〕7号）的规定，对企业主管部门或企业集团中的核心企业等单位向金融机构借款后，将所借资金分拨给下属单位（包括独立核算单位和非独立核算单位），并按支付给金融机构的借款利率水平向下属单位收取用于归还金融机构的利息不征收营业税。如果统借方将资金分拨给下属单位，不得按高于支付给金融机构的借款利率水平向下属单位收取利息，否则，将视为具有从事贷款业务的性质，应对其向下属单位收取的利息全额征收营业税。

4. 所得税税前扣除凭证问题

如符合统借统还条件规定，不征收营业税，那么就无需开具发票，凭利息收据、贷款合同及银行付息单据等资料在税前扣除。

案例 8—15

某税务师事务所对建华建筑公司2011年度所得税汇算清缴进行鉴定。建华建筑公司2011年度利润总额4 665万元，当年度发生如下经济业务。

（1）该公司2011年工资薪金支出总额12 300万元，发生福利费826万元，计提并实际缴纳工会经费246万元。

（2）该公司2011年实现营业收入502 423万元，发生业务招待费254万元。

（3）该公司2011年发生研发费用1 210万元（计入了当期损益），支付残疾人工资320万元，两项费用符合税法规定的加计扣除条件。

（4）该公司2011年计提辞退福利165万元，实际支付内退人员工资488万元。

（5）该公司2011年初坏账准备余额791万元，本期转回283万元，计提899万元，期末余额1 407万元。

假定该公司不存在其他纳税调整事项，请问上述事项是否应进行纳税调整，如需调整，如何调整？

分析：

（1）企业实际发生的工资薪金支出允许税前扣除，福利费税前扣除的比例限制是工资薪金总额的14%，即1 722万元（12 300×14%），因实际发生的福利费小于税前扣除比例限制，故应按实际发生的福利费税前扣除，不需纳税调整；工会经费税前扣除的比例限制是工资薪金总额的2%，即246万元（12 300×2%），因实际计提并缴纳的工会经费等于税前扣除比例限制，故应按实际计提并缴纳的工会经费税前扣除，不需纳税调整。

(2) 企业发生的与生产经营活动有关的业务招待费支出，按照发生额的60%扣除，但最高不得超过当年销售（营业）收入的5‰。因此，企业应按业务招待费发生额的60%与营业收入的5‰孰小的原则，确定业务招待费税前扣除的限额。本例中，发生额的60%为152万元，当年营业收入的5‰为2 512万元，业务招待费的税前扣除限额应为152万元，所以，应该纳税调增102万元。

(3) 企业发生的研发费用，未形成无形资产计入当期损益的，在按照规定据实扣除的基础上，按照研究开发费用的50%加计扣除；企业安置残疾人员的，在按照支付给残疾职工工资据实扣除的基础上，按照支付给残疾职工工资的100%加计扣除。因该公司发生的两项费用都符合加计扣除的条件，故应在据实扣除的基础上，分别加计扣除605万元（1 210×50%）和320万元（320×100%），相应纳税调减925万元（605+320）。

(4) 企业计提的辞退福利不得税前扣除，但企业实际支付的内退人员工资可以税前扣除。因此，该公司分别应调增应纳税所得额165万元，调减应纳税所得额488万元。

(5) 非金融企业坏账准备金不予计提，坏账发生后根据有关规定可在企业所得税税前扣除。“本期计提额”减法“本期转回额”的余额，如为正数，则调增应纳税所得额；如为负数，则调减应纳税所得额。本例中，该公司应调增应纳税所得额616万元（899−283）。

第三节　典型问题分析

1. 生产工期超过12个月的大型设备制造是否按照合同约定确认收入？

提问：

我厂生产水电站使用的大型闸门等生产工期超过12个月的大型设备，在合同签署时预收合同金额的10%，材料进场开始建造时预收合同金额的30%，将设备建造完成送电站安装完成并验收时预收合同金额的50%，在质保期满后再支付完最后的10%。我厂将前几个环节收款挂账“预收账款”，认为只有在完成合同所有环节才确认收入而税务机关检查认为应按照合同约定的收款期间确认收入，同时此行为还要按偷税处罚。请问：生产工期超过12个月的大型设备制造是否按照合同约定确认收入？否则，税务

机关是否按偷税处罚?

解答精要:

根据《增值税暂行条例》第十九条和《增值税暂行条例实施细则》第三十八条规定,“条例第十九条第一款第(一)项规定的收讫销售款项或者取得索取销售款项凭据的当天,按销售结算方式的不同,具体为:……(三)采取赊销和分期收款方式销售货物,为书面合同约定的收款日期的当天,无书面合同的,为货物发出的当天”。

根据《企业所得税法实施条例》第二十三条规定,“企业的下列生产经营业务可以分期确认收入的实现:(一)以分期收款方式销售货物的,按照合同约定的收款日期确认收入的实现”。

综上,你单位将大型设备的预收款长期挂账,不确认收入,存在人为推迟纳税义务问题。但是,你公司上述行为不符合《税收征管法》第六十三条有关偷税行为的认定标准,不宜按偷税行为处理。

2. “大头小尾”的发票能否税前列支?

提问:

在税务检查中发现某企业取得几份发票存在疑问,企业已列入成本,并已在企业所得税税前扣除。经发函到开票方税务机关调查,现收到回函证实该业务、付款均真实,只是开票方开具了“大头小尾”发票,请问该企业取得的发票内容与该业务、付款金额等均一致的情况下,是否必须到开票方换开发票才能在所得税税前扣除?

解答精要:

纳税人有真实交易、善意取得“大头小尾”发票的,应按照青国税发〔2009〕10号文件的有关规定执行。如果开票方纳税人所在地主管税务机关回函证明,该发票确属开票方自发售税务机关购买,且购票方、开具方、业务交易、收款属于同一方,实际交易金额与发票上所列金额一致的,其取得的发票准予作为税前扣除的凭据。

3. 预提的质量保证金能否税前列支?

提问:

某公司2009年度按照权责发生制原则预提质量保证金,发票在2010年5月底前收到,问:该预提费用是否允许在2009年度税前列支?

解答精要：

预提质量保证金不符合税前扣除的确定性原则，因此不得在预提年度进行税前扣除，但可以在有关支出实际发生时扣除。

4. 允许税前扣除的税金是实交税金还是应交税金？

提问：

请问《企业所得税管理条例》第三十一条中的税金发生额是指实际缴纳的税金还是依照征管法计算应缴纳的税金？

解答精要：

《中华人民共和国企业所得税法》规定：

"第八条　企业实际发生的与取得收入有关的、合理的支出，包括成本、费用、税金、损失和其他支出，准予在计算应纳税所得额时扣除。"

《中华人民共和国企业所得税法实施条例》规定：

"第三十一条　企业所得税法第八条所称税金，是指企业发生的除企业所得税和允许抵扣的增值税以外的各项税金及其附加。"

因此，《中华人民共和国企业所得税法实施条例》第三十一条所称税金是指实际发生的与取得收入有关的、合理的税金，这里的实际发生是指实际缴纳并取得相应的完税凭证，才可以按规定在企业所得税税前扣除。

5. 名贵字画如何摊销？

提问：

我公司购买了一批字画等古董，用来提升本企业形象。请问，是否可以计入固定资产并计提折旧，是否可以在企业所得税税前扣除？

解答精要：

《企业所得税法》第八条规定，企业实际发生的与取得收入有关的、合理的支出，准予在计算应纳税所得额时扣除。《企业所得税法实施条例》第五十七条规定，《企业所得税法》第十一条所称固定资产，是指企业为生产产品、提供劳务、出租或者经营管理而持有的、使用时间超过 12 个月的非货币性资产，包括房屋、建筑物、机器、机械、运输工具以及其他与生产经营活动有关的设备、器具、工具等。

相关性原则是判定支出项目能否在税前扣除的基本原则。除一些特殊的文化企业外，一般生产性企业、商贸企业购买的非经营性的字画等古董，与取得收入没有直接相关，不符合相关性原则，也不具有固定资产确认的特征，所发生的折旧费用不能在税前扣除。

6. 航空公司的搬运费收据、银行自制的票据等是否为合法的行业票据?

提问：

企业货物运输中取得的东方航空公司的搬运费收据、中铁快运股份公司的包裹票是否为合法的行业票据?

解答精要：

《中华人民共和国发票管理办法》第四十二条规定："对国有金融、邮电、铁路、民用航空、公路和水上运输等单位的专业发票，以国家税务总局或者国家税务总局省、自治区、直辖市分局批准，可以由国务院有关主管部门或者省、自治区、直辖市人民政府有关主管部门自行管理。"

《中华人民共和国发票管理办法实施细则》第五十七条规定："《办法》第四十二条'专业发票'是指国有金融、保险企业的存贷、汇兑、转账凭证、保险凭证；国有邮政、电信企业的邮票、邮单、话务、电报收据；国有铁路、民用航空企业和交通部门国有公路、水上运输企业的客票、货票等。上述单位的其他发票均应套印全国统一发票监制章，由税务机关统一管理。"

《民用航空运输凭证管理规定》第三条规定："运输凭证是指与从事民用航空运输活动相关的凭据，包括客票及行李票、航空货运单、逾重行李票、航空邮运结算以及退票、误机、变更收费单和旅费证等用于航空运输的纸质凭证。"

另外，根据国税发〔2007〕108号文件，银行代收费业务必须使用税务发票，"银行自营业务使用的发票式样在国家税务总局未明确之前，暂由省税务机关根据具体情况确定"。因此除银行自营业务外，银行代收费业务和非银行金融机构对外业务必须提供合法的税务监制发票作为支付凭证。

因此，以上规定的票据均为合法的行业票据。

7. 支付非金融机构的借款利息如何税前扣除?

提问：

企业之间融资或向自然人借款，其支付的利息如何税前扣除?

解答精要：

企业在生产经营期间向非金融机构（包括个人）借款的利息支出，应在《企业所得税法实施条例》第三十八条、《国家税务总局关于企业向自然人借款的利息支出企业所得税税前扣除问题的通知》（国税函〔2009〕777号）规定的标准和范围内，凭借贷合同、借据、资金使用发票、个人所得税代扣凭证等凭据税前扣除。

8. 违约金、赔偿金能否税前扣除？

提问：

我公司于2008年销售一批设备，已开具增值税专用发票。但今年我公司销售的产品出现质量问题，对方将出现质量问题的设备退回我公司，同时要求我公司赔偿因产品质量问题给对方造成的损失3 000万元。请问：我公司的3 000万元质量赔款，可否在所得税税前扣除？如可以扣除，进行账务处理时后附什么原始凭证？需不需要对方给我公司开具发票？

解答精要：

《中华人民共和国企业所得税法》第八条规定："企业实际发生的与取得收入有关的、合理的支出，包括成本、费用、税金、损失和其他支出，准予在计算应纳税所得额时扣除。"

因此，在经济交易行为中支付的违约金、赔偿金允许在税前扣除。

由于该质量赔款是由销售方支付购货方，不属于缴纳增值税或营业税的范围，因此，不需要开具发票，但是入账并税前扣除应具备必要的证据（如双方签订的合同、赔付协议、支付凭证等）以证明该经济行为的真实性。

9. 法院判决的赔偿金可否税前扣除？

提问：

我单位被法院判决需支付赔偿金，但无法取得发票，请问此项支出可否在企业所得税税前扣除？

解答精要：

《企业所得税法》规定，企业实际发生的与取得收入有关的、合理的支出，包括成本、费用、税金、损失和其他支出，准予在计算应纳税所得额时扣除。该赔偿金的支出如果是与企业生产经营有关的，可以在企业所得税税前扣除。法院判决企业支付赔偿金，因为没有发生应税行为，所以无法开具发票，企业可凭法院的判决文书与收款方开具的收据作为

扣除凭据。

10. 企业对非企业职工的伤亡赔偿能否税前扣除？

提问：

我企业 2010 年 12 月 5 日，临时请两名非企业职工，对一厂房进行修理施工，发生意外事故，造成一人死亡，经县劳动仲裁委员会调查确认，属于工伤事故，由我企业承担 80%的赔偿金即 30 万元，请问该笔赔偿金是否可以在今年税前扣除？

解答精要：

《企业所得税法》第八条规定："企业实际发生的与取得收入有关的合理的支出，包括成本、费用、税金、损失和其他支出，准予在计算应纳税所得额时扣除。"你企业工伤赔偿属于与生产经营有关的支出，对合理的补偿支出，根据双方签订的赔偿协议、事故（工伤）鉴定意见（医疗证明）、医药费、收款收据等税前扣除。

《企业所得税法实施条例》第四十条规定，企业发生的职工福利费支出，不超过工资薪金总额 14%的部分，准予扣除。《国家税务总局关于企业工资、薪金及职工福利费扣除问题的通知》（国税函〔2009〕3 号）第三条规定，《实施条例》第四十条规定的企业职工福利费包括，按照其他规定发生的其他职工福利费，包括丧葬补助费、抚恤费、安家费、探亲假路费等。因此，上述公司与伤亡家属达成的工伤抚恤金支出，可以做为企业职工福利费，按照规定在计算企业应纳税所得额时扣除。

11. 非货币性资产交易取得固定资产凭什么合法凭证税前扣除？

提问：

企业以非货币性资产交易或接受投资取得的固定资产凭什么合法凭证税前扣除？

解答精要：

企业以非货币性资产交易或接受投资取得的固定资产，应当根据具体的业务进行判断，相关业务如属于应当提供发票的情形，应当要求接受方提供发票。不属于开具发票的情形，则可以凭双方签订的协议、资产评估证明、资产权属转移发生的税费等相关资料入账。

12. 境外支付费用凭什么合法凭证税前扣除？

解答精要：

企业在境外发生的或向境外支付的费用，如支出发生地所在国合法凭据管理与中国不同、不能提供发票类凭证的，可以凭相关合同或协议、付汇凭证等按规定在税前扣除。税企双方存有疑义的，税务机关有权要求企业提供境外公证机构或者注册会计师的确认证明。

13. 企业支付给农民的土地赔偿、青苗赔偿等支出凭什么合法凭证税前扣除？

解答精要：

企业支付给农民的土地赔偿、青苗补偿费等支出，凭相关政府规定补偿标准的文件、赔（补）偿协议、受偿人签字的收款收据等税前扣除。

另外，《国家税务总局关于单位和个人土地被国家征用取得土地及地上附着物补偿费有关营业税问题的批复》（国税函〔2007〕969 号）规定："对国家因公共利益或城市规划需要而收回单位和个人所拥有的土地使用权，并按照《中华人民共和国土地管理法》规定标准支付给单位和个人的土地及地上附着物（包括不动产）的补偿费，不征收营业税。"

14. 白条是否可以税前列支？

提问：

从私人手中购买的沙、土、石料等建筑材料，收到了对方打的白条，列支了工程成本中；购买的柴油，取得了对方开具的发票（经税务机关验证，为假发票），列支了期间费用；支付的拆迁补偿费、安置费，收到对方白条，列支了间接成本中。上述白条、发票是否可以列支？是否可以在税前扣除？按照《企业所得税法》的有关精神和规定，今后对白条列支问题如何对待？合法、合理、真实性原则如何把握？

解答精要：

《中华人民共和国企业所得税法》规定：

"第八条　企业实际发生的与取得收入有关的、合理的支出，包括成本、费用、税金、损失和其他支出，准予在计算应纳税所得额时扣除。"

《中华人民共和国企业所得税法实施条例》规定：

“第二十七条　企业所得税法第八条所称有关的支出，是指与取得收入直接相关的支出。企业所得税法第八条所称合理的支出，是指符合生产经营活动常规，应当计入当期损益或者有关资产成本的必要和正常的支出。”

《中华人民共和国发票管理办法》第二十条规定，销售商品、提供服务以及从事其他经营活动的单位和个人，对外发生经营业务收取款项，收款方应向付款方开具发票；特殊情况下，由付款方向收款方开具发票。

企业所得税税前扣除的规定强调真实性、合法性、合理性，未取得真实、合理、有效的凭证不能税前扣除。贵公司所说的购买建筑材料应按规定取得发票，对取得的白条、购买柴油取得的假发票不能在企业所得税税前扣除。贵公司支付补偿费、安置费需要企业提供证明该支出确实已经实际发生、和企业生产经营有关的充分适当的凭据，经主管税务机关确认后可在企业所得税税前扣除。

15. 建筑企业将项目全部承包给个人，收取的管理费如何缴纳企业所得税？

解答精要：

根据《企业所得税法》和《企业所得税法实施条例》的规定，建筑公司应将从工程发包方取得的承包收入按规定确认为企业所得税的应税收入，将支付给分包单位的支出在企业所得税税前作为成本扣除。需要企业注意的是，根据《建筑法》第二十八条规定，禁止承包单位将其承包的全部建筑工程转包给他人，禁止承包单位将其承包的全部建筑工程肢解以后以分包的名义分别转包给他人。

16. 现金折扣计入财务费用时以什么作为合法凭证？

提问：

某企业发生现金折扣业务，协议中注明购货方在规定期限内付款则给予其一定现金折扣，计入财务费用时应当提供哪些凭据？

解答精要：

符合国税函〔2008〕875号文件第一条第（五）款规定的现金折扣，可凭双方盖章确认的有效合同、根据实际情况计算的折扣金额明细、银行付款凭据、收款收据等证明该业务真实发生的合法凭据据实列支。

17. 子公司支付母公司员工工资薪金能否税前扣除?

提问:

母子公司框架下，员工与母公司签订劳动合同，没有与子公司签订劳动合同。由于工作需要，母公司向其子公司派遣员工，母子公司均向派遣员工支付工资及奖金、补贴，其工资及奖金、补贴如何税前扣除?

解答精要:

鉴于母公司与子公司之间存在的特殊关系，员工在母公司与子公司之间经常调配，按照实质重于形式的原则，子公司如能够提供母公司出具的董事会或经理办公会等做出的调配决定及员工名册等充分适当的证据，子公司发放给与其没有订立劳动合同的员工的合理的工资薪金可以税前扣除。

18. 企业投资者自己发生的车辆使用费能否税前扣除?

提问:

企业投资者将自己车辆无偿提供给企业使用，发生的汽油费、过路过桥费等费用可否税前扣除?

解答精要:

企事业单位公务用车制度改革后，在规定的标准内，为员工报销的油料费、过路费、停车费、洗车费、修理费、保险费等相关费用，或者企业投资者将自有车辆无偿提供给企业使用的，如企业投资者可以确认为计税人数，发生的上述费用一律计入工资总额，按规定税前扣除；否则不得税前扣除。

19. 福利费是否必须凭合法发票列支?

提问:

《企业所得税法》要求职工福利费按实际发生额记账，请问在发生福利费事项时，是否必须凭合法发票列支?

解答精要:

根据企业所得税法规定的合理性原则，按《企业所得税法实施条例》对“合理性”的解释，合理的支出是指符合生产经营活动常规，应当计入当期损益或者有关资产成本的必要和正常的支出。职工福利费属于企业必要和正常的支出，在实际工作中企业要对具体事项具体对待。如职工困难补助费，合理的福利费列支范围的人员工资、补贴无法取得发票的，有关收据、凭证就可以作为合法凭据，对购买属于职工福利费列支范围的实物资产和发生对外的相关费用应取得合法发票。

20. 单位职工食堂的开支是否在福利费开支?

提问:

单位职工食堂的开支，是否可以在计提的福利费范围内税前列支?如果没有正规发票，白条是否可以入账?

解答精要:

《企业所得税法实施条例》第四十条规定，企业发生的职工福利费支出，不超过工资薪金总额14%的部分，准予扣除。《国家税务总局关于企业工资、薪金及职工福利费扣除问题的通知》(国税函〔2009〕3号)第三条规定，《实施条例》第四十条规定的企业职工福利费包括以下内容：为职工卫生保健、生活、住房、交通等所发放的各项补贴和非货币性福利，包括企业向职工发放的因公外地就医费用、未实行医疗统筹企业职工医疗费用、职工供养直系亲属医疗补贴、供暖费补贴、职工防暑降温费、职工困难补贴、救济费、职工食堂经费补贴、职工交通补贴等。因此，职工食堂支出可以作为企业职工福利费，按照规定在计算企业应纳税所得额时扣除。

根据《国家税务总局关于进一步加强普通发票管理工作的通知》规定，在日常检查中发现纳税人使用不符合规定的发票，特别是没有填开付款方全称的发票，不允许纳税人用于税前扣除、抵扣税款、出口退税和财务报销。所以“白条”不能入账，并且不能在税前扣除。

21. 补缴的社会保险费能否税前扣除?

提问:

企业补缴的基本社会保险费和住房公积金是否可以税前扣除?在所属年度还是补缴年度扣除?我单位因历史原因未给职工缴纳职工基本养老保险金，现对以前年度未缴纳的保险金全额补缴，并在2008年会计年度已向所在地社保局全部补缴，请问：我单位在2008年度企业所得税汇算时是否可在税前扣除补缴的基本养老保险金?

解答精要:

一般应当按照权责发生制的原则在所属年度扣除。如企业在所属年度与实际缴纳年度税负一致，且不会造成企业获得不当税收利益的，也可以在补缴年度扣除。

因此，你单位在 2008 年度所得税汇算时可以税前扣除补缴的基本养老保险金。

22. 工资总额可以扣除员工以个人参保形式缴纳的住房公积金再来缴纳个人所得税吗？

提问：

我们单位尚未办理住房公积金福利，我以个人参保的形式缴纳住房公积金，请问：单位发给我的工资总额可以扣除我以个人参保形式缴纳的住房公积金再来缴纳个人所得税吗？

解答精要：

对于单位未为职工缴纳住房公积金的，而由职工个人自行参与住房公积金制度，并由职工代替单位缴纳应由单位缴纳的住房公积金部分。如果所在城市住房公积金管理部门同意该职工个人缴纳住房公积金，根据现行个人所得税政策规定，其应由职工个人缴纳的部分，可按照有关规定在个人所得税前扣除，而职工个人替单位负担的部分，在计算个人所得税时，不得扣除。

23. 企业为员工缴纳本应由员工本人承担的社会保险费用，可否在企业所得税税前扣除？

解答精要：

根据《企业所得税法》第八条规定，企业实际发生的与取得收入有关的、合理的支出，包括成本、费用、税金、损失和其他支出，准予在计算应纳税所得额时扣除。因此，应该由员工个人承担的社会保险费用属于个人支出行为，不得在税前扣除。

另，根据《国家税务总局关于单位为员工支付有关保险缴纳个人所得税问题的批复》（国税函〔2005〕318 号），依据《中华人民共和国个人所得税法》及有关规定，对企业为员工支付各项免税之外的保险金，应在企业向保险公司缴付时（即该保险落到被保险人的保险账户）并入员工当期的工资收入，按“工资、薪金所得”项目计征个人所得税，税款由企业负责代扣代缴。

24. 没缴保险费的工资能否在税前列支?

解答精要:

按国税函〔2009〕3号文件规定，企业应该给员工缴纳各种社会保险，而未缴纳的，对应的工资不符合合理性原则，不能税前扣除。

25. 基本养老保险和基本医疗保险的扣除范围包括投资者吗?

提问:

《企业所得税实施条例》三十五条规定：投资者的补充养老保险、补充医疗保险费，可以扣除，但是基本养老保险费、基本医疗保险费扣除范围中没提到投资者。我想咨询一下，投资者的具体范围怎样界定？基本养老保险费、基本医疗保险费不可以扣吗?

解答精要:

《中华人民共和国企业所得税法实施条例》第三十五条规定："企业依照国务院有关主管部门或者省级人民政府规定的范围和标准为职工缴纳的基本养老保险费、基本医疗保险费、失业保险费、工伤保险费、生育保险费等基本社会保险费和住房公积金，准予扣除。企业为投资者或者职工支付的补充养老保险费、补充医疗保险费，在国务院财政、税务主管部门规定的范围和标准内，准予扣除。"因此，如果该投资者在本企业任职，企业为其发放工资薪金，且符合《国家税务总局关于企业工资薪金及职工福利费扣除问题的通知》(国税函〔2009〕3号)的相关规定，则贵公司以该投资人的工资为基数缴纳的符合国家规定的基本养老保险费、基本医疗保险费等可以在企业所得税税前扣除。

26. 企业只为少数职工支付的补充养老保险费、补充医疗保险费，能否税前扣除?

解答精要:

企业为少数职工而不是全体职工缴纳的补充保险，不得在税前扣除。

27. 企业自行管理的补充医疗保险能否税前扣除?

提问:

公司按照规定自行建立、自行集中、自行管理（不汇入医保部门等第三方）的补充医疗保险能否税前扣除？

解答精要：

根据财税〔2009〕27 号文件的规定，企业根据国家有关政策规定，为在本企业任职或者受雇的全体员工支付的补充医疗保险费，在不超过职工工资总额 5%标准内的部分，在计算应纳税所得额时准予扣除；超过的部分，不予扣除。苏劳社〔2002〕40 号文件第二条规定："企业补充医疗保险可以由基本医疗保险统筹地区医疗保险经办机构统一管理，也可以由企业或行业自行管理。"财税〔2009〕27 号文件对补充养老保险费、补充医疗保险费的表述是"支付"，而不是"实际发生的医疗费用"，因此在企业自设账户管理符合规定的情况下，计入单独账户管理的补充医疗保险等可按规定税前扣除。

28. 企业补缴去年的工会经费已取得专用收据，在今年能否作纳税调整？

提问：

我公司因故未能将 2009 年的工会经费缴足，已在 2009 年企业所得税汇算时将未缴部分作了调增处理。2010 年 9 月补缴去年的工会经费并取得了专用收据，请问：这部分补缴的 2009 年已作纳税调增的工会经费，在 2010 年取得专用收据后能否在 2010 年企业所得税汇算时作纳税调整减少？

解答精要：

根据《中华人民共和国企业所得税法实施条例》第九条规定：企业应纳税所得额的计算，以权责发生制为原则，属于当期的收入和费用，不论款项是否收付，均作为当期的收入和费用；不属于当期的收入和费用，即使款项已经在当期收付，均不作为当期的收入和费用。本条例和国务院财政、税务主管部门另有规定的除外。第四十一条规定：企业拨缴的工会经费，不超过工资薪金总额 2%的部分，准予扣除。

因此，2010 年缴纳的全部工会经费，不超过当年工资薪金总额 2%的部分准予扣除。

29. 职工教育经费超标部分在以后纳税年度如何处理？

提问：

我公司是中关村科技园区内高新技术企业，根据新下发的财税〔2010〕82 号文件规定，我公司 2010 年职工教育经费可按职工工资总额的 8%进行扣除。2008—2009 年，我公司按所得税法规定按职工工资总额 2.5%核算扣除职工教育经费，这两年共计发生超标不能扣除的教育经费50万元。请问，我公司2008、2009年度超标未扣除的职工教育经费50万元可否结转在2010年按8%扣除标准继续进行计算扣除？

解答精要：

《企业所得税法实施条例》第四十二条规定："除国务院财政、税务主管部门另有规定外，企业发生的职工教育经费支出，不超过工资薪金总额2.5%的部分，准予扣除，超过部分准予在以后纳税年度结转扣除。"

因此2008—2009年超过部分可以结转到2010年及以后年度按扣除标准扣除。

30. 雇主责任险能否作为管理费用在税前扣除？

提问：

企业向保险公司进行雇主责任险的投保业务，雇主责任险的责任范围为：凡被保险人所雇佣的员工，在保险有效期内，在受雇过程中，从事保单所载明的被保险人的业务有关工作时，遭受意外而致受伤、死亡或患与业务有关的职业性疾病，所致伤残或死亡，被保险人根据雇用合同，须负医药费及经济赔偿责任，包括应支出的诉讼费用，由保险公司负责赔偿。企业发生的雇主责任险费用，能否作为管理费用和福利费用在税前中扣除？

解答精要：

根据《企业所得税法实施条例》第三十六条规定，企业为投资者或职工支付的商业保险费，不得扣除。

31. 企业估价入账的原材料，若待所得税汇算期满时仍未取得发票，能否税前扣除？

解答精要：

根据税法规定，企业各项成本、费用要有合法凭证。企业第二年已汇算清缴了，如还没有取得上一年度原材料的合法凭证，要进行纳税调整，不得在所得税税前扣除。

32. "企业达到或超过使用年限而正常报废清理的损失"中的"使用年限"是税法规定的最低折旧年限还是企业内部规定的年限？

提问：

企业固定资产达到或超过使用年限而正常报废清理的损失属于应该清

单申报的资产损失，其中的“使用年限”是指税法规定的最低折旧年限还是指企业实际使用年限？如生产设备税法规定最低年限10年，企业按15年计提折旧，第12年时该设备报废，该损失是应该清单申报还是专项申报？

解答精要：

“使用年限”是指按照企业内部规定计算折旧的年限。假定生产设备税法规定最低年限10年，企业按15年计提折旧，如果企业第12年时该设备报废，该损失属于非正常损失，需要向税务机关专项申报才能税前扣除。

33. 已使用过的固定资产采用缩短计算折旧年限方法加速折旧的，折旧年限如何计算？

提问：

企业已使用过的固定资产，在2008年以后采用缩短计算折旧年限的方法加速折旧的，2008年以后的折旧年限应如何计算？

解答精要：

根据税法及相关文件规定，企业可以实行加速折旧的固定资产限于新税法实施后新购进的固定资产。如企业新购进的固定资产属于已经使过的固定资产，则最低折旧年限应当不得低于实施条例规定的最低折旧年限减去已使用年限后剩余年限的60%。

34. 国企改制后，资产评估增值部份所提折旧是否作纳税调整？

提问：

一电力公司改制为有限责任公司，国有与省电力公司共同持股，改制过程中发生评估增值，新公司按评估后的价值进行了相应账务处理（未重新建账，只作账务调整），以后年度按资产新价值所提固定资产折旧是否作纳税调整？

解答精要：

《中华人民共和国企业所得税法实施条例》第五十六条规定：“企业的各项资产，包括固定资产、生物资产、无形资产、长期待摊费用、投资资产、存货等，以历史成本为计税基础。”

前款所称历史成本，是指企业取得该项资产时实际发生的支出。

企业持有各项资产期间资产增值或者减值，除国务院财政、税务主管部门规定可以确认损益外，不得调整该资产的计税基础。

因此，资产评估增值按照新价值计提折旧应做纳税调整。

35. 达到预定用途发生的支出是否包括为此发生的差旅费、餐费？

提问：

固定资产等资产的计税基础中“使该资产达到预定用途发生的其他支出”的范围是否包括为此发生的差旅费、餐费等？是否包含试生产发生的残次品支出？如果包含，又没有计入固定资产计税基础的话，这属于什么性质？是否受到处罚？对固定资产没有最低金额的限制了，是否意味着低值易耗品也应该当成固定资产了？怎么处理才不违法？

解答精要：

固定资产的计价基础为直接归属使该资产达到预定用途发生的其他支出（如安装费、调试费等），不包括员工的差旅费、餐费。

试生产发生的残次品支出，应作为正常损失处理，不能计入固定资产价格。

根据《企业所得税法实施条例》第五十七条的规定，固定资产的标准主要依据资产的使用时间确定，没有价格要求。低值易耗品使用年限超过一年的，应作为固定资产处理。

36. 购入旧设备的计税基础和使用年限如何确定？

提问：

我公司向同行业企业购入对方已使用过 5 年的机器设备 1 台，该设备出售方购入时的原值是 25 万元，已提折旧 11.875 万元。现我公司以 13.125 万元向该公司购入该设备，该设备预计使用寿命还有 5 年。请问，我公司现在是按 25 万元，分 5 年提取折旧，还是按 13.125 万元，分 10 年提取折旧？

解答精要：

企业外购的固定资产的计税基础和折旧年限，不论新旧，均应该根据《中华人民共和国企业所得税法实施条例》第五十八条和第五十九条以及第六十条处理。其中对购入的旧设备又以按实际使用剩余年限提取折旧。计税基础应为 13.125 万元加上相关税费。

37. 固定资产投入使用后 12 个月内企业仍未取得发票，所得税如何处理？

解答精要：

根据《国家税务总局关于贯彻落实企业所得税法若干税收问题的通知》（国税函〔2010〕79 号），企业固定资产投入使用后，由于工程款项尚未结清未取得全额发票的，可暂按合同规定的金额计入固定资产计税基础计提折旧，待发票取得后进行调整。此条所指的调整，包括根据发票调整企业已投入使用的固定资产的计税基础以及折旧额。

该项调整应在固定资产投入使用后 12 个月内进行。如果该固定资产投入使用 12 个月后企业仍未取得发票的，原来已提取的折旧应作纳税调增，以后按合同金额计提的折旧也不能税前扣除。

38. 工程发票如何进行税务处理？

提问：

根据《国家税务总局关于贯彻落实企业所得税法若干税收问题的通知》（国税函〔2010〕79 号）规定，企业固定资产投入使用后，由于工程款项尚未结清未取得全额发票的，可暂按合同规定的金额计入固定资产计税基础计提折旧，待发票取得后进行调整。但该项调整应在固定资产投入使用后 12 个月内进行。上述是针对固定资产。根据企业所得税法：租入固定资产的改建支出，计入长期待摊费用，在协议约定的租赁期内平均分摊。但该项改建支出也存在上述工程款项尚未结清未取得全额发票的情形，剩余发票取得有期限规定吗？还是按照固定资产的规定？

解答精要：

《国家税务总局关于进一步加强普通发票管理工作的通知》（国税发〔2008〕80 号）规定，在日常检查中发现纳税人使用不符合规定发票特别是没有填开付款方全称的发票，不得允许纳税人用于税前扣除、抵扣税款、出口退税和财务报销。

《国家税务总局关于加强企业所得税管理的意见》（国税发〔2008〕88 号）规定，加强发票核实工作，不符合规定的发票不得作为税前扣除凭据。

因此，企业改建支出尚未取得发票的不允许摊销。根据《中华人民共和国企业所得税法实施条例》第九条规定：企业应纳税所得额的计算，以权责发生制为原则，属于当期的收入和费用，不论款项是否收付，均作为当期的收入和费用；不属于当期的收入和费用，即使款项已经在当期收付，均不作为当期的收入和费用。本条例和国务院财政、税务主管部门另有规定的除外。

39. 员工无偿提供私家车给企业使用，汽油费和保险费可否税前扣除？

提问：

企业员工把私人汽车无偿提供给企业使用，汽油费和保险费是否可以在企业所得税税前列支？

解答精要：

根据《企业所得税法》第八条规定，企业实际发生的与取得收入有关的、合理的支出，包括成本、费用、税金、损失和其他支出，准予在计算应纳税所得额时扣除。企业使用私人汽车，应签订租赁合同，所发生费用为租赁费支出，否则应为职工福利费支出。

40. 将外购礼品用于业务招待，如何填列所得税申报表？

提问：

将外购礼品用于业务招待，所得税申报表如何填列？企业已经将外购的礼品支出计入了"管理费用——业务招待费"，在税前已经做扣除，在填表时做了视同销售处理，请问所对应的视同销售成本是否还要填写？如果填写视同销售成本是否存在重复扣除问题？例如企业购买100元礼品支出计入业务招待费，已税前扣除60%即60元，做视同销售处理调增100元，再做视同销售成本调减100元，这样做不是相当于100元的视同销售收入对应了100元的视同销售成本和60元的管理费用，实际扣除160元么？

解答精要：

《中华人民共和国企业所得税法实施条例》第四十三条规定，企业发生的与生产经营有关的业务招待费支出，按发生额60%扣除，但最高不超过销售收入5‰；《国家税务总局关于企业处置资产所得税处理问题的通知》（国税函〔2008〕828号）规定，企业将其资产用于交际应酬，应做视同销售。对企业视同销售行为中属于外购的资产，可按购入时的价格确定销售收入。

根据以上规定，企业将外购礼品用于业务招待在纳税申报时：

第一，视同销售行为中视同销售收入应在年度申报表附表三第2行作纳税调增，同时视同销售成本在第21行作纳税调减。

第二，按照业务招待费支出发生额60%，和销售收入5‰部分，按照孰低原则确定准予税前扣除的业务招待费支出，填入附表三第26行第2列。

第三，将企业实际发生的业务招待费数额大于准予税前扣除的业务招待费支出的数额填入附表三第26行第3列。

41. 如何区分误餐费、会务费和招待费？

提问：

企业发生的有关吃喝玩乐等方面的费用比较多，有的应该计入业务招待费，有的应该作为误餐费或会务费处理。在报销时，如何将误餐费、会务费和招待费区别开呢？

解答精要：

误餐费是因为企业职工无法回企业食堂进餐而报销的费用，即用餐人是企业职工，原因是无法回企业食堂用餐而发生的支出。招待费是指企业发生的与生产经营活动有关的业务招待费支出。会务费是单位召开会议活动发生的相关支出。企业往往在租用的酒店或宾馆内统一用餐，而这部分餐饮支出，往往被列支为会议费等。列支会务费时，记账凭证附件应该包含会务文件（议题、时间、参会人员、费用标准等内容）及相关签到表、报销发票等，否则税务部门会认定为招待费。

业务招待费的会计规定：业务招待费作为企业生产、经营业务的合理费用，会计制度规定可以据实列支。

业务招待费的税收规定：新企业所得税法规定，企业发生的与生产经营有关的业务招待费支出，按照发生额的60%扣除，但最高不得超过当年销售（营业）收入的5‰。

42. 研发费没有实行专账核算或虽设置账簿但核算混乱的，能否享受相关税收优惠？

解答精要：

企业研究开发费用的税前扣除及与其相关各类税收优惠政策的执行，要求企业财务核算健全并能准确归集研究开发费用，必须对研究开发费用实行专账管理，申报的研究开发费用不真实或资料不齐全的，不得享受相

关税收优惠。

43. 研发部门的差旅费可否加计扣除?

解答精要:

根据《企业研究开发费用税前扣除管理办法(试行)》(国税发〔2008〕116号)规定,企业从事《国家重点支持的高新技术领域》和国家发展和改革委员会等部门公布的《当前优先发展的高技术产业化重点领域指南(2007年度)》规定项目的研究开发活动,其在一个纳税年度中实际发生的下列费用支出,允许在计算应纳税所得额时按照规定实行加计扣除:(1)新产品设计费、新工艺规程制定费以及与研发活动直接相关的技术图书资料费、资料翻译费。(2)从事研发活动直接消耗的材料、燃料和动力费用。(3)在职直接从事研发活动人员的工资、薪金、奖金、津贴、补贴。(4)专门用于研发活动的仪器、设备的折旧费或租赁费。(5)专门用于研发活动的软件、专利权、非专利技术等无形资产的摊销费用。(6)专门用于中间试验和产品试制的模具、工艺装备开发及制造费。(7)勘探开发技术的现场试验费。(8)研发成果的论证、评审、验收费用。由于上述列举可加计扣除的项目不包括差旅费,故对研发部门发生的差旅费支出不可加计扣除。

44. 付给财务公司帮助催款的费用能否税前扣除?

提问:

我公司因历史原因有一些应收账款无法收回,委托财务公司帮我们催讨应收账款,我公司付给财务公司催回款项的20%,请问是否符合财政部、国家税务总局《关于企业手续费及佣金支出税前扣除政策的通知》(财税〔2009〕29号)中所说的手续费和佣金内容,是否按5%的比例税前扣除?另外,财税〔2009〕29号文件中的手续费和佣金都包括哪些项目?

解答精要:

《财政部、国家税务总局关于企业手续费及佣金支出税前扣除政策的通知》(财税〔2009〕29号)第二条规定:“企业应与具有合法经营资格中介服务企业或个人签订代办协议或合同,并按国家有关规定支付手续费及佣金。”可见具有合法经营资格的中介服务企业或个人才是手续费和佣金的支付对象,如果该财务公司不具备上述合法经营资格,则不属于手续费或佣

金支出。

45. 小额贷款公司是否属于金融企业?

提问:

《财政部 国家税务总局关于金融企业贷款损失准备金企业所得税税前扣除有关问题的通知》(财税〔2009〕64 号)规定:国家允许从事贷款业务的金融企业提取贷款损失准备。请问,小额贷款公司是否属于金融企业,是否可以在所得税前提取贷款损失准备金?

解答精要:

根据《财政部 国家税务总局关于金融企业贷款损失准备金企业所得税税前扣除有关问题的通知》(财税〔2009〕64 号)规定,按照国家有关规定成立的小额贷款公司属于“国家允许从事贷款业务的金融企业”,可以适用此文件。

46. 企业向农村小额贷款公司借款的利息支出是否可以全额扣除?

解答精要:

企业向金融企业借款的利息支出允许税前扣除,农村小额贷款公司属于金融企业,因此企业向农村小额贷款公司借款的利息支出可以全额扣除。

47. 如何理解“实际税负不高于境内关联方”?

提问:

财税〔2008〕121 号文件第二条规定:“企业如果能够按照税法及其实施条例的有关规定提供相关资料,并证明相关交易活动符合独立交易原则的;或者该企业的实际税负不高于境内关联方的,其实际支付给境内关联方的利息支出,在计算应纳税所得额时准予扣除。”其中所说的“企业的实际税负”是怎么算的?是指当年度纳税调整并已扣除关联方的利息支出后的应纳税所得额乘以税率(25%)计算的实际应缴纳的所得税额除以营业收入这样一个税负率?还是未扣除利息支出的应纳所得税额除以营业收入?或者实际税负具体又指的什么?

解答精要:

首先,关联企业之间融资利息,必须符合税法实施细则有关规定。

其次,实际税负的比较,是指同期关联企业双方税收负担的比较。由

于当前我国企业所得税设定了许多地区优惠税率、定期减免税等，为防止关联企业借融资转移利润，减少税负，所以，财税〔2008〕121号文件做出了限定。

48. 企业将取得的借款无偿转借给其关联企业，其发生的利息如何税前扣除?

解答精要：

企业将取得的借款无偿转借给其关联企业，借给关联企业部分对应的借款费用作为与企业生产经营无关的支出，不得税前扣除。

49. 企业向关联自然人的借款是否不受同期同类贷款利率限制?

提问：

国税函〔2009〕777号文件中规定企业向股东或其他与企业有关联关系的自然人借款的利息支出，应根据《中华人民共和国企业所得税法》第四十六条及《财政部、国家税务总局关于企业关联方利息支出税前扣除标准有关税收政策问题的通知》（财税〔2008〕121号）规定的条件，计算企业所得税扣除额。这些规定中均未涉及利率。而涉及利率的《企业所得税法实施条例》第三十八条又是针对金融企业和非金融企业的，又未涉及自然人。那么，企业向关联自然人借款利率是否可以不受同期同类贷款利率限制?

解答精要：

按照《财政部 国家税务总局关于企业关联方利息支出税前扣除标准有关税收政策问题的通知》（财税〔2008〕121号）第一条的规定，"企业实际支付给关联方的利息支出，不超过以下规定比例和税法及其实施条例有关规定的部分……"因此，企业向关联自然人借款的利息支出，也要符合《企业所得税法实施条例》第三十八条关于利率的规定。

50. 企业之间融资或向自然人借款，其支付的利息如何税前扣除?

解答精要：

企业在生产经营期间向非金融机构（包括个人）借款的利息支出，应在《企业所得税法实施条例》第三十八条、《国家税务总局关于企业向自然人借款的利息支出企业所得税税前扣除问题的通知》（国税函〔2009〕777

号）规定的标准和范围内，凭借贷合同、借据、资金使用发票、个人所得税代扣凭证等凭据税前扣除。

51. 公司借入其他法人的资金，支付利息时的入账凭据有哪些？

解答精要：

《中华人民共和国发票管理办法》第二十条规定，销售商品、提供服务以及从事其他经营活动的单位和个人，对外发生经营业务收取款项，收款方应向付款方开具发票。所以，对外支付利息应该取得发票作为税前扣除凭据。

52. 研究开发费人工支出中受雇的其他支出，是否包括社保、住房公积、福利费？有何文件规定？

解答精要：

《国家税务总局关于印发〈企业研究开发费用税前扣除管理办法（试行）〉的通知》（国税发〔2008〕116 号）规定，可加计扣除的研究开发费用不包括社保、住房公积、福利费等项费用。

53. 申请加计扣除的研发费是否必须在“管理费用”税目核算？

解答精要：

可申请加计扣除的研发费用必须按照《国家税务总局关于印发〈企业研究开发费用税前扣除管理办法（试行）〉的通知》（国税发〔2008〕116 号）规定的研究开发费用项目范围进行归集。至于是否在“管理费用”科目核算，税法对此没有具体要求。

54. 集团内部统借统还业务是否缴营业税？

解答精要：

根据《财政部、国家税务总局关于非金融机构统借统还业务征收营业税问题的通知》（财税〔2000〕7 号）规定，对企业主管部门或企业集团中的核心企业等单位（以下简称统借方）向金融机构借款后，将所借资金分拨给下属单位（包括独立核算单位和非独立核算单位），并按支付给金融机构的借款利率水平向下属单位收取用于归还金融机构的利息不征收营业税。同时规定，统借方将资金分拨给下属单位，不得按高于支付给金融机构的

借款利率水平向下属单位收取利息，否则，将视为具有从事贷款业务的性质，应对其向下属单位收取的利息全额征收营业税。

另外，根据《国家税务总局关于贷款业务征收营业税问题的通知》（国税发〔2002〕13号）规定，企业集团或集团内的核心企业（以下简称企业集团）委托企业集团所属财务公司代理统借统还贷款业务，从财务公司取得的用于归还金融机构的利息不征收营业税。财务公司承担此项统借统还委托贷款业务，从贷款企业收取贷款利息不代扣代缴营业税。

55. 国税函〔2002〕837号文件是否失效？

提问：

关于《国家税务总局关于中国农业生产资料集团公司所属企业借款利息税前扣除问题的通知》（国税函〔2002〕837号）有几个问题：（1）该文件是否失效？（2）这个文件是否只是针对"中国农业生产资料集团公司所属企业"？（3）这个文件中所说的税法的原则"集团公司统一向金融机构借款，所属企业申请使用，只是资金管理方式的变化，不影响所属企业使用的银行信贷资金的性质，不属于关联企业之间的借款"是否还有效？

解答精要：

《国家税务总局关于中国农业生产资料集团公司所属企业借款利息税前扣除问题的通知》（国税函〔2002〕837号）是对中国农业生产资料集团公司个案规定，该文件未抄送全国，不具有普遍适用性。

56. 分支结构的福利费、教育经费、对外公益捐赠和业务招待费等费用扣除额如何计算？

提问：

我公司在同一市不同县区分别成立了几家分公司，按要求在总公司汇算缴纳企业所得税。对于福利费、教育经费、对外公益捐赠和业务招待费等费用扣除额是以总分机构合并后的收入总额乘以相应比例计算，还是只以分支机构的收入乘以相应比例计算？

解答精要：

《中华人民共和国企业所得税法》第五十条规定，居民企业在中国境内设立不具有法人资格营业机构的，应当汇总计算并缴纳企业所得税。因此，上述公司应该按照总分机构实现的收入总额，乘以相应比例计算扣除限额。

57. 取得土地使用权期限为40年，应如何摊销?

提问：

公司取得土地使用权的期限为40年，公司将其作为无形资产核算，请问该土地使用权可否按40年期限摊销?

解答精要：

《中华人民共和国企业所得税法实施条例》第六十七条规定，作为投资或者受让的无形资产，有关法律规定或者合同约定了使用年限的，可以按照规定或者约定的使用年限分期摊销。因此，该土地使用权应当按40年期限摊销。

58. 汇率变动，未实现的汇兑损益是否作纳税调整?

提问：

由于汇率变动，期末根据实际汇率调整形成的未实现汇兑损益，是否作纳税调整?

解答精要：

《中华人民共和国企业所得税法实施条例》第三十九条规定，期末根据实际汇率调整形成的汇兑损益，除已经计入有关资产成本以及向所有者进行利润分配相关的部分以外的部分，无论是否实现，均应计入当期应纳税所得额作纳税调整。需要提示的是，请注意汇率变动与公允价值变动的纳税调整政策差异。

59. 研发项目中职责为全面主持（或协调）项目的进行人员算不算直接从事研发活动人员?

提问：

在企业研发费加计扣除的审核过程中，一般一个研发项目中会有一个或若干个项目负责人，职责为全面主持（或协调）项目的进行。请问，此类人员算不算直接从事研发活动人员?

解答精要：

此问题需依据实际情况具体分析和判定。原则上，如果上述人员属于为研发活动提供直接服务的管理人员，则属于“直接从事研发活动人员”

的范围。

60. 企业内部的技术改造费用是否适用研发费用加计扣除政策?

提问:

企业内部进行技术改造的费用，是否适用研发费用加计扣除政策?

解答精要:

《国家税务总局关于印发〈企业研究开发费用税前扣除管理办法（试行)〉的通知》(国税发〔2008〕116号）规定，研究开发活动是指企业为获得科学与技术（不包括人文、社会科学）新知识，创造性运用科学技术新知识，或实质性改进技术、工艺、产品（服务）而持续进行的具有明确目标的研究开发活动。

创造性运用科学技术新知识，或实质性改进技术、工艺、产品（服务)，是指企业通过研究开发活动在技术、工艺、产品（服务）方面的创新取得了有价值的成果，对本地区（省、自治区、直辖市或计划单列市）相关行业的技术、工艺领先具有推动作用，不包括企业产品（服务）的常规性升级或对公开的科研成果直接应用等活动（如直接采用公开的新工艺、材料、装置、产品、服务或知识等)。同时，企业从事的研究开发活动的有关支出，应符合《国家重点支持的高新技术领域》和国家发展改革委员会等部门公布的《当前优先发展的高技术产业化重点领域指南（2007年度)》的规定项目。凡符合规定项目定义和范围的，可享受研发费用加计扣除；不符合定义和范围的，则不能享受研发费用加计扣除。

CHAPTER

9 第九章 资产损失和对外捐赠环节

第一节　企业资产损失税前扣除

企业实际发生的与取得收入有关的、合理的损失，准予在计算应纳税所得额时扣除。所称损失，是指企业在生产经营活动中发生的固定资产和存货的盘亏、毁损、报废损失，转让财产损失，呆账损失，坏账损失，自然灾害等不可抗力因素造成的损失以及其他损失。企业发生的损失，减除责任人赔偿和保险赔款后的余额，依照国务院财政、税务主管部门的规定扣除。企业已经作为损失处理的资产，在以后纳税年度又全部收回或者部分收回时，应当计入当期收入。

一、企业资产损失税前扣除政策

（一）企业资产损失税前扣除政策

根据《关于企业资产损失税前扣除政策的通知》（财税〔2009〕57号），企业资产损失是指企业在生产经营活动中实际发生的、与取得应税收入有关的资产损失，包括现金损失，存款损失，坏账损失，贷款损失，股权投资损失，固定资产和存货的盘亏、毁损、报废、被盗损失，自然灾害等不可抗力因素造成的损失以及其他损失。

1. 现金损失

企业清查出的现金短缺减除责任人赔偿后的余额，作为现金损失在计算应纳税所得额时扣除。

2. 存款损失

企业将货币性资金存入法定具有吸收存款职能的机构，因该机构依法破产、清算，或者政府责令停业、关闭等原因，确实不能收回的部分，作为存款损失在计算应纳税所得额时扣除。

3. 坏账损失

企业除贷款类债权外的应收、预付账款符合下列条件之一的，减除可收回金额后确认的无法收回的应收、预付款项，可以作为坏账损失在计算应纳税所得额时扣除：

（1）债务人依法宣告破产、关闭、解散、被撤销，或者被依法注销、吊销营业执照，其清算财产不足清偿的；

（2）债务人死亡，或者依法被宣告失踪、死亡，其财产或者遗产不足清偿的；

（3）债务人逾期3年以上未清偿，且有确凿证据证明已无力清偿债务的；

（4）与债务人达成债务重组协议或法院批准破产重整计划后，无法追偿的；

（5）因自然灾害、战争等不可抗力导致无法收回的；

（6）国务院财政、税务主管部门规定的其他条件。

4. 贷款损失

企业经采取所有可能的措施和实施必要的程序之后，符合下列条件之一的贷款类债权，可以作为贷款损失在计算应纳税所得额时扣除：

（1）借款人和担保人依法宣告破产、关闭、解散、被撤销，并终止法人资格，或者已完全停止经营活动，被依法注销、吊销营业执照，对借款人和担保人进行追偿后，未能收回的债权；

（2）借款人死亡，或者依法被宣告失踪、死亡，依法对其财产或者遗产进行清偿，并对担保人进行追偿后，未能收回的债权；

（3）借款人遭受重大自然灾害或者意外事故，损失巨大且不能获得保险补偿，或者以保险赔偿后，确实无力偿还部分或者全部债务，对借款人财产进行清偿和对担保人进行追偿后，未能收回的债权；

（4）借款人触犯刑律，依法受到制裁，其财产不足归还所借债务，又无其他债务承担者，经追偿后确实无法收回的债权；

（5）由于借款人和担保人不能偿还到期债务，企业诉诸法律，经法院对借款人和担保人强制执行，借款人和担保人均无财产可执行，法院裁定执行程序终结或终止（中止）后，仍无法收回的债权；

（6）由于借款人和担保人不能偿还到期债务，企业诉诸法律后，经法院调解或经债权人会议通过，与借款人和担保人达成和解协议或重整协议，在借款人和担保人履行完还款义务后，无法追偿的剩余债权；

（7）由于上述（1）至（6）项原因借款人不能偿还到期债务，企业依法取得抵债资产，抵债金额小于贷款本息的差额，经追偿后仍无法收回的债权；

（8）开立信用证、办理承兑汇票、开具保函等发生垫款时，凡开证申请人和保证人由于上述（1）至（7）项原因，无法偿还垫款，金融企业经追偿后仍无法收回的垫款；

（9）银行卡持卡人和担保人由于上述（1）至（7）项原因，未能还清透支款项，金融企业经追偿后仍无法收回的透支款项；

（10）助学贷款逾期后，在金融企业确定的有效追索期限内，依法处置助学贷款抵押物（质押物），并向担保人追索连带责任后，仍无法收回的贷款；

（11）经国务院专案批准核销的贷款类债权；

（12）国务院财政、税务主管部门规定的其他条件。

5. 股权投资损失

企业的股权投资符合下列条件之一的，减除可收回金额后确认的无法收回的股权投资，可以作为股权投资损失在计算应纳税所得额时扣除：

（1）被投资方依法宣告破产、关闭、解散、被撤销，或者被依法注销、吊销营业执照的；

（2）被投资方财务状况严重恶化，累计发生巨额亏损，已连续停止经营3年以上，且无重新恢复经营改组计划的；

（3）对被投资方不具有控制权，投资期限届满或者投资期限已超过10年，且被投资单位因连续3年经营亏损导致资不抵债的；

（4）被投资方财务状况严重恶化，累计发生巨额亏损，已完成清算或清算期超过3年以上的；

（5）国务院财政、税务主管部门规定的其他条件。

6. 固定资产或存货盘亏损失

对企业盘亏的固定资产或存货，以该固定资产的账面净值或存货的成本减除责任人赔偿后的余额，作为固定资产或存货盘亏损失在计算应纳税所得额时扣除。

7. 固定资产或存货毁损、报废损失

对企业毁损、报废的固定资产或存货，以该固定资产的账面净值或存货的成本减除残值、保险赔款和责任人赔偿后的余额，作为固定资产或存货毁损、报废损失在计算应纳税所得额时扣除。

8. 固定资产或存货被盗损失

对企业被盗的固定资产或存货，以该固定资产的账面净值或存货的成本减除保险赔款和责任人赔偿后的余额，作为固定资产或存货被盗损失在计算应纳税所得额时扣除。

9. 其他事项

（1）不得抵扣的进项税额。

企业因存货盘亏、毁损、报废、被盗等原因不得从增值税销项税额中抵扣的进项税额，可以与存货损失一起在计算应纳税所得额时扣除。

（2）以后年度收回已经扣除的损失。

企业在计算应纳税所得额时已经扣除的资产损失，在以后纳税年度全部或者部分收回时，其收回部分应当作为收入计入收回当期的应纳税所得额。

（3）境内外损失分开核算。

企业境内、境外营业机构发生的资产损失应分开核算，对境外营业机构由于发生资产损失而产生的亏损，不得在计算境内应纳税所得额时扣除。

（4）合法证据的提供。

企业对其扣除的各项资产损失，应当提供能够证明资产损失确属已实际发生的合法证据，包括具有法律效力的外部证据、具有法定资质的中介机构的经济鉴证证明、具有法定资质的专业机构的技术鉴定证明等。

二、企业资产损失所得税税前扣除管理办法

根据《国家税务总局关于发布〈企业资产损失所得税税前扣除管理办法〉的公告》（国家税务总局公告 2011 年第 25 号），企业发生的资产损失，应按规定的程序和要求向主管税务机关申报后方能在税前扣除。未经申报的损失，不得在税前扣除。

（一）基本原则

准予在企业所得税税前扣除的资产损失，分为实际资产损失和法定资产损失。实际资产损失是指企业在实际处置、转让上述资产过程中发生的合理损失。企业实际资产损失，应当在其实际发生且会计上已作损失处理的年度申报扣除。法定资产损失是指企业虽未实际处置、转让上述资产，但符合《通知》和本办法规定条件计算确认的损失。法定资产损失，应当在企业向主管税务机关提供证据资料证明该项资产已符合法定资产损失确认条件，且会计上已作损失处理的年度申报扣除。

企业以前年度发生的资产损失未能在当年税前扣除的，可以按照本办法的规定，向税务机关说明并进行专项申报扣除。其中，属于实际资产损失，准予追补至该项损失发生年度扣除，其追补确认期限一般不得超过五年，但因计划经济体制转轨过程中遗留的资产损失、企业重组上市过程中因权属不清出现争议而未能及时扣除的资产损失、因承担国家政策性任务而形成的资产损失以及政策定性不明确而形成资产损失等特殊原因形成的资产损失，其追补确认期限经国家税务总局批准后可适当延长。属于法定资产损失，应在申报年度扣除。

企业因以前年度实际资产损失未在税前扣除而多缴的企业所得税税款，可在追补确认年度企业所得税应纳税款中予以抵扣，不足抵扣的，向以后年度递延抵扣。

企业实际资产损失发生年度扣除追补确认的损失后出现亏损的，应先调整资产损失发生年度的亏损额，再按弥补亏损的原则计算以后年度多缴的企业所得税税款，并按前款办法进行税务处理。

（二）申报管理

企业在进行企业所得税年度汇算清缴申报时，可将资产损失申报材料和纳税资料作为企业所得税年度纳税申报表的附件一并向税务机关报送。

1. 申报的方式

企业资产损失按其申报内容和要求的不同，分为清单申报和专项申报两种申报形式。其中，属于清单申报的资产损失，企业可按会计核算科目进行归类、汇总，然后再将汇总清单报送税务机关，有关会计核算资料和纳税资料留存备查；属于专项申报的资产损失，企业应逐项（或逐笔）报送申请报告，同时附送会计核算资料及其他相关的纳税资料。企业在申报资产损失税前扣除过程中不符合上述要求的，税务机关应当要求其改正，企业拒绝改正的，税务机关有权不予受理。

下列资产损失，应以清单申报的方式向税务机关申报扣除：（1）企业在正常经营管理活动中，按照公允价格销售、转让、变卖非货币资产的损失；（2）企业各项存货发生的正常损耗；（3）企业固定资产达到或超过使用年限而正常报废清理的损失；（4）企业生产性生物资产达到或超过使用年限而正常死亡发生的资产损失；（5）企业按照市场公平交易原则，通过各种交易场所、市场等买卖债券、股票、期货、基金以及金融衍生产品等发生的损失。

上述资产损失以外的资产损失，应以专项申报的方式向税务机关申报扣除。企业无法准确判别是否属于清单申报扣除的资产损失，可以采取专项申报的形式申报扣除。企业因国务院决定事项形成的资产损失，应向国家税务总局提供有关资料。国家税务总局审核有关情况后，将损失情况通知相关税务机关。企业应按本办法的要求进行专项申报。属于专项申报的资产损失，企业因特殊原因不能在规定的时限内报送相关资料的，可以向主管税务机关提出申请，经主管税务机关同意后，可适当延期申报。

2. 跨地区经营的汇总纳税企业的申报要求

在中国境内跨地区经营的汇总纳税企业发生的资产损失，应按以下规定申报扣除：（1）总机构及其分支机构发生的资产损失，除应按专项申报和清单申报的有关规定，各自向当地主管税务机关申报外，各分支机构同时还应上报总机构；（2）总机构对各分支机构上报的资产损失，除税务机关另有规定外，应以清单申报的形式向当地主管税务机关进行申报；（3）总机构将跨地区分支机构所属资产捆绑打包转让所发生的资产损失，由总机构向当地主管税务机关进行专项申报。

（三）资产损失的确认证据

企业资产损失相关的证据包括具有法律效力的外部证据和特定事项的企业内部证据。具有法律效力的外部证据，是指司法机关、行政机关、专业技术鉴定部门等依法出具的与本企业资产损失相关的具有法律效力的书面文件，主要包括：司法机关的判决或者裁定；公安机关的立案结案证明、回复；工商部门出具的注销、吊销及停业证明；企业的破产清算公告或清偿文件；行政机关的公文；专业技术部门的鉴定报告；具有法定资质的中介机构的经济鉴定证明；仲裁机构的仲裁文书；保险公司对投保资产出具的出险调查单、理赔计算单等保险单据；符合法律规定的其他证据。

特定事项的企业内部证据，是指会计核算制度健全、内部控制制度完善的企业，对各项资产发生毁损、报废、盘亏、死亡、变质等内部证明或承担责任的声明，主要包括：有关会计核算资料和原始凭证；资产盘点表；相关经济行为的业务合同；企业内部技术鉴定部门的鉴定文件或资料；企业内部核批文件及有关情况说明；对责任人由于经营管理责任造成损失的责任认定及赔偿情况说明；法定代表人、企业负责人和企业财务负责人对特定事项真实性承担法律责任的声明。

1. 现金损失的确认证据

现金损失应依据以下证据材料确认：现金保管人确认的现金盘点表（包括倒推至基准日的记录）；现金保管人对于短缺的说明及相关核准文件；对责任人由于管理责任造成损失的责任认定及赔偿情况的说明；涉及刑事犯罪的，应有司法机关出具的相关材料；金融机构出具的假币收缴证明。

2. 银行存款损失的确认证据

企业因金融机构清算而发生的存款类资产损失应依据以下证据材料确认：企业存款类资产的原始凭据；金融机构破产、清算的法律文件；金融机构清算后剩余资产分配情况资料。金融机构应清算而未清算超过三年的，企业可将该款项确认为资产损失，但应有法院或破产清算管理人出具的未完成清算证明。

3. 坏账损失的确认证据

企业应收及预付款项坏账损失应依据以下相关证据材料确认：相关事项合同、协议或说明；属于债务人破产清算的，应有人民法院的破产、清算公告；属于诉讼案件的，应出具人民法院的判决书或裁决书或仲裁机构的仲裁书，或者被法院裁定终（中）止执行的法律文书；属于债务人停止营业的，应有工商部门注销、吊销营业执照证明；属于债务人死亡、失踪的，应有公安机关等有关部门对债务人个人的死亡、失踪证明；属于债务重组的，应有债务重组协议及其债务人重组收益纳税情况说明；属于自然灾害、战争等不可抗力而无法收回的，应有债务人受灾情况说明以及放弃债权申明。企业逾期三年以上的应收款项在会计上已作为损失处理的，可以作为坏账损失，但应说明情况，并出具专项报告。企业逾期一年以上，单笔数额不超过五万或者不超过企业年度收入总额万分之一的应收款项，会计上已经作为损失处理的，可以作为坏账损失，但应说明情况，并出具

专项报告。

4. 存货盘亏损失的确认证据

存货盘亏损失，为其盘亏金额扣除责任人赔偿后的余额，应依据以下证据材料确认：存货计税成本确定依据；企业内部有关责任认定、责任人赔偿说明和内部核批文件；存货盘点表；存货保管人对于盘亏的情况说明。

5. 存货报废、毁损或变质损失的确认证据

存货报废、毁损或变质损失，为其计税成本扣除残值及责任人赔偿后的余额，应依据以下证据材料确认：存货计税成本的确定依据；企业内部关于存货报废、毁损、变质、残值情况说明及核销资料；涉及责任人赔偿的，应当有赔偿情况说明；该项损失数额较大的（指占企业该类资产计税成本10%以上，或减少当年应纳税所得、增加亏损10%以上，下同），应有专业技术鉴定意见或法定资质中介机构出具的专项报告等。

6. 存货被盗损失的确认证据

存货被盗损失，为其计税成本扣除保险理赔以及责任人赔偿后的余额，应依据以下证据材料确认：存货计税成本的确定依据；向公安机关的报案记录；涉及责任人和保险公司赔偿的，应有赔偿情况说明等。

7. 固定资产盘亏、丢失损失的确认证据

固定资产盘亏、丢失损失，为其账面净值扣除责任人赔偿后的余额，应依据以下证据材料确认：企业内部有关责任认定和核销资料；固定资产盘点表；固定资产的计税基础相关资料；固定资产盘亏、丢失情况说明；损失金额较大的，应有专业技术鉴定报告或法定资质中介机构出具的专项报告等。

8. 固定资产报废、毁损损失的确认证据

固定资产报废、毁损损失，为其账面净值扣除残值和责任人赔偿后的余额，应依据以下证据材料确认：固定资产的计税基础相关资料；企业内部有关责任认定和核销资料；企业内部有关部门出具的鉴定材料；涉及责任赔偿的，应当有赔偿情况的说明；损失金额较大的或自然灾害等不可抗力原因造成固定资产毁损、报废的，应有专业技术鉴定意见或法定资质中介机构出具的专项报告等。

9. 固定资产被盗损失的确认证据

固定资产被盗损失，为其账面净值扣除责任人赔偿后的余额，应依据以下证据材料确认：固定资产计税基础相关资料；公安机关的报案记录，公安机关立案、破案和结案的证明材料；涉及责任赔偿的，应有赔偿责任的认定及赔偿情况的说明等。

10. 其他资产损失的确认

企业将不同类别的资产捆绑（打包），以拍卖、询价、竞争性谈判、招标等市场方式出售，其出售价格低于计税成本的差额，可以作为资产损失并准予在税前申报扣除，但应出具资产处置方案、各类资产作价依据、出售过程的情况说明、出售合同或协议、成交及入账证明、资产计税基础等确定依据。

企业正常经营业务因内部控制制度不健全而出现操作不当、不规范或因业务创新但政策不明确、不配套等原因形成的资产损失，应由企业承担的金额，可以作为资产损失并准予在税前申报扣除，但应出具损失原因证明材料或业务监管部门定性证明、损失专项说明。

企业因刑事案件原因形成的损失，应由企业承担的金额，或经公安机关立案侦查两年以上仍未追回的金额，可以作为资产损失并准予在税前申报扣除，但应出具公安机关、人民检察院的立案侦查情况或人民法院的判决书等损失原因证明材料。

《企业资产损失所得税税前扣除管理办法》没有涉及的资产损失事项，只要符合企业所得税法及其实施条例等法律、法规规定的，也可以向税务机关申报扣除。

11. 不得在税前扣除的损失

下列股权和债权不得作为损失在税前扣除：债务人或者担保人有经济偿还能力，未按期偿还的企业债权；违反法律、法规的规定，以各种形式、借口逃废或悬空的企业债权；行政干预逃废或悬空的企业债权；企业未向债务人和担保人追偿的债权；企业发生非经营活动的债权；其他不应当核销的企业债权和股权。

案例 9—1

某税务师事务所对建华建筑公司 2011 年度所得税汇算清缴进行鉴定。发现建华建筑公司 2011 年发生以下资产损失事项，请问：如何进行纳税处理？

(1) 报废一台混凝土搅拌机，原值 145 000 元，预计使用年限 10 年，

已使用 8 年，净值 34 800 元，预计残值 20 000 元。

(2) 转让一台已经使用过的混凝土搅拌机，原值 145 000 元，净值 70 177 元，转让价款 69 823 元。

(3) 应收某公司债权 49 000 元，债权拖欠时间已达 5 年以上，企业按规定作了坏账处理。

分析：

(1) 固定资产报废的账务处理

第一步，固定资产转入清理

借：固定资产清理　　34 800

　　累计折旧　　110 200

　贷：固定资产　　145 000

第二步，预计残值转入原材料

借：原材料　　20 000

　贷：固定资产清理　　20 000

第三步，确认清理净损益

借：营业外支出——处置非流动资产损失　　14 800

　贷：固定资产清理　　14 800

税务处理：因该项固定资产的报废尚未达到固定资产的预计使用年限，所以应以专项申报的方式向税务机关申报税前扣除（如达到或超过固定资产的预计使用年限，应以清单申报的方式向税务机关申报扣除）。申报时应向税务机关提供以下资料：固定资产的计税基础相关资料；企业内部有关责任认定和核销资料；企业内部有关部门出具的鉴定材料；涉及责任赔偿的，应当有赔偿情况的说明；损失金额较大的或自然灾害等不可抗力原因造成固定资产毁损、报废的，应有专业技术鉴定意见或法定资质中介机构出具的专项报告等。

(2) 固定资产转让的账务处理

第一步，固定资产转入清理

借：固定资产清理　　70 177

　　累计折旧　　74 823

　贷：固定资产　　145 000

第二步，出售收入的处理

借：银行存款　　69 823

贷：固定资产清理 69 823

第三步，确认转让损益

借：营业外支出——处置非流动资产损失 354

贷：固定资产清理 354

税务处理：企业在正常经营管理活动中，按照公允价格销售、转让、变卖非货币资产的损失应以清单申报的方式税前扣除。属于清单申报的资产损失，企业可按会计核算科目进行归类、汇总，然后再将汇总清单报送税务机关，有关会计核算资料和纳税资料留存备查。

(3) 企业逾期三年以上的应收款项在会计上已作为损失处理的，可以作为坏账损失，但应说明情况，并出具专项报告。企业应向主管税务机关提供相关事项合同、协议或说明，申请专项申报扣除。

第二节　对外捐赠与赞助支出

一、公益性捐赠

《企业所得税法》第九条规定，企业发生的公益性捐赠支出，在年度利润总额12%以内的部分，准予在计算应纳税所得额时扣除。《企业所得税法实施条例》第五十一条规定，《企业所得税法》第九条所称公益性捐赠，是指企业通过公益性社会团体或者县级以上人民政府及其部门，用于《中华人民共和国公益事业捐赠法》规定的公益事业的捐赠。

根据《关于公益性捐赠税前扣除有关问题的通知》（财税〔2008〕160号），企业通过公益性社会团体或者县级以上人民政府及其部门，用于公益事业的捐赠支出，在年度利润总额12%以内的部分，准予在计算应纳税所得额时扣除。年度利润总额，是指企业依照国家统一会计制度的规定计算的大于零的数额。

个人通过社会团体、国家机关向公益事业的捐赠支出，按照现行税收法律、行政法规及相关政策规定准予在所得税税前扣除。

所称的用于公益事业的捐赠支出，是指《中华人民共和国公益事业捐赠法》规定的向公益事业的捐赠支出，具体范围包括：救助灾害、救济贫困、扶助残疾人等困难的社会群体和个人的活动；教育、科学、文化、卫

生、体育事业；环境保护、社会公共设施建设；促进社会发展和进步的其他社会公共和福利事业。

公益性社会团体和县级以上人民政府及其组成部门和直属机构在接受捐赠时，应按照行政管理级次分别使用由财政部或省、自治区、直辖市财政部门印制的公益性捐赠票据，并加盖本单位的印章；对个人索取捐赠票据的，应予以开具。

二、非公益性对外捐赠、赞助支出

根据《企业所得税法》第十条之规定，企业发生的的公益性捐赠以外的捐赠支出、赞助支出，不得税前扣除。

所谓赞助支出，是指企业发生的与生产经营活动无关的各种非广告性质支出。认定赞助支出，主要是要区别它与公益性捐赠和广告支出的差别。所谓公益性捐赠，是指企业用于公益事业的捐赠，不具有有偿性，所捐助范围也是公益性质，而赞助支出具有明显的商业目的，所捐助范围一般也不具有公益性质，两者容易区分。广告支出，是企业为了推销或者提高其产品、服务等的知名度和认可度为目的，通过一定的媒介，公开地对不特定公众所进行的宣传活动所发生的支出，与企业的生产经营活动密切相关，而赞助支出与企业的生产经营活动无关。

案例 9—2

某税务师事务所对建华建筑公司 2011 年度所得税汇算清缴进行鉴定。发现该公司 2011 年度发生以下经济事项，请问分别如何进行纳税处理？

(1) 所属西北项目部为融洽当地村民关系，为驻地村庄项目打井 12 眼，发生费用 50 万元，该项目部将此项费用列入了“营业外支出——捐赠支出”。

(2) 公司为相应驻地政府的号召，为当地红十字会捐款 30 万元，并取得了红十字会开具的公益性捐赠票据，公司将此项费用列入了“营业外支出——捐赠支出”。

分析：

(1) 企业发生的与生产经营活动无关的各种非广告性质支出不得税前扣除。所以，该公司为驻地村民打井的支出与生产经营活动无关，所以不得税前支出。

(2) 企业发生的公益性捐赠支出，在年度利润总额12%以内的部分，准予在计算应纳税所得额时扣除。公益性社会团体和县级以上人民政府及其组成部门和直属机构在接受捐赠时，应按照行政管理级次分别使用由财政部或省、自治区、直辖市财政部门印制的公益性捐赠票据，并加盖本单位的印章。所以，该公司通过红十字会并取得公益性捐赠发票的捐赠支出在公司年度利润总额12%以内的部分，可以税前扣除。

第三节　典型问题分析

1. 资产损失企业所得税税前如何扣除?

提问:

按照国税发〔2009〕88号文件、国税函〔2009〕772号文件的规定，我公司已在2011年2月份办理税前扣除的申请，并于4月初税前扣除事项获得当地税务机关批准。2011年4月8日，国税总局下发《企业资产损失所得税税前扣除管理办法》(2011第25号公告)，第五十二条规定：2011第25号公告自2011年1月1日起施行，国税发〔2009〕88号文件、国税函〔2009〕772号文件、国税函〔2009〕196号文件同时废止。本办法生效之日起未进行税务处理的资产损失事项，也应按本办法执行。2011年25号公告在4月8日下发后，当地税务机关通知我企业：由于4月8日下发的2011年25号公告2011年1月1日正式生效，国税发〔2009〕88号、国税函〔2009〕772号等两个文件同时失效，因此当地税务机关在2011年4月初批准我企业的投资损失税前扣除事项的税法依据（国税发〔2009〕88号文件、国税函〔2009〕772号文件）被公告失效，要求我公司依据2011年25号公告重新办理投资损失税前扣除事项。问题：(1) 我公司于4月初获批的资产损失税前扣除事项是否有必要重新办理?(2) 2011年25号公告的税法生效日期在发布日期之前，是否符合不溯及既往的行政法原则?

解答精要:

根据《国家税务总局关于印发《企业资产损失所得税税前扣除管理办法》的公告》(2011第25号公告)要求税务机关不再审批资产损失事项，该《公告》印发时间为2011年4月8日，此前，你公司4月份取得税务机

关的资产损失的行政审批事项应该是有效的，在汇算清缴时可以直接扣除相应资产损失，不必按照国税发〔2009〕88号文件重新办理手续。

2. 以前年度未扣除的资产损失可否在以后年度扣除?

提问:

企业以前年度发生的资产损失，未能在当年申报扣除的，可否在以后年度申报扣除?

解答精要:

根据《国家税务总局关于发布〈企业资产损失所得税税前扣除管理办法〉的公告》(国家税务总局公告2011年第25号）第五条、第六条规定，企业发生的资产损失，应按规定的程序和要求向主管税务机关申报后，方能在税前扣除。未经申报的损失，不得在税前扣除。

企业以前年度发生的资产损失未能在当年税前扣除的，可以按照本办法的规定，向税务机关说明并进行专项申报扣除。其中，属于实际资产损失，准予追补至该项损失发生年度扣除，其追补确认期限一般不得超过5年，但因计划经济体制转轨过程中遗留的资产损失、企业重组上市过程中因权属不清出现争议而未能及时扣除的资产损失、因承担国家政策性任务而形成的资产损失以及政策定性不明确而形成资产损失等特殊原因形成的资产损失，其追补确认期限经国家税务总局批准后可适当延长。属于法定资产损失，应在申报年度扣除。

企业因以前年度实际资产损失未在税前扣除而多缴的企业所得税税款，可在追补确认年度企业所得税应纳税款中予以抵扣，不足抵扣的，向以后年度递延抵扣。企业实际资产损失发生年度扣除追补确认的损失后出现亏损的，应先调整资产损失发生年度的亏损额，再按弥补亏损的原则计算以后年度多缴的企业所得税税款，并按前款办法进行税务处理。

3. 公司对外公司的奖励是否可以税前扣除?

提问:

我公司盖了一栋办公楼，由于承建商比较敬业，为我公司节约了200万，我公司拟拿出节约金额的10%用于奖励该承建商。由于原建筑合同已经结束，奖励合同将重新签订。且奖励费用较小无须增加固定资产原值，请问作为费用处理的奖金是否可以所得税税前扣除?

解答精要：

该栋办公楼已竣工结算，你公司给予的建筑合同外奖励款不计入办公楼原值，该项奖励款视同你公司对建筑公司的直接捐赠，不属于公益性捐赠，不得税前扣除。

4. 因意外没有计提完折旧就已报废的固定资产如何处理？

提问：

企业固定资产因意外事故在没有计提完折旧的情况下就已报废，这部分损失可否在年终企业所得税汇算清缴时扣除？

解答精要：

根据《国家税务总局关于发布〈企业资产损失所得税税前扣除管理办法〉的公告》（国家税务总局公告 2011 年第 25 号）第八条、第九条规定，企业资产损失按其申报内容和要求的不同，分为清单申报和专项申报两种申报形式。其中，属于清单申报的资产损失，企业可按会计核算科目进行归类、汇总，然后再将汇总清单报送税务机关，有关会计核算资料和纳税资料留存备查。属于专项申报的资产损失，企业应逐项（或逐笔）报送申请报告，同时附送会计核算资料及其他相关的纳税资料。企业在申报资产损失税前扣除过程中不符合上述要求的，税务机关应当要求其改正，企业拒绝改正的，税务机关有权不予受理。

下列资产损失，应以清单申报的方式向税务机关申报扣除：（1）企业在正常经营管理活动中，按照公允价格销售、转让、变卖非货币资产的损失。（2）企业各项存货发生的正常损耗。（3）企业固定资产达到或超过使用年限而正常报废清理的损失。（4）企业生产性生物资产达到或超过使用年限而正常死亡发生的资产损失。（5）企业按照市场公平交易原则，通过各种交易场所、市场等买卖债券、股票、期货、基金以及金融衍生产品等发生的损失。前条以外的资产损失，应以专项申报的方式向税务机关申报扣除。企业无法准确判别是否属于清单申报扣除的资产损失，可以采取专项申报的形式申报扣除。

固定资产报废、毁损损失，为其账面净值扣除残值和责任人赔偿后的余额，应依据以下证据材料确认：（1）固定资产的计税基础相关资料。（2）企业内部有关责任认定和核销资料。（3）企业内部有关部门出具的鉴定材料。（4）涉及责任赔偿的，应当有赔偿情况的说明。（5）损失金额较

大的或自然灾害等不可抗力原因造成固定资产毁损、报废的，应有专业技术鉴定意见或法定资质中介机构出具的专项报告等。

5. 房地产企业因国家无偿收回土地使用权形成损失，如何在税前扣除？

提问：

某房地产企业因国家无偿收回土地使用权形成损失，如何在税前扣除？

解答精要：

根据《国家税务总局关于印发〈房地产开发经营业务企业所得税处理办法〉的通知》（国税发〔2009〕31号）第二十二条规定，企业因国家无偿收回土地使用权而形成的损失，可作为财产损失按照有关规定税前扣除。

CHAPTER

10 第十章 所得税汇算清缴环节

第一节　所得税的征管范围

一、所得税收入分享改革

为了促进社会主义市场经济的健康发展，进一步规范中央和地方政府之间的分配关系，建立合理的分配机制，防止重复建设，减缓地区间财力差距的扩大，支持西部大开发，逐步实现共同富裕，国务院决定从 2002 年 1 月 1 日起实施所得税收入分享改革。根据《国务院关于印发所得税收入分享改革方案的通知》（国发〔2001〕37 号），改革的基本原则是：第一，中央因改革所得税收入分享办法增加的收入全部用于对地方主要是中西部地区的一般性转移支付。第二，保证地方既得利益，不影响地方财政的平稳运行。第三，改革循序渐进，分享比例分年逐步到位。第四，所得税分享范围和比例全国统一，保持财政体制规范和便于税收征管。改革的主要内容是：除少数特殊行业或企业外，对其他企业所得税和个人所得税收入实行中央与地方按比例分享。中央保证各地区 2001 年地方实际的所得税收入基数，实施增量分成。

（1）分享范围。除铁路运输、国家邮政、中国工商银行、中国农业银行、中国银行、中国建设银行、国家开发银行、中国农业发展银行、中国进出口银行以及海洋石油天然气企业缴纳的所得税继续作为中央收入外，其他企业所得税和个人所得税收入由中央与地方按比例分享。

（2）分享比例。2002 年所得税收入中央分享 50%，地方分享 50%；

2003年所得税收入中央分享60%，地方分享40%；2003年以后年份的分享比例根据实际收入情况再行考虑。

（3）基数计算。以2001年为基期，按改革方案确定的分享范围和比例计算，地方分享的所得税收入，如果小于地方实际所得税收入，差额部分由中央作为基数返还地方；如果大于地方实际所得税收入，差额部分由地方作为基数上解中央。具体计算办法由财政部另行通知。

（4）跨地区经营、集中缴库的中央企业所得税等收入，按相关因素在有关地区之间进行分配。

中央财政因所得税分享改革增加的收入，按照公平、公正的原则，采用规范的方法进行分配，对地方主要是中西部地区实行转移支付。地方所得的转移支付资金由地方政府根据本地实际，统筹安排，合理使用，首先用于保障机关事业单位职工工资发放和机构正常运转等基本需要。

二、所得税收入分享体制改革后税收征管范围

根据《国务院关于印发所得税收入分享改革方案的通知》（国发〔2001〕37号）精神，国家税务总局下发了《国家税务总局关于所得税收入分享体制改革后税收征管范围的通知》（国税发〔2002〕8号），明确了国家税务局、地方税务局的征收管理范围。

1. 2001年12月31日前国家税务局、地方税务局征收管理的企业所得税、个人所得税（包括储蓄存款利息所得个人所得税），以及按现行规定征收管理的外商投资企业和外国企业所得税，仍由原征管机关征收管理，不作变动。

2. 自2002年1月1日起，按国家工商行政管理总局的有关规定，在各级工商行政管理部门办理设立（开业）登记的企业，其企业所得税由国家税务局负责征收管理。但下列办理设立（开业）登记的企业仍由地方税务局负责征收管理：

（1）两个以上企业合并设立一个新的企业，合并各方解散，但合并各方原均为地方税务局征收管理的；

（2）因分立而新设立的企业，但原企业由地方税务局负责征收管理的；

（3）原缴纳企业所得税的事业单位改制为企业办理设立登记，但原事业单位由地方税务局负责征收管理的。

在工商行政管理部门办理变更登记的企业，其企业所得税仍由原征收

机关负责征收管理。

3. 自 2002 年 1 月 1 日起，在其他行政管理部门新登记注册、领取许可证的事业单位、社会团体、律师事务所、医院、学校等缴纳企业所得税的其他组织，其企业所得税由国家税务局负责征收管理。

4. 2001 年 12 月 31 日前已在工商行政管理部门和其他行政管理部门登记注册，但未进行税务登记的企事业单位及其他组织，在 2002 年 1 月 1 日后进行税务登记的，其企业所得税按原规定的征管范围，由国家税务局、地方税务局分别征收管理。

5. 2001 年底前的债转股企业、中央企事业单位参股的股份制企业和联营企业，仍由原征管机关征收管理，不再调整。

6. 不实行所得税分享的铁路运输（包括广铁集团）、国家邮政、中国工商银行、中国农业银行、中国银行、中国建设银行、国家开发银行、中国农业发展银行、中国进出口银行以及海洋石油天然气企业，由国家税务局负责征收管理。

7. 除储蓄存款利息所得以外的个人所得税（包括个人独资、合伙企业的个人所得税），仍由地方税务局负责征收管理。

随着企业改革不断深化，企业改组改制形式日趋多样，出现了一些新的情况，给所得税征管工作带来了新的问题，为了切实贯彻落实依法治税原则，堵塞征管漏洞，需要进一步明确企业改组改制以及经营形式发生变化后的企业所得税征管范围。为此，在国税发〔2002〕8 号文件规定精神的基础上，国家税务总局下发了《国家税务总局关于所得税收入分享体制改革后税收征管范围的补充通知》，就企业所得税征管范围问题作了进一步明确。

1. 原有企业凡属下列情况者，即使办理了设立（开业）登记，其企业所得税仍由原征管机关征管：

(1) 原有企业整体转让出售（拍卖），原有企业仍继续存在并具备独立纳税人资格的。但如原有企业整体转让出售（拍卖）后成为收购企业的全资子公司，且纳入收购企业合并纳税范围的，则整体转让出售（拍卖）企业的所得税应当由负责收购企业的所得税征管的税务机关征管。

(2) 企业采用吸收合并方式合并其他企业（被合并企业注销）而存续的。

(3) 合伙企业改组为有限责任公司或股份有限公司，且改组时没有吸收外来投资的。

(4) 按国家工商行政管理总局的规定应当办理变更登记的，如企业扩建、改变领导（隶属）关系、企业名称、企业类型、经济性质、经营范围、经营期限、经营方式、法定代表人、股东、股东或公司发起人姓名（名称）、注册资本、增设或撤销分支机构以及住所、经营场所变更等有关事项的。

2. 原有内资企业改组改制为外商投资企业，并按规定征收外商投资企业和外国企业所得税的，不论企业办理何种工商登记，应当一律按照《国务院办公厅转发〈国家税务总局关于调整国家税务局、地方税务局税收征管范围的意见〉的通知》（国办发〔1996〕4号）中关于外商投资企业和外国企业所得税管理权限的规定确定征管范围。

3. 事业单位、社会团体的征管范围，按照国家税务总局国税发〔2002〕8号文件和上述规定精神执行。

4. 本规定自2003年7月1日起执行。为了保持征管秩序稳定，7月1日之前已由国家税务局或地方税务局实际征管的内资企业，征管范围与本通知不符的，也不再调整。

三、2009年以后新增企业的所得税征管范围

为深入贯彻落实科学发展观，进一步提高企业所得税征管质量和效率，经国务院同意，国家税务总局2008年12月16日下发了《国家税务总局关于调整新增企业所得税征管范围问题的通知》，对2009年以后新增企业的所得税征管范围调整如下：

（一）基本规定

以2008年为基年，2008年底之前国家税务局、地方税务局各自管理的企业所得税纳税人不作调整。2009年起新增企业所得税纳税人中，应缴纳增值税的企业，其企业所得税由国家税务局管理；应缴纳营业税的企业，其企业所得税由地方税务局管理。

同时，2009年起下列新增企业的所得税征管范围实行以下规定：

(1) 企业所得税全额为中央收入的企业和在国家税务局缴纳营业税的企业，其企业所得税由国家税务局管理。

(2) 银行（信用社）、保险公司的企业所得税由国家税务局管理，除上

述规定外的其他各类金融企业的企业所得税由地方税务局管理。

(3) 外商投资企业和外国企业常驻代表机构的企业所得税仍由国家税务局管理。

(二) 对若干具体问题的规定

(1) 境内单位和个人向非居民企业支付《中华人民共和国企业所得税法》第三条第三款规定的所得的，该项所得应扣缴的企业所得税的征管，分别由支付该项所得的境内单位和个人的所得税主管国家税务局或地方税务局负责。

(2) 2008 年底之前已成立跨区经营汇总纳税企业，2009 年起新设立的分支机构，其企业所得税的征管部门应与总机构企业所得税征管部门相一致；2009 年起新增跨区经营汇总纳税企业，总机构按基本规定确定的原则划分征管归属，其分支机构企业所得税的管理部门也应与总机构企业所得税管理部门相一致。

(3) 按税法规定免缴流转税的企业，按其免缴的流转税税种确定企业所得税征管归属；既不缴纳增值税也不缴纳营业税的企业，其企业所得税暂由地方税务局管理。

(4) 既缴纳增值税又缴纳营业税的企业，原则上按照其税务登记时自行申报的主营业务应缴纳的流转税税种确定征管归属；企业税务登记时无法确定主营业务的，一般以工商登记注明的第一项业务为准；一经确定，原则上不再调整。

(5) 2009 年起新增企业，是指按照《财政部 国家税务总局关于享受企业所得税优惠政策的新办企业认定标准的通知》(财税〔2006〕1 号) 及有关规定的新办企业认定标准成立的企业。

第二节　建筑业企业所得税的征收管理

国家税务总局在综合了《关于跨地区经营汇总纳税企业所得税征收管理若干问题的通知》(国税函〔2009〕221 号) 以及《关于建筑企业所得税征管有关问题的通知》(国税函〔2010〕39 号) 文件的基础上，充分考虑各地对建筑行业的实际征管状况，发布了《国家税务总局关于跨地区经营建筑企业所得税征收管理问题的通知》(国税函〔2010〕156 号)，对建筑

企业总机构直接管理的跨地区设立的项目部的企业所得税纳税问题进行了规范。

一、总机构直属跨区施工项目部的企业所得税预缴

一般由总机构与建设方签订施工合同，且直接以总机构的名义组织施工。施工企业凭有效的《外出经营活动税收管理证明》回机构所在地缴纳企业所得税。但是，建筑企业总机构直接管理的跨地区（指跨省、自治区、直辖市和计划单列市）设立的项目经理部（包括与项目经理部性质相同的工程指挥部、合同段等），根据国税函〔2010〕156号文件规定，自2010年1月1日起，要按项目实际经营收入的0.2%按月或按季度由总机构向项目所在地预分企业所得税，并由项目部向所在地主管税务机关预缴。总机构扣除已由项目部预缴的企业所得税后，按照其余额就地缴纳。建筑企业总机构在办理企业所得税预缴和汇算清缴时，应附送其所直接管理的跨地区经营项目部就地预缴税款的完税证明。对外省市超越总局规定，按自行制定的文件扣缴的企业所得税，对于超过总局规定的预分比例多缴的税款不予承认，同时纠正其错误申报。

对于一些手续不齐全的挂靠单位，若没有按税法规定的时间、程序开具《外出经营活动税收管理证明》以及开具的证明超过税法规定的有效期限的，或者没有向所在地主管税务机关提供总机构出具的证明该项目部属于总机构或二级分支机构管理的证明文件的，应作为独立纳税人就地缴纳企业所得税，其工程项目所得税由工程所在地税务机关结合当地实际就地征收。

二、二级分支机构的企业所得税预缴

（一）跨省经营

属于跨省经营的，根据国家税务总局《关于印发〈跨地区经营汇总纳税企业所得税征收管理暂行办法〉的通知》（国税发〔2008〕28号）规定，按照“统一计算、分级管理、就地预缴、汇总清算、财政调库”的办法计算缴纳企业所得税，分支机构应在项目所在地按月或按季度预缴企业所得税。例外的情形为新设立的分支机构，设立当年不就地预缴企业所得税。若总机构既有直接管理的跨地区项目部，又有跨地区二级分支机构的，先

扣除已由项目部预缴的企业所得税后，再按照国税发〔2008〕28号文件规定计算总、分支机构应缴纳的税款。

企业应根据当期实际利润额，按照国税发〔2008〕28号文件规定的预缴分摊方法计算总机构和分支机构的企业所得税预缴额，分别由总机构和分支机构分月或者分季就地预缴。在规定期限内按实际利润额预缴有困难的，经总机构所在地主管税务机关认可，可以按照上一年度应纳税所得额的1/12或1/4，由总机构、分支机构就地预缴企业所得税。预缴方式一经确定，当年度不得变更。

总机构和分支机构应分期预缴的企业所得税，50%在各分支机构间分摊预缴，50%由总机构预缴。总机构预缴的部分，其中25%就地入库，25%预缴入中央国库，按照财预〔2008〕10号文件的有关规定进行分配。

按照当期实际利润额预缴的税款分摊方法：

(1) 分支机构应分摊的预缴数。总机构根据统一计算的企业当期实际应纳所得税额，在每月或季度终了后10日内，按照各分支机构应分摊的比例，将本期企业全部应纳所得税额的50%在各分支机构之间进行分摊并通知到各分支机构；各分支机构应在每月或季度终了之日起15日内，就其分摊的所得税额向所在地主管税务机关申报预缴。

(2) 总机构应分摊的预缴数。总机构根据统一计算的企业当期应纳所得税额的25%，在每月或季度终了后15日内自行就地申报预缴。

(3) 总机构缴入中央国库分配税款的预缴数。总机构根据统一计算的企业当期应纳所得税额的25%，在每月或季度终了后15日内自行就地申报预缴。

按照上一年度应纳税所得额的1/12或1/4预缴的税款分摊方法：

(1) 分支机构应分摊的预缴数。总机构根据上年汇算清缴统一计算应缴纳所得税额的1/12或1/4，在每月或季度终了之日起10日内，按照各分支机构应分摊的比例，将本期企业全部应纳所得税额的50%在各分支机构之间进行分摊并通知到各分支机构；各分支机构应在每月或季度终了之日起15日内，就其分摊的所得税额向所在地主管税务机关申报预缴。

(2) 总机构应分摊的预缴数。总机构根据上年汇算清缴统一计算应缴纳所得税额的1/12或1/4，将企业全部应纳所得税额的25%部分，在每月或季度终了后15日内自行向所在地主管税务机关申报预缴。

(3) 总机构缴入中央国库分配税款的预缴数。总机构根据上年汇算清

缴统一计算应缴纳所得税额的1/12或1/4，将企业全部应纳所得税额的25%部分，在每月或季度终了后15日内，自行向所在地主管税务机关申报预缴。

总机构在年度终了后5个月内，应依照法律、法规和其他有关规定进行汇总纳税企业的所得税年度汇算清缴。各分支机构不进行企业所得税汇算清缴。当年应补缴的所得税款，由总机构缴入中央国库。当年多缴的所得税款，由总机构所在地主管税务机关开具“税收收入退还书”等凭证，按规定程序从中央国库办理退库。

总机构应按照以前年度（1—6月份按上上年度，7—12月份按上年度）分支机构的经营收入、职工工资和资产总额三个因素计算各分支机构应分摊所得税款的比例，三因素的权重依次为0.35、0.35、0.30. 计算公式如下：

$$\begin{aligned}\text{某分支机构分摊比例} &= 0.35\times\frac{\text{该分支机构营业收入}}{\text{各分支机构营业收入之和}}\\ &+0.35\times\frac{\text{该分支机构工资总额}}{\text{各分支机构工资总额之和}}\\ &+0.30\times\frac{\text{该分支机构资产总额}}{\text{各分支机构资产总额之和}}\end{aligned}$$

以上公式中分支机构仅指需要就地预缴的分支机构，该税款分摊比例按上述方法一经确定后，当年不作调整。所称分支机构经营收入，是指分支机构在销售商品或者提供劳务等经营业务中实现的全部营业收入。其中，生产经营企业的经营收入是指销售商品、提供劳务等取得的全部收入；金融企业的经营收入是指利息和手续费等全部收入；保险企业的经营收入是指保费等全部收入。所称分支机构职工工资，是指分支机构为获得职工提供的服务而给予职工的各种形式的报酬。所称分支机构资产总额，是指分支机构拥有或者控制的除无形资产外能以货币计量的经济资源总额。各分支机构的经营收入、职工工资和资产总额的数据均以企业财务会计决算报告数据为准。

分支机构所在地主管税务机关对总机构计算确定的分摊所得税款比例有异议的，应于收到《中华人民共和国企业所得税汇总纳税分支机构分配表》后30日内向企业总机构所在地主管税务机关提出书面复核建议，并附送相关数据资料。总机构所在地主管税务机关必须于收到复核建议后30日内，对分摊税款的比例进行复核，并作出调整或维持原比例的决定。分支机构所在地主管税务机关应执行总机构所在地主管税务机关的复核决定。分摊所得税款比例复核期间，分支机构应先按总机构确定的分摊比例申报预缴税款。

（二）在同一省内经营

根据国税发〔2008〕28号文件第三十九条规定，居民企业在同一省、自治区、直辖市和计划单列市内跨地、市（区、县）设立不具有法人资格营业机构、场所的，其企业所得税征收管理办法，由各省、自治区、直辖市和计划单列市国税局、地税局参照本办法联合制定。根据这一规定，各省均作出相关管理规定。如浙江省地税局、国税局、财政厅联合下发的《关于省内跨地区经营建筑安装企业有关所得税管理问题的通知》（浙地税发〔2009〕52号）规定，对不符合二级分支机构判定标准的非法人分支机构（如总机构直接设立的项目公司、工程部等），若同时符合以下3个条件，该分支机构在向施工地税务机关报验登记后，其经营所得由总机构统一计算缴纳企业所得税，分支机构在施工地不预缴企业所得税：

（1）分支机构未在施工地领取非法人营业执照；

（2）分支机构持有总机构主管税务机关开具的《外出经营活动税收管理证明》；

（3）由总机构出具并由总机构主管税务机关确认的该分支机构在财务、业务、人员等方面纳入总机构统一核算和管理的证明。

对三级及以下分支机构（如二级分支机构设立的项目公司、工程部等），持《外出经营活动税收管理证明》向施工地税务机关报验登记，并提供由总机构出具并经总机构和二级分支机构主管税务机关确认的该分支机构在财务、业务、人员等方面纳入二级分支机构统一核算和管理的证明后，该分支机构不就地预缴企业所得税，其经营收入、职工工资总额和资产总额统一计入二级分支机构。

三、分支机构所属的项目部的企业所得税管理

建筑企业跨地区在二级分支机构之下设立的项目经理部（包括与项目经理部性质相同的工程指挥部、合同段等），若以分支机构名义与建设方签订合同并组织施工，则其收入汇总计入该分支机构，适用国税发〔2008〕

28号文件的分级管理规定计算缴纳企业所得税。

四、异地施工管理

《税收征管法实施细则》规定，纳税人到外县（市）临时从事生产、经营活动的，应当持税务登记证副本和所在地税务机关填开的《外出经营活动税收管理证明》，向营业地税务机关报验登记，接受税务管理。纳税人外出经营，在同一地累计超过180天的，应当在营业地办理税务登记。

根据国家税务总局《关于换发税务登记证件有关问题的补充通知》（国税发〔2006〕104号）第三条规定，对外来经营的纳税人（包括超过180天的），只办理报验登记，不再办理临时税务登记。据此对于未在异地设立分支机构的，施工企业采用由机构所在地开具《外出经营活动税收管理证明》，经工程所在地税务机关进行报验登记后，按照《营业税暂行条例》规定的时间确认收入，由工程所在地税务机关代开工程款发票并申报缴纳营业税等相关税费。

若施工企业在工程所在地设立二级分支机构，则要按规定办理税务登记，接受当地税务机关的税务管理。

案例10—1

某税务师事务所对建华建筑公司2011年度所得税进行汇算清缴。发现该公司2011年度发生以下经济事项，请问应如何进行纳税处理？

该公司2011年共有12个施工项目。其中5个施工项目是公司直接管理的项目，其余7个项目分别属于其下属的两个分公司。5个施工项目在工程所在地按营业收入的0.2%预缴了企业所得税100万元，其余7个施工项目在所属的两个分公司预缴了企业所得税200万元。

分析：

根据《国家税务总局关于跨地区经营建筑企业所得税征收管理问题的通知》（国税函〔2010〕156号），总机构既有直接管理的跨地区项目部，又有跨地区二级分支机构的，先扣除已由项目部预缴的企业所得税后，再按照国税发〔2008〕28号文件规定计算总、分支机构应缴纳的税款。建筑企业总机构应按照有关规定办理企业所得税年度汇算清缴，各分支机构和项目部不进行汇算清缴。总机构年终汇算清缴后应纳所得税额小于已预缴的税款时，由总机构主管税务机关办理退税或抵扣以后年度的应缴企业所得税。

所以，本例中，该公司应在汇算清缴时，将在项目所在地及分公司所在地预缴的企业所得税及建华建筑公司在总部所在地预缴的企业所得税一并填列在《企业所得税年度纳税申报表（A 类）》第 34 行“减：本年累计实际已预缴的所得税额”。

第三节　特别纳税调整

为了规范税务机关对企业的转让定价、预约定价安排、成本分摊协议、受控外国企业、资本弱化以及一般反避税等特别纳税调整事项的管理，国家税务总局根据《企业所得税法》、《企业所得税法实施条例》、《税收征收管理法》、《税收征收管理法实施细则》以及我国政府与有关国家（地区）政府签署的避免双重征税协定（安排）的有关规定制定了《特别纳税调整实施办法（试行）》（国税发〔2009〕2 号）（以下简称《办法》）。

转让定价管理是指税务机关按照《企业所得税法》第六章和《税收征管法》第三十六条的有关规定，对企业与其关联方之间的业务往来（以下简称关联交易）是否符合独立交易原则进行审核评估和调查调整等工作的总称。

预约定价安排管理是指税务机关按照《企业所得税法》第四十二条和《税收征管法实施细则》第五十三条的规定，对企业提出的未来年度关联交易的定价原则和计算方法进行审核评估，并与企业协商达成预约定价安排等工作的总称。

成本分摊协议管理是指税务机关按照《企业所得税法》第四十一条第二款的规定，对企业与其关联方签署的成本分摊协议是否符合独立交易原则进行审核评估和调查调整等工作的总称。

受控外国企业管理是指税务机关按照《企业所得税法》第四十五条的规定，对受控外国企业不作利润分配或减少分配进行审核评估和调查，并对归属于中国居民企业所得进行调整等工作的总称。

资本弱化管理是指税务机关按照《企业所得税法》第四十六条的规定，对企业接受关联方债权性投资与企业接受的权益性投资的比例是否符合规定比例或独立交易原则进行审核评估和调查调整等工作的总称。

一般反避税管理是指税务机关按照《企业所得税法》第四十七条的规定，对企业实施其他不具有合理商业目的的安排而减少其应纳税收入或所得额进行审核评估和调查调整等工作的总称。

一、关联申报

实行查账征收的居民企业和在中国境内设立机构、场所并据实申报缴纳企业所得税的非居民企业向税务机关报送年度企业所得税纳税申报表时，应附送《中华人民共和国企业年度关联业务往来报告表》，包括《关联关系表》、《关联交易汇总表》、《购销表》、《劳务表》、《无形资产表》、《固定资产表》、《融通资金表》、《对外投资情况表》和《对外支付款项情况表》。企业按规定期限报送《办法》规定的报告表确有困难，需要延期的，应按征管法及其实施细则的有关规定办理。

（一）关联关系

《企业所得税法实施条例》第一百零九条及《税收征管法实施细则》第五十一条所称关联关系，主要是指企业与其他企业、组织或个人具有下列之一关系：

（1）一方直接或间接持有另一方的股份总和达到25%以上，或者双方直接或间接同为第三方所持有的股份达到25%以上。若一方通过中间方对另一方间接持有股份，只要一方对中间方持股比例达到25%以上，则一方对另一方的持股比例按照中间方对另一方的持股比例计算。

（2）一方与另一方（独立金融机构除外）之间借贷资金占一方实收资本50%以上，或者一方借贷资金总额的10%以上是由另一方（独立金融机构除外）担保。

（3）一方半数以上的高级管理人员（包括董事会成员和经理）或至少一名可以控制董事会的董事会高级成员是由另一方委派，或者双方半数以上的高级管理人员（包括董事会成员和经理）或至少一名可以控制董事会的董事会高级成员同为第三方委派。

（4）一方半数以上的高级管理人员（包括董事会成员和经理）同时担任另一方的高级管理人员（包括董事会成员和经理），或者一方至少一名可以控制董事会的董事会高级成员同时担任另一方的董事会高级成员。

（5）一方的生产经营活动必须由另一方提供的工业产权、专有技术等特许权才能正常进行。

（6）一方的购买或销售活动主要由另一方控制。

(7) 一方接受或提供劳务主要由另一方控制。

(8) 一方对另一方的生产经营、交易具有实质控制，或者双方在利益上具有相关联的其他关系，包括虽未达到上述第（1）条持股比例，但一方与另一方的主要持股方享受基本相同的经济利益，以及家族、亲属关系等。

(二) 关联交易

关联交易主要包括以下类型：

(1) 有形资产的购销、转让和使用，包括房屋建筑物、交通工具、机器设备、工具、商品、产品等有形资产的购销、转让和租赁业务。

(2) 无形资产的转让和使用，包括土地使用权、版权（著作权）、专利、商标、客户名单、营销渠道、牌号、商业秘密和专有技术等特许权，以及工业品外观设计或实用新型等工业产权的所有权转让和使用权的提供业务。

(3) 融通资金，包括各类长短期资金拆借和担保以及各类计息预付款和延期付款等业务。

(4) 提供劳务，包括市场调查、行销、管理、行政事务、技术服务、维修、设计、咨询、代理、科研、法律、会计事务等服务的提供。

二、同期资料管理

(一) 同期资料的管理

企业应根据《企业所得税法实施条例》第一百一十四条的规定，按纳税年度准备、保存、并按税务机关要求提供其关联交易的同期资料。属于下列情形之一的企业，可免于准备同期资料：

(1) 年度发生的关联购销金额（来料加工业务按年度进出口报关价格计算）在2亿元人民币以下且其他关联交易金额（关联融通资金按利息收付金额计算）在4 000万元人民币以下，上述金额不包括企业在年度内执行成本分摊协议或预约定价安排所涉及的关联交易金额；

(2) 关联交易属于执行预约定价安排所涉及的范围；

(3) 外资股份低于50%且仅与境内关联方发生关联交易。

除《办法》第七章另有规定外，企业应在关联交易发生年度的次年5月31日之前准备完毕该年度同期资料，并自税务机关要求之日起20日内提供。企业因不可抗力无法按期提供同期资料的，应在不可抗力消除后20日内提供同期资料。

企业按照税务机关要求提供的同期资料，须加盖公章，并由法定代表人或法定代表人授权的代表签字或盖章。同期资料涉及引用的信息资料，应标明出处来源。企业因合并、分立等原因变更或注销税务登记的，应由合并、分立后的企业保存同期资料。同期资料应使用中文。如原始资料为外文的，应附送中文副本。同期资料应自企业关联交易发生年度的次年 6 月 1 日起保存 10 年。

（二）同期资料的主要内容

1. 组织结构

（1）企业所属的企业集团相关组织结构及股权结构。

（2）企业关联关系的年度变化情况。

（3）与企业发生交易的关联方信息，包括关联企业的名称、法定代表人、董事和经理等高级管理人员构成情况、注册地址及实际经营地址，以及关联个人的名称、国籍、居住地、家庭成员构成等情况，并注明对企业关联交易定价具有直接影响的关联方。

（4）各关联方适用的具有所得税性质的税种、税率及相应可享受的税收优惠。

2. 生产经营情况

（1）企业的业务概况，包括企业发展变化概况、所处的行业及发展概况、经营策略、产业政策、行业限制等影响企业和行业的主要经济和法律问题，集团产业链以及企业所处地位。

（2）企业的主营业务构成，主营业务收入及其占收入总额的比重，主营业务利润及其占利润总额的比重。

（3）企业所处的行业地位及相关市场竞争环境的分析。

（4）企业内部组织结构，企业及其关联方在关联交易中执行的功能、承担的风险以及使用的资产等相关信息，并参照填写《企业功能风险分析表》。

（5）企业集团合并财务报表，可视企业集团会计年度情况延期准备，但最迟不得超过关联交易发生年度的次年 12 月 31 日。

3. 关联交易情况

（1）关联交易类型、参与方、时间、金额、结算货币、交易条件等。

（2）关联交易所采用的贸易方式、年度变化情况及其理由。

（3）关联交易的业务流程，包括各个环节的信息流、物流和资金流，与非关联交易业务流程的异同。

（4）关联交易所涉及的无形资产及其对定价的影响。

（5）与关联交易相关的合同或协议副本及其履行情况的说明。

（6）对影响关联交易定价的主要经济和法律因素的分析。

（7）关联交易和非关联交易的收入、成本、费用和利润的划分情况，不能直接划分的，按照合理比例划分，说明确定该划分比例的理由，并参照填写《企业年度关联交易财务状况分析表》。

4. 可比性分析

（1）可比性分析所考虑的因素，包括交易资产或劳务特性、交易各方功能和风险、合同条款、经济环境、经营策略等。

（2）可比企业执行的功能、承担的风险以及使用的资产等相关信息。

（3）可比交易的说明，如：有形资产的物理特性、质量及其效用；融资业务的正常利率水平、金额、币种、期限、担保、融资人的资信、还款方式、计息方法等；劳务的性质与程度；无形资产的类型及交易形式，通过交易获得的使用无形资产的权利，使用无形资产获得的收益。

（4）可比信息来源、选择条件及理由。

（5）可比数据的差异调整及理由。

5. 转让定价方法的选择和使用

（1）转让定价方法的选用及理由，企业选择利润法时，须说明对企业集团整体利润或剩余利润水平所做的贡献。

（2）可比信息如何支持所选用的转让定价方法。

（3）确定可比非关联交易价格或利润的过程中所做的假设和判断。

（4）运用合理的转让定价方法和可比性分析结果，确定可比非关联交易价格或利润，以及遵循独立交易原则的说明。

（5）其他支持所选用转让定价方法的资料。

三、转让定价方法

企业发生关联交易以及税务机关审核、评估关联交易均应遵循独立交易原则，选用合理的转让定价方法。根据《企业所得税法实施条例》第一百一十一条的规定，转让定价方法包括可比非受控价格法、再销售价格法、成本加成法、交易净利润法、利润分割法和其他符合独立交易原则的方法。

（一）可比性分析

选用合理的转让定价方法应进行可比性分析。可比性分析因素主要包括以下五个方面：

（1）交易资产或劳务特性，主要包括：有形资产的物理特性、质量、数量等，劳务的性质和范围，无形资产的类型、交易形式、期限、范围、预期收益等。

（2）交易各方功能和风险，功能主要包括：研发、设计，采购，加工、装配、制造，存货管理、分销、售后服务、广告，运输、仓储，融资，财务、会计、法律及人力资源管理等。在比较功能时，应关注企业为发挥功能所使用资产的相似程度。风险主要包括：研发风险，采购风险，生产风险，分销风险，市场推广风险，管理及财务风险等。

（3）合同条款，主要包括：交易标的，交易数量、价格，收付款方式和条件，交货条件，售后服务范围和条件，提供附加劳务的约定，变更、修改合同内容的权利，合同有效期，终止或续签合同的权利。

（4）经济环境，主要包括：行业概况，地理区域，市场规模，市场层级，市场占有率，市场竞争程度，消费者购买力，商品或劳务可替代性，生产要素价格，运输成本，政府管制等；

（5）经营策略，主要包括：创新和开发策略，多元化经营策略，风险规避策略，市场占有策略等。

（二）可比非受控价格法

可比非受控价格法以非关联方之间进行的与关联交易相同或类似业务活动所收取的价格作为关联交易的公平成交价格。

可比性分析应特别考察关联交易与非关联交易在交易资产或劳务的特性、合同条款及经济环境上的差异，按照不同交易类型具体包括如下内容：

1. 有形资产的购销或转让

（1）购销或转让过程，包括交易的时间与地点、交货条件、交货手续、支付条件、交易数量、售后服务的时间和地点等。

（2）购销或转让环节，包括出厂环节、批发环节、零售环节、出口环节等。

（3）购销或转让货物，包括品名、品牌、规格、型号、性能、结构、外型、包装等。

(4) 购销或转让环境，包括民族风俗、消费者偏好、政局稳定程度以及财政、税收、外汇政策等。

2. 有形资产的使用

(1) 资产的性能、规格、型号、结构、类型、折旧方法。

(2) 提供使用权的时间、期限、地点。

(3) 资产所有者对资产的投资支出、维修费用等。

3. 无形资产的转让和使用

(1) 无形资产的类别、用途、适用行业、预期收益；

(2) 无形资产的开发投资、转让条件、独占程度、受有关国家法律保护的程度及期限、受让成本和费用、功能风险情况、可替代性等。

4. 融通资金

融资的金额、币种、期限、担保、融资人的资信、还款方式、计息方法等。

5. 提供劳务

业务性质、技术要求、专业水准、承担责任、付款条件和方式、直接和间接成本等。

关联交易与非关联交易之间在以上方面存在重大差异的，应就该差异对价格的影响进行合理调整，无法合理调整的，应根据《办法》第四章规定选择其他合理的转让定价方法。

可比非受控价格法可以适用于所有类型的关联交易。

(三) 再销售价格法

再销售价格法以关联方购进商品再销售给非关联方的价格减去可比非关联交易毛利后的金额作为关联方购进商品的公平成交价格。其计算公式如下：

$$\text{公平成交价格}=\text{再销售给非关联方的价格}\times(1-\text{可比非关联交易毛利率})$$

$$\text{可比非关联交易毛利率}=\frac{\text{可比非关联交易毛利}}{\text{可比非关联交易收入净额}}\times100\%$$

可比性分析应特别考察关联交易与非关联交易在功能风险及合同条款上的差异以及影响毛利率的其他因素，具体包括销售、广告及服务功能，存货风险，机器、设备的价值及使用年限，无形资产的使用及价值，批发或零售环节，商业经验，会计处理及管理效率等。

关联交易与非关联交易之间在以上方面存在重大差异的，应就该差异

对毛利率的影响进行合理调整，无法合理调整的，应根据《办法》第四章规定选择其他合理的转让定价方法。

再销售价格法通常适用于再销售者未对商品进行改变外型、性能、结构或更换商标等实质性增值加工的简单加工或单纯购销业务。

（四）成本加成法

成本加成法以关联交易发生的合理成本加上可比非关联交易毛利作为关联交易的公平成交价格。其计算公式如下：

$$公平成交价格=\begin{matrix}关联交易\\的合理成本\end{matrix}\times(1+可比非关联交易成本加成率)$$

$$可比非关联交易成本加成率=\frac{可比非关联交易毛利}{可比非关联交易成本}\times100\%$$

可比性分析应特别考察关联交易与非关联交易在功能风险及合同条款上的差异以及影响成本加成率的其他因素，具体包括制造、加工、安装及测试功能，市场及汇兑风险，机器、设备的价值及使用年限，无形资产的使用及价值，商业经验，会计处理及管理效率等。

关联交易与非关联交易之间在以上方面存在重大差异的，应就该差异对成本加成率的影响进行合理调整，无法合理调整的，应根据《办法》第四章规定选择其他合理的转让定价方法。

成本加成法通常适用于有形资产的购销、转让和使用，劳务提供或资金融通的关联交易。

（五）交易净利润法

交易净利润法以可比非关联交易的利润率指标确定关联交易的净利润。利润率指标包括资产收益率、销售利润率、完全成本加成率、贝里比率等。

可比性分析应特别考察关联交易与非关联交易之间在功能风险及经济环境上的差异以及影响营业利润的其他因素，具体包括执行功能、承担风险和使用资产，行业和市场情况，经营规模，经济周期和产品生命周期，成本、费用、所得和资产在各交易间的分摊，会计处理及经营管理效率等。

关联交易与非关联交易之间在以上方面存在重大差异的，应就该差异对营业利润的影响进行合理调整，无法合理调整的，应根据《办法》第四章规定选择其他合理的转让定价方法。

交易净利润法通常适用于有形资产的购销、转让和使用，无形资产的转让和使用以及劳务提供等关联交易。

（六）利润分割法

利润分割法根据企业与其关联方对关联交易合并利润的贡献计算各自应该分配的利润额。利润分割法分为一般利润分割法和剩余利润分割法。

一般利润分割法根据关联交易各参与方所执行的功能、承担的风险以及使用的资产，确定各自应取得的利润。

剩余利润分割法将关联交易各参与方的合并利润减去分配给各方的常规利润的余额作为剩余利润，再根据各方对剩余利润的贡献程度进行分配。

可比性分析应特别考察交易各方执行的功能、承担的风险和使用的资产，成本、费用、所得和资产在各交易方之间的分摊，会计处理，确定交易各方对剩余利润贡献所使用信息和假设条件的可靠性等。

利润分割法通常适用于各参与方关联交易高度整合且难以单独评估各方交易结果的情况。

四、转让定价调查及调整

税务机关有权依据税收征管法及其实施细则对有关税务检查的规定，确定调查企业，进行转让定价调查、调整。被调查企业必须据实报告其关联交易情况，并提供相关资料，不得拒绝或隐瞒。

转让定价调查应重点选择以下企业：

（1）关联交易数额较大或类型较多的企业；

（2）长期亏损、微利或跳跃性盈利的企业；

（3）低于同行业利润水平的企业；

（4）利润水平与其所承担的功能风险明显不相匹配的企业；

（5）与避税港关联方发生业务往来的企业；

（6）未按规定进行关联申报或准备同期资料的企业；

（7）其他明显违背独立交易原则的企业。

实际税负相同的境内关联方之间的交易，只要该交易没有直接或间接导致国家总体税收收入的减少，原则上不做转让定价调查、调整。

税务机关应结合日常征管工作，开展案头审核，确定调查企业。案头审核应主要根据被调查企业历年报送的年度所得税申报资料及关联业务往来报告表等纳税资料，对企业的生产经营状况、关联交易等情况进行综合

评估分析。企业可以在案头审核阶段向税务机关提供同期资料。

税务机关对已确定的调查对象，应根据《企业所得税法》第六章、《企业所得税法实施条例》第六章、《税收征管法》第四章及《税收征管法实施细则》第六章的规定，实施现场调查。

（1）现场调查人员须2名以上。

（2）现场调查时调查人员应出示《税务检查证》，并送达《税务检查通知书》。

（3）现场调查可根据需要依照法定程序采取询问、调取账簿资料和实地核查等方式。

（4）询问当事人应有专人记录《询问（调查）笔录》，并告知当事人不如实提供情况应当承担的法律责任。《询问（调查）笔录》应交当事人核对确认。

（5）需调取账簿及有关资料的，应按照《税收征管法实施细则》第八十六条的规定，填制《调取账簿资料通知书》、《调取账簿资料清单》，办理有关法定手续，调取的账簿、记账凭证等资料，应妥善保管，并按法定时限如数退还。

（6）实地核查过程中发现的问题和情况，由调查人员填写《询问（调查）笔录》。《询问（调查）笔录》应由2名以上调查人员签字，并根据需要由被调查企业核对确认，若被调查企业拒绝，可由2名以上调查人员签认备案。

（7）可以以记录、录音、录像、照相和复制的方式索取与案件有关的资料，但必须注明原件的保存方及出处，由原件保存或提供方核对签注"与原件核对无误"字样，并盖章或押印。

（8）需要证人作证的，应事先告知证人不如实提供情况应当承担的法律责任。证人的证言材料应由本人签字或押印。

根据《企业所得税法》第四十三条第二款及《企业所得税法实施条例》第一百一十四条的规定，税务机关在实施转让定价调查时，有权要求企业及其关联方，以及与关联业务调查有关的其他企业（以下简称可比企业）提供相关资料，并送达《税务事项通知书》。

（1）企业应在《税务事项通知书》规定的期限内提供相关资料，因特殊情况不能按期提供的，应向税务机关提交书面延期申请，经批准，可以延期提供，但最长不得超过30日。税务机关应自收到企业延期申请之日起15日内函复，逾期未函复的，视同税务机关已同意企业的延期申请。

（2）企业的关联方以及可比企业应在与税务机关约定的期限内提供相关资料，约定期限一般不应超过60日。

企业、关联方及可比企业应按税务机关要求提供真实、完整的相关资料。

税务机关应按《办法》第二章的有关规定，核实企业申报信息，并要求企业填制《企业可比性因素分析表》。税务机关在企业关联申报和提供资料的基础上，填制《企业关联关系认定表》、《企业关联交易认定表》和《企业可比性因素分析认定表》，并由被调查企业核对确认。转让定价调查涉及向关联方和可比企业调查取证的，税务机关向企业送达《税务检查通知书》，进行调查取证。

五、预约定价安排管理

企业可以依据《企业所得税法》第四十二条、《企业所得税法实施条例》第一百一十三条及《税收征管法实施细则》第五十三条的规定，与税务机关就企业未来年度关联交易的定价原则和计算方法达成预约定价安排。预约定价安排的谈签与执行通常经过预备会谈、正式申请、审核评估、磋商、签订安排和监控执行六个阶段。预约定价安排包括单边、双边和多边三种类型。

预约定价安排应由设区的市、自治州以上的税务机关受理。

预约定价安排一般适用于同时满足以下条件的企业：

（1）年度发生的关联交易金额在4 000万元人民币以上；

（2）依法履行关联申报义务；

（3）按规定准备、保存和提供同期资料。

预约定价安排适用于自企业提交正式书面申请年度的次年起3至5个连续年度的关联交易。预约定价安排的谈签不影响税务机关对企业提交预约定价安排正式书面申请当年或以前年度关联交易的转让定价调查调整。如果企业申请当年或以前年度的关联交易与预约定价安排适用年度相同或类似，经企业申请，税务机关批准，可将预约定价安排确定的定价原则和计算方法适用于申请当年或以前年度关联交易的评估和调整。

企业正式申请谈签预约定价安排前，应向税务机关书面提出谈签意向，税务机关可以根据企业的书面要求，与企业就预约定价安排的相关内容及达成预约定价安排的可行性开展预备会谈，并填制《预约定价安排会谈记录》。预备会谈可以采用匿名的方式。

（一）企业申请单边预约定价安排的，应向税务机关书面提出谈签意向。在预备会谈期间，企业应就以下内容提供资料，并与税务机关进行讨论：

（1）安排的适用年度；

（2）安排涉及的关联方及关联交易；

（3）企业以前年度生产经营情况；

（4）安排涉及各关联方功能和风险的说明；

（5）是否应用安排确定的方法解决以前年度的转让定价问题；

（6）其他需要说明的情况。

（二）企业申请双边或多边预约定价安排的，应同时向国家税务总局和主管税务机关书面提出谈签意向，国家税务总局组织与企业开展预备会谈，预备会谈的内容除上述第（一）项外，还应特别包括：

（1）向税收协定缔约对方税务主管当局提出预备会谈申请的情况；

（2）安排涉及的关联方以前年度生产经营情况及关联交易情况；

（3）向税收协定缔约对方税务主管当局提出的预约定价安排拟采用的定价原则和计算方法。

（三）预备会谈达成一致意见的，税务机关应自达成一致意见之日起15日内书面通知企业，可以就预约定价安排相关事宜进行正式谈判，并向企业送达《预约定价安排正式会谈通知书》；预备会谈不能达成一致意见的，税务机关应自最后一次预备会谈结束之日起15日内书面通知企业，向企业送达《拒绝企业申请预约定价安排通知书》，拒绝企业申请预约定价安排，并说明理由。

企业应在接到税务机关正式会谈通知之日起3个月内，向税务机关提出预约定价安排书面申请报告，并报送《预约定价安排正式申请书》。企业申请双边或多边预约定价安排的，应将《预约定价安排正式申请书》和《启动相互协商程序申请书》同时报送国家税务总局和主管税务机关。

（一）预约定价安排书面申请报告应包括如下内容：

（1）相关的集团组织架构、公司内部结构、关联关系、关联交易情况；

（2）企业近三年财务、会计报表资料，产品功能和资产（包括无形资产和有形资产）的资料；

（3）安排所涉及的关联交易类别和纳税年度；

（4）关联方之间功能和风险划分，包括划分所依据的机构、人员、费用、资产等；

(5) 安排适用的转让定价原则和计算方法，以及支持这一原则和方法的功能风险分析、可比性分析和假设条件等；

(6) 市场情况的说明，包括行业发展趋势和竞争环境；

(7) 安排预约期间的年度经营规模、经营效益预测以及经营规划等；

(8) 与安排有关的关联交易、经营安排及利润水平等财务方面的信息；

(9) 是否涉及双重征税等问题；

(10) 涉及境内、外有关法律、税收协定等相关问题。

(二) 企业因下列特殊原因无法按期提交书面申请报告的，可向税务机关提出书面延期申请，并报送《预约定价安排正式申请延期报送申请书》：

(1) 需要特别准备某些方面的资料；

(2) 需要对资料做技术上的处理，如文字翻译等；

(3) 其他非主观原因。

税务机关应自收到企业书面延期申请后15日内，对其延期事项做出书面答复，并向企业送达《预约定价安排正式申请延期报送答复书》。逾期未做出答复的，视同税务机关已同意企业的延期申请。

(三) 上述申请内容所涉及的文件资料和情况说明，包括能够支持拟选用的定价原则、计算方法和能证实符合预约定价安排条件的所有文件资料，企业和税务机关均应妥善保存。

六、成本分摊协议管理

根据《企业所得税法》第四十一条第二款及《企业所得税法实施条例》第一百一十二条的规定，企业与其关联方签署成本分摊协议，共同开发、受让无形资产，或者共同提供、接受劳务，应符合《办法》第七章规定。成本分摊协议的参与方对开发、受让的无形资产或参与的劳务活动享有受益权，并承担相应的活动成本。关联方承担的成本应与非关联方在可比条件下为获得上述受益权而支付的成本相一致。参与方使用成本分摊协议所开发或受让的无形资产不需另支付特许权使用费。

企业对成本分摊协议所涉及无形资产或劳务的受益权应有合理的、可计量的预期收益，且以合理商业假设和营业常规为基础。涉及劳务的成本分摊协议一般适用于集团采购和集团营销策划。成本分摊协议主要包括以下内容：

(1) 参与方的名称、所在国家（地区）、关联关系、在协议中的权利和

义务；

(2) 成本分摊协议所涉及的无形资产或劳务的内容、范围，协议涉及研发或劳务活动的具体承担者及其职责、任务；

(3) 协议期限；

(4) 参与方预期收益的计算方法和假设；

(5) 参与方初始投入和后续成本支付的金额、形式、价值确认的方法以及符合独立交易原则的说明；

(6) 参与方会计方法的运用及变更说明；

(7) 参与方加入或退出协议的程序及处理规定；

(8) 参与方之间补偿支付的条件及处理规定；

(9) 协议变更或终止的条件及处理规定；

(10) 非参与方使用协议成果的规定。

企业应自成本分摊协议达成之日起 30 日内，层报国家税务总局备案。税务机关判定成本分摊协议是否符合独立交易原则须层报国家税务总局审核。

已经执行并形成一定资产的成本分摊协议，参与方发生变更或协议终止执行，应根据独立交易原则做如下处理：

(1) 加入支付，即新参与方为获得已有协议成果的受益权应做出合理的支付；

(2) 退出补偿，即原参与方退出协议安排，将已有协议成果的受益权转让给其他参与方应获得合理的补偿；

(3) 参与方变更后，应对各方受益和成本分摊情况做出相应调整；

(4) 协议终止时，各参与方应对已有协议成果做出合理分配。

企业不按独立交易原则对上述情况做出处理而减少其应纳税所得额的，税务机关有权做出调整。

七、受控外国企业管理

受控外国企业是指根据《企业所得税法》第四十五条的规定，由居民企业，或者由居民企业和居民个人（以下统称中国居民股东，包括中国居民企业股东和中国居民个人股东）控制的设立在实际税负低于《企业所得税法》第四条第一款规定税率水平50%的国家（地区），并非出于合理经营需要对利润不作分配或减少分配的外国企业。所称控制，是指在股份、资金、经营、购销等方面构成实质控制。其中，股份控制是指由中国居民股东在纳税年度任何一天单层直接或多层间接单一持有外国企业10%以上有表决权股份，且共同持有该外国企业50%以上股份。中国居民股东多层间接持有股份按各层持股比例相乘计算，中间层持有股份超过50%的，按100%计算。

中国居民企业股东应在年度企业所得税纳税申报时提供对外投资信息，附送《对外投资情况表》。税务机关应汇总、审核中国居民企业股东申报的对外投资信息，向受控外国企业的中国居民企业股东送达《受控外国企业中国居民股东确认通知书》。中国居民企业股东符合《企业所得税法》第四十五条征税条件的，按照有关规定征税。

计入中国居民企业股东当期的视同受控外国企业股息分配的所得，应按以下公式计算：

$$\text{中国居民企业股东当期所得}=\text{视同股息分配额}\times\frac{\text{实际持股天数}}{\text{受控外国企业纳税年度天数}}\times\text{股东持股比例}$$

中国居民股东多层间接持有股份的，股东持股比例按各层持股比例相乘计算。

受控外国企业与中国居民企业股东纳税年度存在差异的，应将视同股息分配所得计入受控外国企业纳税年度终止日所属的中国居民企业股东的纳税年度。计入中国居民企业股东当期所得已在境外缴纳的企业所得税税款，可按照所得税法或税收协定的有关规定抵免。受控外国企业实际分配的利润已根据《企业所得税法》第四十五条规定征税的，不再计入中国居民企业股东的当期所得。

中国居民企业股东能够提供资料证明其控制的外国企业满足以下条件之一的，可免于将外国企业不作分配或减少分配的利润视同股息分配额，计入中国居民企业股东的当期所得：

（1）设立在国家税务总局指定的非低税率国家（地区）；

（2）主要取得积极经营活动所得；

（3）年度利润总额低于500万元人民币。

八、资本弱化管理

《企业所得税法》第四十六条所称不得在计算应纳税所得额时扣除的利息支出应按以下公式计算：

$$\text{不得扣除利息支出} = \text{年度实际支付的全部关联方利息} \times \left(1 - \frac{\text{标准比例}}{\text{关联债资比例}}\right)$$

其中：

标准比例是指《财政部 国家税务总局关于企业关联方利息支出税前扣除标准有关税收政策问题的通知》（财税〔2008〕121号）规定的比例。

关联债资比例是指根据《企业所得税法》第四十六条及《企业所得税法实施条例》第一百一十九条的规定，企业从其全部关联方接受的债权性投资（以下简称关联债权投资）占企业接受的权益性投资（以下简称权益投资）的比例，关联债权投资包括关联方以各种形式提供担保的债权性投资。

关联债资比例的具体计算方法如下：

$$\text{关联债资比例} = \frac{\text{年度各月平均关联债权投资之和}}{\text{年度各月平均权益投资之和}} \times 100\%$$

其中：

$$\text{各月平均关联债权投资} = (\text{关联债权投资月初账面余额} + \text{月末账面余额}) \div 2$$

$$\text{各月平均权益投资} = (\text{权益投资月初账面余额} + \text{月末账面余额}) \div 2$$

权益投资为企业资产负债表所列示的所有者权益金额。如果所有者权益小于实收资本（股本）与资本公积之和，则权益投资为实收资本（股本）与资本公积之和；如果实收资本（股本）与资本公积之和小于实收资本（股本）金额，则权益投资为实收资本（股本）金额。

《企业所得税法》第四十六条所称的利息支出包括直接或间接关联债权投资实际支付的利息、担保费、抵押费和其他具有利息性质的费用。《企业所得税法》第四十六条规定不得在计算应纳税所得额时扣除的利息支出，不得结转到以后纳税年度；应按照实际支付给各关联方利息占关联方利息总额的比例，在各关联方之间进行分配，其中，分配给实际税负高于企业的境内关联方的利息准予扣除；直接或间接实际支付给境外关联方的利息应视同分配的股息，按照股息和利息分别适用的所得税税率差补征企业所得税，如已扣缴的所得税税款多于按股息计算应征所得税税款，多出的部分不予退税。

企业关联债资比例超过标准比例的利息支出，如要在计算应纳税所得额时扣除，除遵照《办法》第三章规定外，还应准备、保存、并按税务机关要求提供以下同期资料，证明关联债权投资金额、利率、期限、融资条件以及债资比例等均符合独立交易原则：

（1）企业偿债能力和举债能力分析；

（2）企业集团举债能力及融资结构情况分析；

（3）企业注册资本等权益投资的变动情况说明；

（4）关联债权投资的性质、目的及取得时的市场状况；

（5）关联债权投资的货币种类、金额、利率、期限及融资条件；

（6）企业提供的抵押品情况及条件；

（7）担保人状况及担保条件；

（8）同类同期贷款的利率情况及融资条件；

（9）可转换公司债券的转换条件；

（10）其他能够证明符合独立交易原则的资料。

企业未按规定准备、保存和提供同期资料证明关联债权投资金额、利率、期限、融资条件以及债资比例等符合独立交易原则的，其超过标准比例的关联方利息支出，不得在计算应纳税所得额时扣除。

所称“实际支付利息”是指企业按照权责发生制原则计入相关成本、费用的利息。企业实际支付关联方利息存在转让定价问题的，税务机关应首先按照《办法》第五章的有关规定实施转让定价调查调整。

九、一般反避税管理

税务机关可依据《企业所得税法》第四十七条及《企业所得税法实施条例》第一百二十条的规定，对存在以下避税安排的企业启动一般反避税调查：

（1）滥用税收优惠；

（2）滥用税收协定；

（3）滥用公司组织形式；

（4）利用避税港避税；

（5）其他不具有合理商业目的的安排。

税务机关应按照实质重于形式的原则审核企业是否存在避税安排，并综合考虑安排的以下内容：

（1）安排的形式和实质；

（2）安排订立的时间和执行期间；

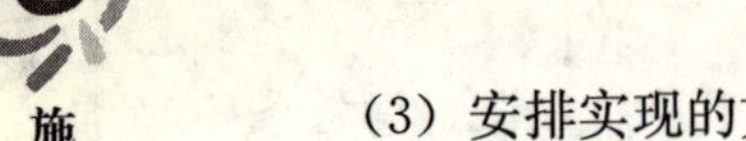

（3）安排实现的方式；

（4）安排各个步骤或组成部分之间的联系；

（5）安排涉及各方财务状况的变化；

（6）安排的税收结果。

税务机关应按照经济实质对企业的避税安排重新定性，取消企业从避税安排获得的税收利益。对于没有经济实质的企业，特别是设在避税港并导致其关联方或非关联方避税的企业，可在税收上否定该企业的存在。

税务机关启动一般反避税调查时，应按照征管法及其实施细则的有关规定向企业送达《税务检查通知书》。企业应自收到通知书之日起60日内提供资料证明其安排具有合理的商业目的。企业未在规定期限内提供资料，或提供资料不能证明安排具有合理商业目的的，税务机关可根据已掌握的信息实施纳税调整，并向企业送达《特别纳税调查调整通知书》。税务机关实施一般反避税调查，可按照《税收征管法》第五十七条的规定要求避税安排的筹划方如实提供有关资料及证明材料。一般反避税调查及调整须层报国家税务总局批准。

第四节　所得税汇算清缴

一、企业所得税汇算清缴的基本政策

企业所得税汇算清缴，是指纳税人自纳税年度终了之日起5个月内或实际经营终止之日起60日内，依照税收法律、法规、规章及其他有关企业所得税的规定，自行计算本纳税年度应纳税所得额和应纳所得税额，根据月度或季度预缴企业所得税的数额，确定该纳税年度应补或者应退税额，并填写企业所得税年度纳税申报表，向主管税务机关办理企业所得税年度纳税申报、提供税务机关要求提供的有关资料、结清全年企业所得税税款的行为。

根据《国家税务总局关于印发〈企业所得税汇算清缴管理办法〉的通知》（国税发〔2009〕79号）（以下简称《办法》），凡在纳税年度内从事生产、经营（包括试生产、试经营），或在纳税年度中间终止经营活动的纳税人，无论是否在减税、免税期间，也无论盈利或亏损，均应按照企业所得税

税法及其实施条例和该办法的有关规定进行企业所得税汇算清缴。实行核定定额征收企业所得税的纳税人，不进行汇算清缴。

纳税人应当自纳税年度终了之日起 5 个月内，进行汇算清缴，结清应缴应退企业所得税税款。纳税人在年度中间发生解散、破产、撤销等终止生产经营情形，需进行企业所得税清算的，应在清算前报告主管税务机关，并自实际经营终止之日起 60 日内进行汇算清缴，结清应缴应退企业所得税款；纳税人有其他情形依法终止纳税义务的，应当自停止生产、经营之日起 60 日内，向主管税务机关办理当期企业所得税汇算清缴。纳税人 12 月份或者第四季度的企业所得税预缴纳税申报，应在纳税年度终了后 15 日内完成，预缴申报后进行当年企业所得税汇算清缴。

纳税人需要报经税务机关审批、审核或备案的事项，应按有关程序、时限和要求报送材料等有关规定，在办理企业所得税年度纳税申报前及时办理。纳税人应当按照企业所得税法及其实施条例和企业所得税的有关规定，正确计算应纳税所得额和应纳所得税额，如实、正确填写企业所得税年度纳税申报表及其附表，完整、及时报送相关资料，并对纳税申报的真实性、准确性和完整性负法律责任。纳税人办理企业所得税年度纳税申报时，应如实填写和报送下列有关资料：

（1）企业所得税年度纳税申报表及其附表；

（2）财务报表；

（3）备案事项相关资料；

（4）总机构及分支机构基本情况、分支机构征税方式、分支机构的预缴税情况；

（5）委托中介机构代理纳税申报的，应出具双方签订的代理合同，并附送中介机构出具的包括纳税调整的项目、原因、依据、计算过程、调整金额等内容的报告；

（6）涉及关联方业务往来的，同时报送《中华人民共和国企业年度关联业务往来报告表》；

（7）主管税务机关要求报送的其他有关资料。

纳税人采用电子方式办理企业所得税年度纳税申报的，应按照有关规定保存有关资料或附报纸质纳税申报资料。

纳税人因不可抗力，不能在汇算清缴期内办理企业所得税年度纳税申报或备齐企业所得税年度纳税申报资料的，应按照税收征管法及其实施细

则的规定，申请办理延期纳税申报。

纳税人在汇算清缴期内发现当年企业所得税申报有误的，可在汇算清缴期内重新办理企业所得税年度纳税申报。纳税人在纳税年度内预缴企业所得税税款少于应缴企业所得税税款的，应在汇算清缴期内结清应补缴的企业所得税税款；预缴税款超过应纳税款的，主管税务机关应及时按有关规定办理退税，或者经纳税人同意后抵缴其下一年度应缴企业所得税税款。纳税人因有特殊困难，不能在汇算清缴期内补缴企业所得税款的，应按照税收征管法及其实施细则的有关规定，办理申请延期缴纳税款手续。

实行跨地区经营汇总缴纳企业所得税的纳税人，由统一计算应纳税所得额和应纳所得税额的总机构，按照上述规定，在汇算清缴期内向所在地主管税务机关办理企业所得税年度纳税申报，进行汇算清缴。分支机构不进行汇算清缴，但应将分支机构的营业收支等情况在报总机构统一汇算清缴前报送分支机构所在地主管税务机关。总机构应将分支机构及其所属机构的营业收支纳入总机构汇算清缴等情况报送各分支机构所在地主管税务机关。

纳税人未按规定期限进行汇算清缴，或者未报送《办法》第八条所列资料的，按照税收征管法及其实施细则的有关规定处理。

主管税务机关受理纳税人年度纳税申报后，应对纳税人年度纳税申报表的逻辑性和有关资料的完整性、准确性进行审核。审核重点主要包括：

（1）纳税人企业所得税年度纳税申报表及其附表与企业财务报表有关项目的数字是否相符，各项目之间的逻辑关系是否对应，计算是否正确。

（2）纳税人是否按规定弥补以前年度亏损额和结转以后年度待弥补的亏损额。

（3）纳税人是否符合税收优惠条件、税收优惠的确认和申请是否符合规定程序。

（4）纳税人税前扣除的财产损失是否真实、是否符合有关规定程序。跨地区经营汇总缴纳企业所得税的纳税人，其分支机构税前扣除的财产损失是否由分支机构所在地主管税务机关出具证明。

（5）纳税人有无预缴企业所得税的完税凭证，完税凭证上填列的预缴数额是否真实。跨地区经营汇总缴纳企业所得税的纳税人及其所属分支机构预缴的税款是否与《中华人民共和国企业所得税汇总纳税分支机构分配表》中分配的数额一致。

(6) 纳税人企业所得税和其他各税种之间的数据是否相符、逻辑关系是否吻合。

二、居民纳税人企业所得税年度纳税申报表填报要点

(一) 申报表组成

企业所得税年度纳税申报表（A类）由一张主表和十二张附表（附表十二为关联业务往来报告表）组成。根据国家税务总局有关规定，企业在报送年度企业所得税纳税申报表时，还应附送财务会计报告和税务机关规定应当报送的其他有关资料。

(二) 申报表类型选择

纳税人根据税务机关鉴定的所得税征收方式，选择相应的申报表进行填报，如为查账征收，选择A类申报表，如为核定征收，则选择B类申报表。如果年度中间变更征收方式，按税务征管系统中鉴定的纳税人申报税款所属期的有效征收方式，选择相应的申报表进行填报。

(三) 申报表主表、附表间的关系

申报表附表一至附表六是主表有关行次的详细反映，与主表有关行次存在勾稽关系，通常称为“一级附表”；附表七至附表十一为附表三《纳税调整项目明细表》有关行次的详细反映，与附表三有关行次存在勾稽关系，通常称为“二级附表”。

(四) 申报表附表一、二、十二选择规则

(1) 附表一 (1)《收入明细表》、附表二 (1)《成本费用明细表》，适用税务征管系统税务登记表的单位性质为“企业”、“其他”、“自收自支事业单位”，且纳税人行业不属于银行业、证券业、保险业、其他金融活动的纳税人填报。

(2) 附表一 (2)《金融企业收入明细表》、附表二 (2)《金融企业成本费用明细表》，适用税务征管系统税务登记表的单位性质为“企业”、“其他”，且纳税人税务登记的行业为银行业、证券业、保险业、其他金融活动的纳税人填报。

(3) 附表一 (3)《事业单位、社会团体、民办非企业单位收入明细表》、附表二 (3)《事业单位、社会团体、民办非企业单位支出明细表》，

适用税务征管系统税务登记表的单位类型为“非自收自支事业单位”、社会团体、民办非企业单位的纳税人填报。

(4) 附表十二《年度关联业务往来报告表》包括九张报告表，适用于实行查账征收的居民企业填报。报告表表一至表七，适用于与关联方有业务往来的纳税人填报；表八适用于持有外国（地区）企业股份的中国居民企业填报；表九适用于有向境外支付款项的居民企业填报。

该报告表部分项目金额需要根据企业会计核算科目分析填报，因此要按照报告表项目规定的范围以及口径正确填列。

（五）年度所得税申报时有关项目的确认

纳税人在填报年度所得税申报表时，要确认减免税优惠项目、财产损失等是否已向税务机关备案或已获税务机关批准，填报数据、项目是否正确。税务机关网上申报系统将根据税务征管系统内企业的减免税备案（或审批）信息对纳税人申报的减免税项目的有效性和准确性进行比对，比对不正确不能通过申报。

(1) 如需填报《税收优惠明细表》(附表五）中相关减免税项目，在申报前要确认是否已按规定向税务机关备案或已获税务机关批准，只有备案或审批的项目，才能在申报时填写，否则不能填报。纳税人需要申报但尚未向税务机关备案或获得批准的，在年度申报前要及时到税务机关办好相关手续。

(2) 小型微利企业在填报《税收优惠明细表》(附表五）第34行“符合条件的小型微利企业”项目时，按照税法对小型微利企业判断的条件，结合表中第45、46、47行的填报数据（从业人数、资产总额和所属行业）以及当年度应纳税所得额等指标，自行核实申报年度是否符合小型微利企业条件；若不符合小型微利企业条件，要在年度汇算清缴时补缴已减免的企业所得税额。

(3) 纳税人填报所属年度发生的需要税务机关批准才能税前扣除的财产损失项目（如非正常的财产损失），必须在申报前向税务机关履行报批手续。

(4) 纳税人填报《税前弥补亏损明细表》(附表四）时，要确认以前各年度盈利（亏损）金额和可结转弥补的亏损余额与税务机关核准的是否一致。如不一致，税务机关申报系统会有提示信息，应与税务机关核实修正后再填报。

(5) 纳税人年度申报时要核实申报所属年度累计实际已预缴的所得税额填报是否正确；在年度中间变更征收方式的，同一所属年度预缴税款应连续计算。企业网上申报时，税务机关申报系统会自动导入申报表主表第34行“本期累计实际已预缴的所得税额”数据，企业需要核实数据是否无误。

第五节　典型问题分析

1. 总机构下设的项目部预缴的企业所得税如何征收?

提问:

我公司的企业所得税由国税局征收，根据国税函〔2010〕156号文件的规定，总机构下设的项目部在项目所在地按照0.2%预缴的企业所得税，是由当地地税机关征收还是应该与总机构的主管税务机关一致，在当地的国税机关缴纳呢?

解答精要:

《国家税务总局关于调整新增企业所得税征管范围问题的通知》(国税发〔2008〕120号) 规定：2008年底之前已成立跨区经营汇总纳税企业，2009年起新设立的分支机构，其企业所得税的征管部门应与总机构企业所得税征管部门相一致；2009年起新增跨区经营汇总纳税企业，总机构按基本规定确定的原则划分征管归属，其分支机构企业所得税的管理部门也应与总机构企业所得税管理部门相一致。

根据上述规定，总机构下设的项目部的企业所得税的征管部门应与总机构企业所得税征管部门相一致，即应向项目所在地国税局缴纳企业所得税。

2. 跨地区工程预缴0.2%企业所得税能否在公司注册地扣除?

提问:

国税函〔2010〕156号文件规定:

“三、建筑企业总机构直接管理的跨地区设立的项目部，应按项目实际经营收入的0.2%按月或按季由总机构向项目所在地预分企业所得税，并由项目部向所在地主管税务机关预缴。

四、建筑企业总机构应汇总计算企业应纳所得税，按照以下方法进行预缴：

（一）总机构只设跨地区项目部的，扣除已由项目部预缴的企业所得税后，按照其余额就地缴纳；”

《企业所得税核定征收办法（试行）》（国税发〔2008〕30号）规定：

“第六条　采用应税所得率方式核定征收企业所得税的，应纳所得税额计算公式如下：

应纳所得税额＝应纳税所得额×适用税率

应纳税所得额＝应税收入额×应税所得率”

从以上文件，并无特别说明建筑核定征收企业跨地区预缴0.2%所得税不能在总机构缴所得税时扣除预缴部分后缴纳。

1. 如果预缴部分不能扣除，请出示具体文件文号。

2. 如果可以扣除，请说明在B类报表预缴所得税申报表中如何填列？2012新版《中华人民共和国企业所得税月（季）度预缴纳税申报表（A类）》新增第14行，专门用于建筑企业填列预缴的0.2%，但是2012版B类申报表中无此行。

解答精要：

实行核定征收的建筑企业应按照《国家税务总局关于跨地区经营建筑企业所得税征收管理问题的通知》（国税函〔2010〕156号）第三条“建筑企业总机构直接管理的跨地区设立的项目部，应按项目实际经营收入的0.2%按月或按季由总机构向项目所在地预分企业所得税，并由项目部向所在地主管税务机构预缴”和第四条“总机构只设跨地区项目部的，扣除已由项目部预缴的企业所得税后，按照其余额就地缴纳”的规定执行。项目部预缴的部分连同总机构已预缴的企业所得税填列在《中华人民共和国企业所得税预缴纳税申报表（B类）》第12行“已预缴所得税额”。

参考文献

1. 国家税务总局. 企业所得所得税管理操作指南（2009 年版）：建筑业. 北京：中国税务出版社，2009

2. 全国注册税务师执业资格考试教材编写组. 税法Ⅰ、税法Ⅱ. 中国税务出版社，2012

3. 中国注册会计师协会. 税法. 北京：经济科学出版社，2012

4. 财政部会计司编写组. 企业会计准则讲解（2010）. 北京：人民出版社，2010

5. 国家税务总局网站

6. 部分省市国家税务局、地方税务局网站